マイケル・マシューズ／レッカー由佳子 訳

シンプルで科学的なメソッド

究極のカラダを手に入れる

BIGGER LEANER STRONGER

THE SIMPLE SCIENCE OF BUILDING THE ULTIMATE MALE BODY

MICHAEL MATTHEWS

筋トレ大全

二見書房

はじめに

　まずは本書を手にとってくれて、ありがとうございます。

　この本は究極のボディを作ることを目指し、私の持てる知識をすべて投入して書き上げました。

　本書を読んで奮起するきっかけとなってくれれば幸いです。あなたが筋肉質で力強く引き締まった体になる手助けができることを願っています。

　また、本書を最大限に活用できるようボーナス資料を用意しました。内容は以下の通りです。

- 本書のまとめ
- デモンストレーション動画へのリンク
- ワークアウトの資料
- 10通りの食事プラン
- 私のお気に入りツールのリスト
- その他いろいろ

　ボーナス資料は、以下のサイトにあります。

www.biggerleanerstronger.com/bonus

　何か質問があったり、障害にぶつかったりしてしまったときは、以下のアドレスに、私宛てのEメールを送ってください。

　全力であなたをサポートします！

mike@muscleforlife.com

また、SNS をお使いの方は、ぜひこちらもチェックしてみてください！
Facebook: www.facebook.com/muscleforlifefitness
Instagram: www.instagram.com/muscleforlifefitness
YouTube: www.youtube.com/muscleforlifefitness
Twitter: www.twitter.com/muscleforlifefitness

※訳注：上記のサイト、Ｅメール、SNS ともに、現在は英語のみでの対応
　となります。著者サイトへログインする際は、メールアドレスおよびニッ
　クネームの登録が必要となります。お使いのパソコンの環境によっては、
　ファイルが正しく表示されない場合があります。

CONTENTS

Authorized translation from the English language edition titled
BIGGER LEANER STRONGER by MICHAEL MATTHEWS,
published by Oculus Publishers.
Copyright © 2014, Waterbury Publications.
This Japanese translation published by arrangement with The English Agency (Japan) Ltd.,
The Cooke Agency International Inc. and Rick Broadhead & Assosiates Inc.

PART

1

この本を手にとった
あなたのために

01 約束

あなたが何歳であっても、自分の遺伝子がどれほど劣悪だと思っているとしても、過去のダイエットやトレーニングのプログラムで挫折して、どれほど自分がダメなやつだと感じているとしても……。

あなたにも絶対にできます、自分が理想とする、しなやかで、筋骨隆々とした、力強い肉体を必ず手に入れることが。

もしも、あなたが考えているよりも早く、肉体と健康を劇的に改善できる方法があるとしたらどうでしょう。科学に基づいた、医者も認める方法があるとしたらどうでしょう。その方法が、10キロほどの引き締まった筋肉を増やしながら、同時に余分な体脂肪を簡単に落とすことができるとしたら……。そして、わずか30日で劇的な効果が出るとしたらどうでしょう。毎日わずかな時間を使うだけで、腹筋が割れた、すばらしい体形を手に入れる方法があるとしたらどうでしょう。

そして、自分の新しい可能性を発見したり、障害や挫折に打ち勝ったり、人生の落とし穴を避けたりできるよう、私がすべてのプロセスにおいて、あなたのそばで手助けする……要するに、あなたが理想的な肉体に少しでも早く、楽に到達するための、最大限のサポートを約束するとしたらどうでしょう。

日々の生活がトレーニングに振り回されることなく、ゾクゾクするほど魅力的な肉体を手に入れる方法を教えると約束したとしたら？　もしも、苦しいダイエットや、ジムでの長時間のトレーニング、吐き気がするほどきつい有酸素運動もやる必要がないとしたらどうでしょう。好物のピザやパスタやアイスクリームのような「ダイエットの敵」と言われるものを食べながら、強靱な肉体を手に入れる方法があるとしたら？

毎朝、鏡に映った自分の姿を見てうっとりする場面を思い浮かべてください。プールだろうがビーチだろうが、自信たっぷりにシャツを脱ぐ場面を想像してみてください。今からきっかり12週間で、体形を称賛されるように

なり、朝から晩まで活力をキープできるようになり、人生をコントロールし、スピーディーでスリル満点の生活が送れるようになるところを想像してみてください。

　いま話したようなことは、すべて現実に可能なのです。しかもそれは、それほど難しくないし、複雑なものでもありません。あなたが21歳だろうが41歳だろうが、年齢は重要ではありません。やせていようがいまいが、そんなことは関係ないのです。どんな人でも、自分の体と人生を変えるパワーを秘めていることは私が保証します。

　私の本を読んで人生が変わったという人たちがたくさんいます。彼らはアドバイスを受け入れ、今では外見も気分も、以前に比べたらずっと良くなっています。その人たちが証人です。この本を読めば、あなたも同じように、理想の体形を手に入れ最高の気分になれるでしょう。

　あなたは私の助けが必要ですか?

　答えが「イエス!」なら、あなたはすでに新しい自分に向かって一歩踏み出したどころか、大きくジャンプしたと言えるでしょう。よりたくましく、よりしなやかで、より力強い自分に向かって。そして、自分の体を内面からも外見からも好きになれる自分に向かって。

　さあ、ページをめくってみてください。あなたの旅がここから始まります。

02

私の理念と目標について

> チャンスは努力のなかに埋もれている。だから、ほとんどの人はチャンスを見逃してしまうのだ。

——— 作者不詳

　私は、すべての人が自分の理想的な肉体を手に入れることができると信じています。自分の使命は、すべての人がその夢を実現できるように力添えすること。どのように筋肉を増強して脂肪を減らし、健康になって、さらにその状態を維持することができるのか、実績と証拠に基づいたアドバイスを提供することです。

　私はかれこれ10年以上トレーニングをやってきました。その間に何冊も学術書を読み、思いつくかぎり、ありとあらゆる種類のトレーニングプログラムやダイエットプログラム、サプリメントを試してきました。すべてを知っているわけではないにしろ、今の時点で確信をもって言えるのは、何が有効で何が有効でないかはわかるということです。最初のうちは、ウエイトリフティングをはじめたばかりの人たちと同じように、自分がやっていることの意味がさっぱりわかりませんでした。助けを求めるためにあらゆるフィットネスマガジンを読みましたが、毎日数時間ジムでトレーニングすることと、毎月何百ドルの錠剤やパウダーの購入を勧められるだけでした。その状態は数年間続き、さまざまなダイエット法やトレーニングプログラムやサプリメントを次から次へと試してみたのですが、結局はたいした成果も上がらないまま、徐々にマンネリ化してしまうのがオチでした。

　それから、今度はパーソナル・トレーナーに指導を求めたのですが、彼らも、それまでと同じようなことをやらせるだけでした。こうしたトレーナーのために数千ドル使ったあとも、さほど筋肉や筋力がついたわけでもなく、私は自分の目標に到達するためにどんなダイエットやトレーニングをすればいいのか、相変わらずさっぱりわからなかったのです。トレーニング自体は大好きだったので投げ出すつもりはありませんでしたが、自分の体形には満

足できなかったし、何がいけないのかもわかりませんでした。

　私はついに、根本的に何かを変えなくてはならないと決意しました。まず手始めとして、筋肉が増えたり脂肪が減ったりする仕組みについて最新の生理学を学ぶ必要があることはわかっていました。そこで、フィットネス雑誌を捨て、トレーナーを解雇し、インターネットフォーラムから抜け出すと、トップクラスの筋トレやボディビルのコーチの本を探し、たくさんの優秀なボディビルダーとコンタクトをとり、科学論文を読みはじめたのです。

　数か月も経つと、明確なイメージが浮かび上がってきました。

　夢のような肉体を作るための真の科学は、とてもシンプルなのです。フィットネス産業が私たちに信じ込ませようとしているよりも、はるかにずっとです。本当の科学は、テレビやインスタグラムや YouTube で観たり、本で読んだりすることとはまったく違います。

　たとえば、次のようなことです。

■ 立派な体格になるために、サプリメントは必要ではない
■ 頻繁にトレーニングの内容を変えて、筋肉を「混乱」させる必要はない
■ 贅肉のない体を維持するために、いつも自然食を摂る必要はない
■ 減量するために、炭水化物や糖分をカットする必要はない
■ 新陳代謝をアップさせるために、食事を数時間おきに摂る必要はない
■ 腹筋を割るために、ひたすら退屈な有酸素運動をする必要はない
■ 家族や友人との関係を犠牲にしてまで、何時間もジムにいる必要はない

　このようなことを学んだあと、食事や運動へのアプローチを全面的に変えてみたら、私の体は信じられないような反応を示しました、筋力が大幅にアップし、筋肉が大きくなりはじめました。活力は屋根を突き破るような勢いで急上昇しました。さらに、意外な展開がありました。以前よりジムで過ごす時間が少なくなり、有酸素運動もやらなくなり、本当に好きなものを食べるようになっていたのです。

　そうこうするうちに、友人や家族は私の体つきがどんどん変化していることに気づき、アドバイスを求めてくるようになりました。私は、彼らのコーチを買って出ました。なかなか筋肉がつかない人を1年で14キロ増量させ、

どうして減量できないのか途方に暮れている人から大量の脂肪をカットし、自分のホルモンや新陳代謝はもう修復不可能だと思い込んでいた40〜60代の人が、生涯最高の体形になるための手助けをしました。

　数年後、こうした人たちが私に本を書くよう勧めるようになりました。最初のうちはその提案を受け流していたのですが、しだいに執筆のウォーミングアップをはじめるようになっていたのです。「自分がトレーニングをはじめたとき、こんな本があったとしたらどうだっただろうか」、私はそう自問自答しました。信じられないくらいの時間と金を節約し、欲求不満を軽減することができたはずだ、夢のような肉体をもっと早く手に入れることができたはずだ、と。それに、私は自分の学んだことで他の人たちを助けることが単純に楽しかったのです。もし私が書いた本がみんなに読まれるようになって、何万人、何十万の人たちを助けることができたとしたら、どんな気持ちだろうと思うようになりました。

　そんな途方もない夢を抱いて、私は本書を書きあげ、2012年に出版しました。最初の1か月に売れたのは20冊ほどですが、数か月のうちに売り上げは急上昇し、大勢の読者から賞賛のメールを受けとるようになりました。私は有頂天になりました。そこで、すぐに読者の反応に基づいて本を改良するためのノートを取りはじめ、次の本の構想も練ることにしたのです。

　それから今日までは、あっという間でした。今や、男性向けの本書のほか、「フレキシブルダイエット」を紹介する料理本を含む数冊を出版するに至っています。私の本は累計で少なくとも150万部売れ、『メンズヘルス』『マッスル・アンド・ストレングス』『エル』『エスクァイア』などの、さまざまな雑誌でも特集が組まれました。

　さらに私にとって重要なのは、期待以上の成果に驚いた読者から、感謝の言葉を綴ったメールやSNSのメッセージを毎日のようにいただくことです。数年前の私が、驚くほど簡単に、楽しみながら健康になれることを発見したときと同じくらい、みな一様にショックを受けているようでした。

　だからこそ、私は本や記事を書きつづけ、ポッドキャストやYouTubeを活用し、できるだけ多くの人に向けて、役に立つことならどんなことでもするように努めてきたのです。みんなの生活に与えた影響を見ることは、自分に対しても強い動機づけになります。大勢の読者やフォロワーの献身と決意

が、私に信じられないようなインスピレーションを与えてくれ、発奮させてくれるのです。

　私には大きな野心があります。まずは100万人の方々が健康になる手助けがしたいと思っています。「100万人を助ける」というのは、口にするだけでワクワクするような響きがあります。遠大な目標ですが、必ずできると考えています。これは、単に人をセクシーに見せるという以上の目標です。現代の西洋社会に見られるような堕落ぶりに歯止めをかけたいのです。心身の健康とパフォーマンスの低下が、家庭生活やキャリアに多大な悪影響を及ぼしています。人びとが心身ともに強く健康になり、幸福で充実した生活を送れるように貢献するつもりです。

　第2に、私は、健康およびフィットネス業界にはびこっているエセ科学に戦いを挑みたいと考えています。不幸にもこの業界は、誤報やデマ、愚か者や嘘つき、そして金めあての広告屋でいっぱいです。私はこの現状を変えるべく、真の科学と実績に基づいたわかりやすい実践的なアドバイスを提供して、人びとに信頼される「助っ人」的な存在になることを目標にしています。

　そして第3の目標は、スポーツサプリメント業界を改善すること。この業界の売人たちは、あらゆるペテンを使ってゴミのような商品を無知な消費者に売りつけているのです。多くのサプリメントには、おしゃれに聞こえても無価値な成分が使用されています。小麦粉やアミノ酸のような安物を混ぜて増量している製品もあります。良い成分であっても、含有量はスズメの涙ほど微量なのでまったく効果をもたらさず、それを隠すためにメーカーは「自社特製ブレンド」などと謳っています。市場には、科学に基づいているかのように装っているもの、大げさな売り文句を並べているもの、さらには「特効成分」を配合していると購買者を信じさせるステロイド入りサプリメントさえ出回っています。

　さて、ここから先の主役は、あなた自身です。あなたがこの本を楽しんでくれることを、そして、この本があなたの健康とフィットネスの目標に少しでも早く到達するための手助けになることを、心から願っています。

03 本書は他の本とどこが違うのか

> 小さな仕事でも毎日コツコツ続けることで、ヘラクレスの偉業さえも上回る
> 成果を上げることができる。
>
> ──────アントニー・トロロープ（イギリスの作家）

　数十億ドルを荒稼ぎする健康およびフィットネス業界の大物たちがけっしてあなたに知られたくないことについて、これからお話ししましょう。

　贅肉のない、強くたくましい体を手に入れることは、複雑で難しいことであるかのようにフィットネス業者は言いますが、実はそうではありません。おなかやウエストまわりの頑固な脂肪を取り去って、しなやかな体をキープするために、餓死しそうになるほど極端なローカロリーダイエットをする必要はまったくありません。実際、それは新陳代謝を低下させているだけで、必ずリバウンドします。贅肉がなく筋肉質で、エネルギッシュでいるために、神経質なくらいクリーンな食生活にこだわる必要もありません。大好きな炭水化物やジャンクフードも完全に絶つ必要はないのです。

　筋骨隆々になるために、トレーニングのルーティンを常に変化させる必要などありません。筋肉を混乱させるようなトレーニングは、むしろ精神を混乱させるだけです。毎日何時間もジムにこもって、あくせくとトレーニングを続ける必要はありません。

　実は、それはあなたがせっかく手に入れたものを台無しにしてしまい、目標に到達できなくする最悪の方法なのです。引き締まった体になるために、毎週何時間も退屈な有酸素運動を続ける必要はありません（ランニングマシンを使っている、肉のたるんだ人をよく見かけるでしょう？）。

　なんの役にも立たないサプリメントや「体内浄化剤」、脂肪燃焼を謳う「ファットバーナー」に毎月何百ドルも費やす必要はありません。サプリメントが立派な上腕やボディを作ってくれるわけではないのです。単にあなたの預金残高をゼロにするだけです。

　いま取り上げたようなことは、有害なデマや俗説の、ほんの一例にすぎま

せん。こうした情報が、みんなが本当に欲しがっている力強くスリムで健康的な肉体を手に入れる邪魔をしているのです。しかも、これで挫折してしまうことで、自信や自尊心をむしばみ、社会生活や人間関係を損ない、自己改善のあらゆる試みに尻込みする結果にもなりかねないのです。

　では、このような誤った情報は、いったいどこからやってくるのでしょうか。すでに暴かれているはずの嘘が、なぜいまだに人気セレブやSNSのインフルエンサー、トレーニング本の著者や指導者たちから支持されているのでしょうか。

　つまりは、こういうことです。100万人の人たちが、ある問題を解決したいと強く願い、そのためならば大金を払うことも惜しまないとき、そこには過剰なまでの商品と、それを売るためのズル賢いマーケティング担当者が現れるのです。とてもシンプルなことです。普通、ダイエットやトレーニングに関するアドバイスをどこから得ようとするでしょうか。テレビやネット、雑誌の記事、友人、パーソナル・トレーナーからですよね？　しかし、これらの情報源はなんの役にも立ちません。

　私がこんな大胆な主張をするには理由があります。まずは、毎年何百万人もの人びとの手に届く雑誌やインターネット、書籍など、フィットネス出版の主流から説明しましょう。そうしたメディアの編集者や出版社が悪逆非道なクズだというわけではありませんが、彼らは、ある種のジレンマに取り組まないとならないのです。

　第1の問題はこうです。出版というのは情報を売るビジネスであり、人びとに本を買いつづけさせ、雑誌を購読しつづけてもらう必要があります。それを達成するために、押さえるべき重要なマーケティングのポイントとは何でしょうか。

　それは「新しさ」です。人びとを引き止めておくための最も簡単な方法は、新しいトレーニング方法やダイエットの裏ワザ、驚きの新発見など、常に新しいアドバイスを与えつづけることなのです。

　新しい情報は、それ自体は悪いものではありません。健康とフィットネスの分野には、探求すべき無数の小道やトンネル、洞窟のある広大な主題があるからです。ですが、たいていの場合、本や雑誌やインターネット記事を売るには不向きなテーマです。普通の人たちは、ピリオダイゼーション（期分

け）・トレーニングの方法のわずかな違いなどに、なんの興味も持っていないからです。興味があるのは、結局のところ、どうすれば腹まわりの脂肪がとれるかということなのです。

　雑誌のキャッチコピーとして、どちらがいいと思いますか？　「あなたの体重の理想値を理解する方法」か、それとも「もっと力こぶを大きくする方法」でしょうか。

　だから男性誌の『メンズヘルス』は何年も前に、新しい巻頭特集を組むのをやめたのです。編集者は、購読者がなにより求めるのは、太い腕とか厚い胸、さらにセックス、金、自信、知性、そして健康であることを知っているからです。そこで、「カッコいいシックスパック」「セックスアピール度が増すファッション」「たちまち富を得る方法！」といったような見出しを次々と掲げ、それらに沿って書き直した（というか、魅力的な言葉を並べてイメージアップしただけの）記事を、際限なく供給しつづけるわけです。

　しかし、割れた腹筋やたくましい腕、厚い胸板を手に入れるためだけに13本もの記事は必要ありません。雑誌が単に真実を伝えるものならば、おそらくせいぜい25本ほどの記事を、一字一句変えずに何度も印刷するだけで済んだはずなのです。ただし、真実をあっさりと書いただけの記事は、読者をワクワクさせるようなものではないでしょう。たとえばこんな感じです。「最初の1年間で引き締まった筋肉を9キロつける方法」「もっと動いて、食べる量を減らせ！　早く体重を落とすための秘密」「ほとんどのベストセラー筋肉増強サプリメントはまったく効果ナシ！　そのワケとは？」

　そんな記事は逆に、あなたにとって「不都合な真実」かもしれません。その真実とは、あなたは自分が望んでいるほど早く筋骨隆々になることはできない、特定の腹まわりの脂肪だけを取り去ることはできない、理想の肉体を手に入れるために学ぶべきことがたくさんある、ということです。これは出版社にとっては、ゾッとするようなビジネスプランです。

　この本を読むうちにだんだんわかってくるでしょうが、あなたが体作りのためにしたいことのほとんどは、つまるところ、基本的なことを粘り強くやってこそ達成できるものなのです。当然時間もかかります。果てしなく続くというほどではないにしろ、フィットネス業界があなたに信じ込ませようとするよりも多くの時間がかかるのです。しかし、この事実を受け入れるの

が早ければ早いほど、あなたは早く目標に向かってスタートを切り、着実に進歩することができるのです。

　出版業界のほとんどが抱える第2の問題は、収益の実態、つまり広告です。街の本屋で見かけるようなフィットネス雑誌の多くは、サプリメント企業の代弁者にすぎません。サプリメント企業が雑誌のオーナーであったり、高価な広告枠の一番いいところを買ったりしているのです。こうした雑誌がビジネスとして成立しているとしたら、出版社は広告主に莫大な見返りを還元しているはずであり、実際、そうしたやりかたをよく心得ています。華やかな広告記事を特集し、どんな錠剤や粉薬がもたらす効果より、はるかに多くのことを約束します。巧みなPR記事によって目当ての商品へと導き、さまざまなダイエットや食事法、トレーニングも、結局はサプリメント込みで実行するよう教えこむのです。

　だから、こうした雑誌やインターネットの関連メディアからあなたが「学ぶ」ことの多くは、商品を売りつけることを目的としているのであって、できるかぎり効率的かつ効果的に目標に到達できるような手助けにはならないのです。このような雑誌やWebサイトが人目を引きつづけるかぎり、サプリメント企業は金を払いつづけます。人びとが虚偽に対して金を払うよう仕向けられるような世界においては、これは当然のことなのです。

　では次に、トレーナーの話題に移りましょう。私自身もコーチでありトレーナーなので、こんなことは言いたくないのですが、金の無駄である可能性が高いです。悪気はないにしても、本当にすばらしい体作りのノウハウを身につけているパーソナル・トレーナーは、ごくわずかしかいません。さらに悪いことには、ノウハウがあるとしても、彼らの多くは、自分の利益のためにわざと知識を出し惜しみして、プログラムをだらだらと引き延ばすのです（新しい顧客を獲得することは、この稼業で一番面倒なことなのです）。だから、ルーティン・トレーニングのために、次から次へと1時間当たり50〜100ドルを無能で役立たずのトレーナーに費やす人は、ごまんといるのです。そしてその結果、哀れなことに、努力のわりに、たいして自慢できるような体になれないのです。

　また、そうしたトレーナー自身がボディシェイプできてないことに気づいた人もいるでしょう。やせこけて腹だけ突き出た軟弱な人が、堂々とフィッ

トネスの専門家として自分を売り込むことができるでしょうか。いったい誰がそんな人の言うことを信じるでしょうか。しかしどういうわけか、自分をボディシェイプできないトレーナーが、この道の専門家として仕事にありついています。当然ながら、その客たちも、同じように締まりのない体のまま、という有様なのです。

また、困ったことに、トレーナーがクライアントにダイエットや食事のプランを提供しないということがあります。これでは失敗は目に見えています。トレーニングだけではなく、食事も外見や気分に影響を与えます。何時間ジムにいたとしても、食事を正しく管理しないかぎり、大きな進歩は望めません。食事方法が正しくなければ、どんなに有酸素運動をしても、体重がオーバーしてしまうでしょう。どれほどレジスタンストレーニングをがんばっても、弱くて締まりのない体つきになってしまうのです。逆に、食事方法が正しければ、急速に筋肉をつけることも、脂肪をカットすることも、あるいは体重維持も楽になり、トレーニングの恩恵をフルに享受することができるようになります。

おそらくあなたはこの事実をすでに知っているでしょうが、「ダイエットは避けることができない」と告げられることを恐れているのではないでしょうか。無理もないことです。誰だって、ひもじい思いをして好きな食べ物をあきらめ、奇妙で面倒くさい、うんざりするような食事制限に従うように言われたくはないでしょうから。

そんなあなたに朗報があります。安心してください。私が言う「正しい食事方法」は、あなたが想像していることとはまったく違うものなのです。この本で学んでいけば、ダイエットを楽しむことさえできるようになるでしょう。嘘ではありません。炭水化物や糖類を摂りながら、まったくストレスを感じることなく体脂肪を減らし、引き締まった体になれるのです。

トレーナーの話に戻しましょう。どうしてこれほど多くのトレーナーたちが、筋肉質でしなやかで健康な肉体を作るためのテクニックや科学についての知識をほとんど持っていないのか、あなたは不思議に思うかもしれません。なにしろスポーツ指導者というのは認定資格なのですから（訳注：日本では民間資格がいくつかありますが、資格がなくてもパーソナル・トレーナーとして仕事をすることはできます）。

　しかし、残念ながら現実には、トレーナーが理学療法士の試験に合格するくらい真のエキスパートである必要はないのです。栄養や解剖学、トレーニングについての基本的な情報を暗記して、それを受け売りするだけでいいのです。トレーナーの資格は、インターネットで取得することができます（訳注：一部の機関のみ）。つまり、試験はGoogleで検索するだけで済んでしまうのです。さらに悪いのは、資格を得るときに学んだ情報はたちまち時代遅れとなり、なかにはのちに明らかな間違いと判明するものもあります。だからあらゆる点から見て、トレーナーを開業しても失敗する可能性が高いと言わざるをえないわけです。

　パーソナル・トレーナーが直面するもう1つの問題は、それをビジネスとして確立させないとならないことです。クライアントを離さないようにするには、トレーナーの存在価値をアピールし、クライアントに、自分だけではうまくいかないんだと信じ込ませなければなりません。学んだことの対価として喜んでお金を払う人がいる一方、多くの人は、払った金額以上のサービスを期待しています。クライアントに満足感を与える簡単な方法は、何をやるか、どのようにやるかは教えても、なぜやるかは教えずに、"洗練された"トレーニングの原則に従って、ルーティンを絶えず変化させることです。

　とはいえ、パーソナル・トレーニングのすべてがまったくダメかというと、そうではありません。すばらしいトレーナーだっているはずです。そういうトレーナー自身が見事な肉体を持ち、早く効果的な結果を出せる方法やコツを他の人と分かち合い、本当にクライアントを気にかけ、約束したものをきちんと与えることのできる人です。もしあなたがそういうトレーナーの1人なら、私は拍手を惜しみません。この職業の名誉は、すべてあなたの肩にかかっているのですから。

　トレーナー以外にも、知っておくべきことがあります。それは、友人からの口コミです。友人というのは一番身近な情報源ですが、それには当たりハズレがあります（たいていの場合はハズレ）。何千人もの人と仕事をしてきた経験から言えば、まず誰かがネットか雑誌の記事を読んで、そのあとジムでトレーナーやスタッフに話します。そして彼らが顧客から学んだことが、次々とフィットネスに関心を持った人たちに伝わっていくのです。そうした口コミは、基本的には良いものです。私の仕事でも口コミに頼ることが多いで

す。ただし、生み出される結果はすべて、リレーされる情報の正確さと有効性にかかっているのです。しかし残念ながら、そうした情報の大半は、間違っていたり、誤解を招くものだったりします。

　本書に書かれていることは、そのような出どころがはっきりしないリレー情報ではありません。なぜなら、私にはまったく違う動機と報酬があるからです。私は自費出版の著者でした。だから私の生計は、大手出版社や広告代理店、流行の恩恵に浴していません。私の活力源は、直接あなたから得ているのです。あなたや、あなたの目標にどれだけ貢献できるかにかかっているのです。だからこそ、本書は時流に逆らって、編集者やマーケティング担当者があくびをするような、科学に基づいたダイエット法やトレーニング、健康法をお勧めできるのです。そのため、この本に書かれていることの多くは、疑うことを知らない人たちが広めてきた方法とは、まったく異なっています。

　たとえば本書が紹介する方法では、比較的多量の炭水化物を摂取することが許され、それでも体から脂肪を取り去り、引き締まった筋肉をつけることができます。そして、あなたの筋肉を増強するために、ウエイトリフティングで重いウエイトを持ち上げてもらいます。さらに、有酸素運動の量は最低限にします。それでも生涯で最高の体を作ることが可能です。話がうますぎると思いますか？　心配はいりません。型にはまっていなくても、ちゃんとうまくいきます。それが「真実」であるなら、どこに問題があるのでしょうか。

　あなたが疑うのもわかります。この本のなかで紹介する科学データと実践法に初めて出合ったときの私自身もそうだったからです。すぐに信じてもらえなくてもかまいません。これからあなたが学ぶことのほとんどは何十年も前から立証されていたのに、本書のように1冊にまとめることを誰もしたことがなかったのですから。

　この本の目的は、成果を上げること、そして結果を早く出すことです。このプログラムを開始して30日で、あなたの体がめざましく変わったことを実感できるでしょう。体重計はお望みどおりになりますし、筋肉は服の上からでもわかるくらいに盛り上がり、これまでなかった場所に筋肉の切れ目が見られるようになります。私が約束します。

　もしも最初の30日で成果が見られないときも、対処法があります。それ
は、本書ができもしないことを誇大宣伝したせいではなく、あなたがプログ
ラムを実行するにあたって何らかの手助けを必要としていることを意味する
からでしょう。それならば私は喜んでお手伝いします。どうか私宛にメール
を送ってください（巻頭のメールアドレスを参照）。

　60万人以上の人がこの本を読み、そして私が知るだけでも何万人もの人
が本書のプログラムを実践して、人に自慢できるような肉体を手に入れてい
ます。つまり、あなたにはすでにたくさんの仲間がいるのです。スタートす
る準備ができたら、まずは最初のステップとして、あなたがトレーニングに
ついて持っている知識をすべて忘れてください。少し乱暴な言い方に聞こえ
るかもしれませんが、それがあなたのためなのです。疑う気持ちは保留にし
たままでいいので、まずは先入観なしで本書に取り組んでみてください。そ
うすれば、自分がやってきたことにも、正しいものと間違ったものがあるこ
とに気づくかもしれません。それでいいのです。私も、これまでありとあら
ゆる失敗をしてきました。だから、気を落とさないことです。ただし、書
いてあるプログラムは忠実に実践してください。実行すれば必ず成果が出
ます。

　幸運を祈ります。なにより楽しんでください。この先、肉体と生活が変化
していくことをエンジョイしましょう！

PART 2

「彼ら」があなたに
教えなかった
大切なこと

04 隠れた障壁

> 知恵の始まりは言葉の定義だ。
>
> ─────ソクラテス（古代ギリシャの哲学者）

どうしてたくさんの人たちがダイエットとトレーニングは複雑だと思うのか、疑問に思ったことはありませんか？　なぜ、実行困難で、矛盾していて、理にかなっていないアドバイスや見解がこれほど出回っているのか、不思議に思わないでしょうか。

あなたも、次のようなバカげた話を耳にしたことがあるかもしれません。

- カロリー計算は無意味だ
- トレーニングは減量の役に立たない
- ブロッコリーには、鶏肉より多くのプロテインが含まれている
- インスリン値を急上昇させる食べ物は肥満につながる
- "ヘルシー"な食物脂肪を多く摂れば、スマートな体形を維持できる

これらは、ダイエットやトレーニングに関する誤った考えかたです。何十年にもわたる科学や個人の実体験に基づく反証があるにもかかわらず、今でも平気でまかり通っているのです。どうしてこのような不正確な情報や嘘、奇妙な理論に影響されやすいのでしょうか。

この質問には、深遠で複雑な答えがあるように思われるかもしれませんが、実は、理由は非常にシンプルです。それは、言葉の取り違えです。

そのことを実際に確かめることができます。今度、誰かが「摂取カロリーと消費カロリーの法則なんて時代遅れだ」というのを聞いたら、その人に「カロリーって何ですか？」と質問してみてください。十中八九、相手は唖然としてあなたを見つめるか、バカげたおしゃべりをはじめることでしょう。なぜなら、彼らはカロリーという言葉が本当は何を意味するのか、わかっていないからです。「摂取カロリーと消費カロリー」が真に意味することや、代

謝がどう作用するかについては言うまでもないでしょう。おそらくその人は、誤った情報しか与えられていないから答えられないだけなのです。

同様のことをトーク番組の司会者ジミー・キンメルは以前、ロサンゼルスで経験したそうです。彼が不特定の人たちにグルテンの定義をたずねたとき、得られた一番まともな答えは、「グルテンって穀物のようなものですよね？」というものでした。私が最も正解に近いと思ったのは、「小麦からとった粉」という答えです（正解は、穀物のなかの2つのタンパク質がつながったもので、生地に弾力をつけるために不可欠なものです）。

他にも、意味もわからないまま使われている言葉はたくさんあり、カロリーとグルテンは、ほんの一例にすぎません。では、プロテインとは何でしょう。炭水化物とは何でしょう。糖分とは？　体脂肪とは？　筋肉とは？　代謝とは？　インスリンとは？　ホルモンとは？　これらの質問に対し、簡潔かつ正確に答えられる人はほとんどいないでしょう。だから右往左往して、聞きかじったことを何でも信じてしまうのです。重要な概念や基本的な言葉の意味を知らなければ、どうやって議論の内容を正しく理解できるというのでしょうか。

だから、新しいことを学ぶとき、それを深く理解して実践するためには、まずキーワードの定義を正しく知る必要があります。それがゴールに到達する第1のハードルなのです。見聞きする言葉がほとんどわからないなら、どうやって伝えられる情報やコンセプトを十分に理解することができるでしょう。もちろん不可能です。その結果、あなたは誤った結論に到達することになります。

たとえば仮に私が、「子どもたちは、たそがれどきに帰宅しなければならない」と言ったとします。もしあなたが「たそがれ」の意味を知らないなら、私が言ったことがまるでわからないでしょう。その文章には、それが朝なのか昼なのか、それとも夕方なのかがわかるようなヒントが、まったくないからです。

私たちは文脈を見て、あるいはそれまでに習った語彙と比較して、言葉の意味を類推するように学んできました。先ほどの例でいうと、「たそがれ」は時を指す、ということくらいしかわかりません。しかも、その言葉を検証しようにも、まったくヒントがありません。「『たそがれ』は『たそがれる』

に似ている」とまず思い、「『たそがれる』は、盛りをすぎて衰えた人のことを表すから、『たそがれどき』は１日の終わりのことかな」と連想するかもしれません。

　しかし、これでも、何かを学んだりコミュニケーションを図ったりするうえでは確実な方法ではありません。正確で標準的でなければ、あるいは辞書を使わなければ、私たちは他の人の言うことを理解できないし、他の人に自分の言うことを理解させることもできないのです。それはまるで、あらかじめルールについて同意することなしにゲームをはじめようとするようなものです。だからこそ、一見すると地味な辞書こそが、文化と文明を陰で支えるヒーローなのです。辞書が知性の基盤を形成し、その上にすべてのアイデアが形成され、広められていきます。

　本書の最初のパートは、多くの類書には見られないようなものです。次章では、本書で議論される主要トピックに関係する、辞書に載っている重要ワードの定義を確認していきます。言葉の定義を読むことが無味乾燥なことはわかっています。しかし、それほど時間がかかることではありませんし、こうすれば、あなたと私が同じ基盤の上に立っていることが確認できます。また、あなたの脳内にひらめきを生む可能性さえあるのです。もしかしたら、今まで２つや３つの言葉を誤解していたことに気づき、これまでとは違ったアングルから点と点を結ぶように、全体像を把握できるようになるかもしれません。

　そして皮肉にも、これらのキーワードの意味を精読するうちに、健康や栄養、フィットネスについて、他の人たちよりも多くのことを知るようになるでしょう。これは冗談ではありません。もし信じられないなら、あなたのジムのトレーナー全員に、カロリーという言葉の定義を聞いてみてください。

　この最初の非常に重要なステップは、毎日のように見聞きする誤った情報の集中砲火から身を守る助けになるはずです。一度、心身の健康とフィットネスの基盤となる考えかたを理解してしまえば、そのあとは、たわごとを見破って捨て去ることが、ずっとうまくなるでしょう。

　さあ、はじめましょう。準備はいいですか？

05 より大きく強くなるための基礎知識
たいていの人が正しく理解していないこと ①

無知より恥ずかしいのは、学ぼうとしないことだ。

―――――ベンジャミン・フランクリン（アメリカの科学者）

まずは、キーワードリストで、基本的な生理学用語を復習しましょう。本書の最も重要な概念を理解するため、そして最大の成果を上げるためには、生理学用語を理解しなければなりません（生理学というのは、生体と、その部分における正常な機能の科学的研究のことを指します）。

たいていの人は、重要な用語の正しい意味を学ぼうとしないので、その結果、自分の体を苦しめることになります。場合によっては、自分の命さえ危険にさらしかねないのです。基本をしっかり学んで応用しないと、誤解が生じます。誤解による破壊的な力を軽視しないでください。それが成功と失敗を分けることもあるからです。

それでは、キーワードを見ていきましょう。

エネルギー	1. 仕事をしたり、動きを生み出したりするために、電気や燃料、食料、その他の資源から受けとる力。 2. ある活動に向けられた、人間の肉体的、精神的な力。
物質	1. 精神や魂とは区別される物理的存在。 2. 物理学（物質とエネルギーに関する学問の分野）において、物質とは、空間を占めていて力によって動かすことができるものであり、特にエネルギーとは区別される。
化学	物質を構成している存在、その特性と反応の調査、および新しい物質を作り出す反応の利用に関する学問の分野。

ケミカル （化学由来のもの、 化学製品）	1. 化学に関することを意味する。すなわち化学で研究された、物質の相互作用のこと。 2. 人工製品を意味することが多いが、定義上は、それに限定されるわけではない。
有機体（生命体）	単独に生きているもののこと。たとえば人間、動物、植物。
細胞	すべての生命体の基本単位。生命体のなかには、ただ単細胞で存在しているものもある。最新の研究によると、人体はおよそ37.2兆個の細胞でできている。細胞はエネルギーを生み出し、情報を交換し、増殖し、やがて時が来れば死んでいく。
組織	動物や植物における細胞の集合体で、特定の機能を持った、明確な構造の物質を形成している。
筋肉	身体における組織の1つであり、たいていは骨についていて、動きを生み出すために緊張したり、ゆるんだりする。
骨格筋	骨格に沿って付いている、手足など身体部位を動かす筋肉組織。
筋繊維	筋原繊維（マイオファイブリル）と呼ばれる長い糸状の繊維の集合体。筋細胞（ミオサイト）と呼ばれることもあり、人体の他の細胞に見られる構造要素とともに収縮する。
脂肪	1. 動物の体に見られる、脂のようにベトベトした物質。皮膚の下や器官のまわりに層として蓄積される。 2. 動物や植物からとれる油。固体または液体で、よく料理に使われる。
器官	心臓、皮膚、肺など、生命体のなかで特定の機能を果たすためにいっしょに働く組織の集まり。ただし、骨格筋は一種類の組織しかもっていないので、器官ではない。

| グラム | メートル法における重さの単位。1ポンドはおよそ454グラムに当たる。 |

| キログラム | メートル法の重さの単位で、1000グラムに等しい。つまり2.2ポンド。 |

| 摂氏 | 温度の単位。水の凝固点を0度、沸点を100度とする。アメリカ合衆国で使われる華氏では、水の凝固点は32度、沸点は212度である。 |

| カロリー | 1キロカロリーは、1キログラム（1リットル）の水を摂氏で1度上げるのに必要なエネルギー。大カロリーと呼ばれることもあり、食べ物のエネルギー値を表すのに使われる。 |

| 元素 | 化学反応によってそれ以上小さい部分に分けられない物質。化学元素とも呼ばれる。100種類以上あり、物質を構成する基礎的な要素である。 |

| 化合物 | 2つ以上の異なる元素からできた物質。 |

| 分子 | あらゆる化合物がその物質として存在するための最小の粒子。分子を分解したら、それを構成していた元素に分かれてしまう。つまり、もはや元の物質としては存在しないことを意味する。 |

| 酸 | 他の物質に反応し、時には溶かす化学物質。 |

| アミノ酸 | タンパク質を構成する化合物。 |

| タンパク質 | 天然由来の化合物。1つ以上の長い鎖状のアミノ酸から構成される。生命維持に欠かせないさまざまな他の化合物と同じように、すべての有機体の不可欠な部分であり、筋肉や髪や皮膚のような組織を作る。 |

必須アミノ酸	食べ物から摂取しなければならない、動物が成長と健康を維持するために必要なアミノ酸。
気体	固体でも液体でもない、空気のような物質。
炭素	非金属の元素。すべての生物や地上の多くのものに存在する。
酸素	無色無臭の気体で、大部分の生物が生き延びるために必要なもの。
水素	無色、無臭、可燃性の気体。宇宙に最も豊富に存在する単純な元素。
炭水化物	炭素、酸素、水素から構成された分子で、体内で分解されてエネルギーを生み出す。
消化	食べ物を分解し、体が吸収しやすいようにする過程。
酵素	生物の細胞のなかで作られる物質。特定の化学反応を引き起こす。
代謝	生命維持のために有機体内で起きる、一連の物理的、化学的な過程。エネルギーの生産だけでなく、細胞や組織の生成、維持、破壊にも関わっている。
同化作用	有機体の代謝過程の1つで、エネルギーが単純な物質（タンパク質など）から複雑な物質（組織など）を作るために使われる。構成的物質代謝と呼ばれることもある。
異化作用	複雑な物質（タンパク質など）を単純な物質（アミノ酸など）に分解する代謝作用。エネルギーの放出を伴う。分解的代謝と呼ばれることもある。

06 より大きく強くなるための基礎知識
たいていの人が正しく理解していないこと ②

われわれの歴史には、見落とされがちな、注目すべき事実がある。それは、あいまいな言葉の使用がもたらす悪影響だ。

──────── ノア・ウェブスター（アメリカの辞書編纂者）

　ここからのキーワードリストでは、前章からさらに発展させ、ダイエットと栄養、サプリメントの荒海に乗り出す前に知っておくべき基本用語を学びます。前にも言いましたが、こうした用語をきちんと理解していないため、ゴールに到達できない人が驚くほど多いのです。たった2つや3つの用語を誤解するだけでも、全体像をつかむことができなくなってしまいます。複雑なように思えるかもしれませんが、難しいことではありません。とにかく腰をすえて、しっかりと学びましょう。

ヘルシーな （健康的な）	1. ヘルシーな体は、強い力と高いエネルギーレベルを持ち、苦痛、病気、損傷、機能障害をれている。 2. ヘルシーなものは、人の肉体的、精神的、感情的状態に有益である。
栄養素	有機体が生きて成長するために必要な物質。
食物	体内に取り入れられる物質で、身体の発育とエネルギーの産生に不可欠な栄養素を含んでいる。
養う	成長や健康や良いコンディションに必要なものを、食物やその他のものによって供給すること。
栄養摂取	栄養を摂る過程のこと。とりわけ、食物と栄養素を摂って組織を大きくさせ、形成し、入れ替え、健康を維持するための過程のこと。

主要栄養素	食生活において比較的大量に必要とされる栄養成分のこと。具体的には、タンパク質、炭水化物、脂肪、ミネラルを指す。ミネラルには、カルシウム、亜鉛、鉄、マグネシウム、リンなどの種類がある。
ビタミン	有機体が細胞を機能させ、成長させ、正常に発達させるために必要な物質。
ホルモン	血液などの体液を通じて細胞や器官に伝えられる化学物質。それにより、ある作用が起きたり、特定の影響があったりする。
ミネラル	炭素を含まない天然の物質。人間は、骨の形成、ホルモンの分泌、心拍数の調整といった多くの生理機能のために、ナトリウム、カリウム、カルシウム、亜鉛などのさまざまなミネラルを必要とする。
ダイエット（食事そのもの、あるいは食事制限）	1. 人が普段から習慣的に摂取している食べ物や飲み物のこと。 2. 特定の目的のために、食べ物や飲み物の摂取量を制限したりコントロールしたりする特別な方法。減量、トレーニングのサポート、維持療法（ある療法を続ける手助けとなる療法）のための方法。
糖（シュガー）	甘味のある炭水化物の一種。植物や果物、穀物などに含まれる。
ブドウ糖（グルコース）	自然界に多く存在する糖。炭水化物の構成要素であり、有機体内で重要なエネルギー源となる。
ミリグラム	メートル法における重さの単位で、1グラムの1000分の1に当たる。
ミリリットル	メートル法における容積の単位で、1リットルの1000分の1に当たる。ちなみに1リットルは、米国式の計測で約4.2カップに当たる。
血糖	血液中のブドウ糖。血糖値は、血液中に含まれるブドウ糖の濃度で、100ミリリットル当たりのブドウ糖の量をミリグラム単位で測定する。

ショ糖 （スクロース）	多くの植物で光合成によって作られる糖。主にサトウキビやテンサイから商業用に抽出される。甘味料として広く利用される。
果糖（フルクトース）	果物やハチミツに含まれる甘みの強い糖。ショ糖や高果糖コーンシロップにも含まれているが、どちらも50%の果糖と50%のブドウ糖が結合したものである。肝臓でブドウ糖に変えられ、その後、血液に放出されて使われる。
ガラクトース	乳製品に含まれる糖。果糖と似た代謝を行う。
乳糖（ラクトース）	乳に含まれる糖の一種。ブドウ糖とガラクトースを含む。
グリコーゲン	炭水化物の一種。主に肝臓と筋肉組織に存在している。肝臓と骨格筋に貯蔵され、必要時にエネルギーを供給するために、すばやくブドウ糖に変換される。
単純糖質	炭水化物の一種。ブドウ糖にすばやく分解されて体内に吸収される糖質。果糖、乳糖、ショ糖は、すべて単純糖質である。
複合糖質	いくつかの単純糖質が鎖状につながれた糖質。この構造のため、体内でブドウ糖に分解されるのに時間がかかる。穀物、豆類、野菜に含まれる糖は、複合糖質である。
デンプン	多くの果物や野菜に天然に含まれている複合糖質。食品にとろみをつけるために加えることもある。
インスリン	膵臓で作られるホルモン。食事の際、血液に放出される。筋肉や器官や脂肪組織が、食物からの栄養素を吸収したり、消費したり、蓄積したりするのを助ける。

| 索引 | 情報を簡単に他の情報と比較できるように、ある秩序に従って並べた情報リストの体系。 |

| グリセミック指数
（GI値） | さまざまな食材が消化後にブドウ糖になって体に吸収されるまでのスピードを数値で表すシステム。食後の血糖値の上昇度合いを、食材ごとに0から100までの数値で表現する。ＧＩ値55以下は低いとみなされ、56から69は中程度、70以上は高いとみなされる。単純糖質はすばやくブドウ糖に変えられるので、ＧＩ値が高い。たとえばショ糖の値は65、白パン71、白米89、ジャガイモ82である。これに対し、複合糖質はブドウ糖への分解スピードが穏やかであるためGI値が低い。リンゴのＧＩ値は39、黒豆は30、ピーナッツは7、全粒粉パスタは42である。 |

| 食物繊維 | 消化されにくい種類の炭水化物。果物、野菜、豆類、穀物などの多くの食物に含まれている。 |

| 脂肪酸 | 動物の脂肪や植物の油に含まれる酸。 |

| 必須脂肪酸 | 体の正常な機能のために、不可欠な脂肪酸。食事から摂取しなくてはならない。 |

| 飽和脂肪酸 | 多くの動物や一部の植物からとれる脂肪酸。常温で固体になる。食肉、クリーム（乳脂）、チーズ、バター、ラード、ココナッツオイル、ヤシ油などに含まれる。 |

| 不飽和脂肪酸 | アボカド、ナッツ類、野菜油、魚など、多くの植物や一部の動物からとれる脂肪酸。常温で液体になる。 |

| トランス脂肪酸 | 不飽和脂肪酸の一種。自然界にはほとんど存在せず、通常は人工的に作られる。コーンフレーク、ケーキ、ドーナツ、アイスクリーム、冷凍食品など加工度の高い食品に含まれることが多い。部分的に水素添加された油脂を用いて製造された食品は、すべてトランス脂肪酸を含む。 |

| コレステロール | ほとんどの細胞内に存在する、柔らかいワックス状の脂肪物質。細胞構造の重要な部分で、さまざまなホルモンを作るために使われる。 |

キーワードの学習は以上です！

私がこれらの定義を学んだときのように、ここで得た知識がこれからあなたの役に立ち、教え導いてくれることを願っています。

思えば、私も多くの基本的な言葉や概念を誤って理解していたことを知り、驚いたものです。その後、誤解を正すことで、それまでとは違った視点から、より合理的に健康とフィットネスを考えることができるようになりました。

次に、もっと驚くことが待っています。次の章で取り上げるのは、脂肪燃焼に関する俗説です。なかでも、フィットネス業界の大御所たちが広めている俗説のうち、ワースト10をご紹介しましょう。

> 言い訳ばかりでは、どこにもたどり着けない。
> ――――マーク・ベル（アメリカのフィットネス・インフルエンサー）

　何千年ものあいだ、贅肉がなく引き締まった強靭な肉体は美の象徴であり、魅力をはかる判断基準でもありました。肉体美は古代の英雄たちや神々の特徴であり、現代でもなお偶像視されています。

　肥満者の割合が35％を超え、なおも上昇しつづけているアメリカでは、このような肉体を手に入れてフィジカルエリートの1人になるためには、最高の遺伝子や膨大な知識、ただならぬ自制心、そして多大な犠牲が必要であるかのように思われがちです。しかし、それは真実ではありません。遺伝子は体づくりを邪魔できるものでもありませんし、必要な知識を手に入れるのは、かなりたやすいことです。この本で必要なことはすべて学べますし、たいした自制力も必要としません。大きなピザを毎日食べたり、気ままで生半可なトレーニングをしたりすることは許されませんが、それでも大好きなものを食べ、トレーニングを楽しみながら、引き締まった筋肉をつけ、脂肪を減らすことができるのです。

　それこそ、私がこの本を書いた理由なのです。あなたの体だけでなく、あなたの人生をアップグレードするために。

　脂肪を減らすことは、このビジョンの重要な要素です。もしもそれを現実化するなら、流行のダイエットやヨーヨー（リバウンドを繰り返す）ダイエット、無効果・無意味な栄養サプリメントや食事制限すべてをきっぱりと絶たなければなりません。そうしたあれこれが、人を虚弱で肥満な体にし、欲求不満をもたらすのです。自分の体をコントロールするためには、まず脂肪をスムーズかつコンスタントに減らす方法、そしてそれを維持する方法を知る必要があります。

　そのノウハウや力を身につけるために、まずはダイエットに関する10の最悪な俗説と誤った認識を暴くことからはじめましょう。もしかすると、あ

なたもいくつか耳にしたことがあるかもしれません。あるいは信じきっているのかも。だからこそ、今ここで俗説をしっかりと検証すべきなのです。さもないと、あとで本書のダイエット方法の核心部分を疑ったり、最悪の場合、受け入れられなかったりするかもしれません。

　この章で、有害で誤った認識を完全に一掃してしまいましょう。そうすれば、理想の体を手に入れるというゴールへの道を邪魔されることは、二度とないでしょう。

■ 俗説1：「摂取カロリーと消費カロリーの法則」はニセ科学だ

「カロリー計算は役に立たない」と、最近のベストセラー本のなかで、ある肥満専門の医学博士が言っています。「カロリー計算なんて時代遅れ。それは無知な人のダイエット法よ」と、スレンダーなボディを長年維持しているというかわいらしい女性ゲストが、人気トーク番組で話しています。「いまこそ新しいことをはじめるときだ。ダイエット成功の鍵は食事のクオリティであって、カロリーではない」と、いまやダイエットの師となった元トライアスロン選手が大人気のブログで言っています。

　こうした意見は、セールストークとしては魅力的かもしれません。「正しいものを食べろ、そうすればホルモンと代謝の障害を取り除き、急速充電することができる。そして、あとのことは体にまかせておけばいい」という説は、大勢の（食事制限することなしに、食事の量には注意を払わず、ただ何を食べるかにだけ気をつけていれば、やせてカッコいい体になれる、と信じたい）人たちの耳に心地良く響きます。ですがこれは、たわ言にすぎません。いや、悪質でさえあります。体重に関して言えば、何を食べるかよりも、どのくらいの量を食べるかのほうが、はるかに重要なのですから。これは見え透いた嘘です。

　私の言うことが信じられませんか？

　それなら、カンザス州立大学のマーク・ハーブ准教授に聞いてみるといいでしょう。彼はクッキーやドーナツのようなジャンクフードとプロテインだけで、10週間で体重を12キロも落としたのです。また、理科教員のジョン・シスナさんは、マクドナルドだけのメニューで半年間に27キロ減量しました。筋トレマニアのカイ・セグウィックさんは、厳格なルーティン・ト

レーニングとマクドナルドの食事だけを１か月続けた結果、人生で最高の肉体を手に入れたのです。

　彼らのやったことを見習えとは言いません。食生活における栄養価は非常に重要だからです。しかし、彼らは議論の余地のない、あることを証明したのです。つまり、大量のジャンクフードを食べながらでも、脂肪を減らし、筋肉をつけることが可能であるということです。

　どうしてこうなるのか、体重を増減させる真の原因は何かということを理解する鍵は、エネルギーバランスです。すなわち取り込んだエネルギー（摂取カロリー）と使ったエネルギー（消費カロリー）との関係です。

　食べ物のカロリーは、物によって異なります。ナッツ類は非常にエネルギーが豊富で、平均して１グラム当たり約6.5カロリーあります。一方、セロリはきわめてエネルギーに乏しく、１グラム当たりたった0.15カロリーです。１日に摂ったすべての食物のカロリーを合計して、同じ日に消費したカロリーの数値と比較してみてください。次の３つの場合の１つに当てはまるはずです。

1. 摂取カロリーが消費カロリーを上回る（それが続けば体重は増える）
2. 摂取カロリーが消費カロリーを下回る（それが続けば体重は減る）
3. 摂取カロリーと消費カロリーがほぼ等しい（それが続けば体重は変わらない）

　両者の関係をわかりやすくするために、銀行預金を思い浮かべてください。「使った」（消費した）カロリーより多くのカロリーを「蓄えた」（食べた）なら、プラスのエネルギーバランスを作ったことになり、体は余ったエネルギーを体脂肪として「貯める」（貯蔵する）でしょう。もし食べたカロリーが消費したカロリーよりも少なかったら、マイナスのエネルギーバランスを作ったことになり、体は機能の継続に必要なエネルギーを「貯蔵したエネルギー」（主に体脂肪）から得て欠乏を補います。

　人の体は、生きるために常にエネルギーの供給を必要としています。このことを忘れないでください。仮に体にすばやく利用できるようなエネルギーの貯え（体脂肪）がなかったとすると、細心の注意を払って管理された食事スケジュールでエネルギーを供給しなければなりません。そして、そのような

ときに一食を抜かしたら、エネルギーが尽きて死に至るでしょう。このようにならずに済んでいる唯一の理由は、食べ物のエネルギーが使えないとき、人の体は脂肪（必要とあれば他の組織）を分解し、それを燃焼してエネルギーに変えることができるからです。

では、何週も、あるいは何か月も摂取カロリーが少ない状態が続いたとしたら、体脂肪の貯蔵量はどうなると思いますか？　そう、どんどん減っていき、あなたはどんどんやせていくのです。これは仮説でも誤った理論でもなく、立派な熱力学の第一法則です。その法則によると、システム内のエネルギーは作られたり破壊されたりせず、形を変えるだけで一定に保たれます。このことはすべての物理的なエネルギーに適用し、人間の代謝にも当てはまります。私たちが食べ物を摂ると、そこに蓄えられていたエネルギーは筋肉によってメカニカルエネルギー（動作）に、消化器官によって化学エネルギー（体脂肪）に、臓器によって熱エネルギー（体温）に変えられるのです。

なぜ、過去100年間の減量コントロールに関する研究のすべてが、「効果的に減量するためには消費エネルギーが摂取エネルギーを上回らなくてはならない」と示しているのか、その唯一の理由が先に述べたことなのです。

したがって、多くのボディビルダー（古くは「近代ボディビルの父」と言われるユージン・サンドウから、ソード＆サンダル映画〔訳注：古代ギリシャやローマなどを舞台に繰り広げられる古典時代劇〕のスーパースターであるスティーヴ・リーヴ、現代の偶像アーノルド・シュワルツェネッガーに至るまで）が、この知識を利用して、自分の体脂肪レベルを思うままに操ることができたのです。つまり結論は、「エネルギーバランスは、体重の増減をコントロールする基礎メカニズムである」ということです。これは過去100年のメタボリック研究で証明されているので、疑う余地はありません。

とはいえ、こうしたエビデンス（証拠）があるとしても、カロリー計算をしなくては減量ができないというわけではありません。ただ、摂取カロリーと消費カロリーがどれほど体重に影響を及ぼしているかを知り、目標に応じて摂取カロリーをコントロールする必要がある、ということなのです。

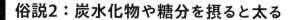

俗説2：炭水化物や糖分を摂ると太る

　人間は誰しも、わかりやすい説明や、もっともらしい説に惹かれるものです。世間で主流のダイエットがそれなりの人気を博しているのは、それが理由です。

　流行りのダイエット法の決まり文句は単純です。

1. 「肥満や不健康は、あなたのせいではありません」
2. 「最新の研究でダイエットを阻む最大の敵が明らかになりました」
3. 「何がなんでもそれを避けましょう。そうすれば、あなたは幸せな人生を手に入れることができます」

　こういう扇情的なやりかたでフィットネス業界のマーケティング担当者たちは、さまざまなダイエット法を売るのです。少し前には低脂肪ダイエット、現在は低炭水化物や低糖ダイエット、といった具合に。「炭水化物と糖分はダイエットの敵。それらをカットすれば、たちまち何キロもの体重が溶けるようになくなる」と彼らは言います。このような説は、私や他の専門家が根本的な欠陥を指摘するまでは、いかにももっともらしく聞こえたことでしょう。実際には、綿密に設計され、正しく実行された実験では、低炭水化物と高炭水化物のダイエット、低糖と高糖のダイエットのあいだで、体重減少の差は見られなかったことが明らかになっています。

　例を挙げましょう。

■ アリゾナ州立大学の科学者たちは、10週間、炭水化物から5％のカロリーを摂取した人たちと40％のカロリーを摂取した人たちのあいだに、体重や体脂肪の減少にはまったく違いが見られなかったことを発見した。

■ ウィスコンシン医科大学の科学者たちは、6週間、炭水化物から4％のカロリーを摂取した人たちと30％のカロリーを摂取した人たちのあいだに、体重や体脂肪の減少にはまったく違いが見られなかったことを発見した。

- ハーバード公衆衛生大学院の科学者たちは、２年間、炭水化物からそれぞれ65％、45％、35％のカロリーを摂取した人たちのあいだに、体重や体脂肪の減少にはまったく違いが見られなかったことを発見した。

- スタンフォード医科大学院の科学者たちは、１年間、炭水化物から50％のカロリーを摂取した人たちと25％のカロリーを摂取した人たちのあいだに、体重や体脂肪の減少にはまったく違いが見られなかったことを発見した。

- デューク大学の科学者たちは、６週間、糖分から４％のカロリーを摂取した人たちと30％のカロリーを摂取した人たちのあいだに、体重や体脂肪の減少にはまったく違いが見られなかったことを発見した。

- クイーン・マーガレット大学の科学者たちは、８週間、糖分から５％のカロリーを摂取した人たちと10％のカロリーを摂取した人たちのあいだに、体重や体脂肪の減少にはまったく違いが見られなかったことを発見した。

　炭水化物や糖分は、ちまたで言われているほど危険でも太りやすいものでもありません。それがなぜなのかは、本書の後半で、さらに詳しく説明します。さしあたり、次のことを知っておいてください。

　消費したカロリーより摂取したカロリーのほうが少ない状態が続けば、炭水化物や糖分の摂取量に関係なくやせることができます。そして、そこから導かれる結論があります。これを食べたら必ず太るといったような個々の食品があるわけではありません。なんであれ、食べすぎれば太るということです。消費したカロリーより摂取したカロリーのほうが多い状態が続けば、たとえそれが地球上で最も"ヘルシーな"食べ物から摂取したカロリーであったとしても、あなたは太ることになります。

　まわりを見回せば、たくさんの証拠が転がっていることでしょう。"クリーンな"食事にこだわっているのにもかかわらず太っている人が、あなたの知人にも大勢いるはずです。これから、その理由がわかります。

俗説3：" 不思議なことに " どうしても減量できない人がいる

" なぜか " やせられない最大の理由は、食べすぎだからです。ふざけている わけではありません。これが核心なのです。ただ、やっかいなのは、なかな か理解されないことです。

第1に、さまざまな研究が示しているように、ほとんどの人は自分が実際 に摂取したカロリーの数値を量るのが苦手です。食事1人前の分量を過少に 見積もったり、実際のカロリーより少なく計算したり、食べた量を不正確に 推量したりします。あるいは単純に自分自身に嘘をついている人もいます。

特にひどい例は、コロンビア大学の科学者たちの研究に見られました。研 究で、1日当たりの摂取が800から1200キロカロリーであると主張してい た肥満の被験者たちは、数年にわたって実際のカロリー摂取量を平均でなん と2000キロカロリーも低く見積もっていたことが明らかになりました。つ まり平均して毎日3000キロカロリーも食べていながら、日々せいぜい800 から1200キロカロリーほどしか食べていないと思い込んでいたわけです。

このように、摂取カロリーを正確に見積もることが難しいからこそ、具体 的な数値で管理するのではなく、ルールや制限を課すだけのダイエットで多 くの人が失敗するのです。カロリー計算をしないで減量することは可能です が、それは運まかせで、やせていくにつれ実行が難しくなります。

とはいえ、カロリー計算での失敗も多々あります。既製食品や加工食品を 多く利用する人は、うっかり食べすぎてしまいがちです。というのも、レス トランでの食事や既製食品のカロリー表示は不正確なことが多いからです。 アメリカでは実際、食品業者は20％もカロリーを過少申告し、それでも食 品医薬品局の検査にパスすることができるのです。業者の多くは不誠実で、 私利のためにこれを都合よく利用していると疑ってかかるべきでしょう。 ローカロリークッキーと書かれていても、さほどローカロリーではないかも しれません。

こうした事情をすでに知っていて、自分で食材を準備してきちんと食事を 作っている人でも、正しく計量しないために、結局はカロリーを過剰に摂取 していることがよくあります。たとえば、朝食のためにオートミールとピー ナッツバター、ブルーベリー、ヨーグルト、さらに計量カップと計量スプー

ンを揃えたとします。そしてオートミールを1カップ、ピーナッツバターを大さじ1杯、ブルーベリーとヨーグルトを半カップずつ量って混ぜあわせ、ガツガツと食べて1日をスタートさせます。意外かもしれませんが、残念ながらこの時点で、すでに数百カロリーも余分に食べてしまっていることになります。

　どうしてこんなことが起きるのでしょう。

　あなたが山盛りにすくいとった1カップのオートミールは100グラムのオート麦を含んでいて、379キロカロリーとなります。一方、包装ラベルでは1カップで81グラムのオート麦を想定しているので、約307キロカロリーとなるわけです。だから、あなたが思うより72キロカロリーも多く摂っていることになるわけです。大さじ1杯のピーナッツバターはどうでしょう？

　あなたがすくいとったのは21グラム、すなわち123キロカロリーです。ですが、使用した計量変換アプリは大さじ1を16グラムと想定しているので、あなたは94キロカロリーを摂取したと思っています。ここに別の"隠れた"29キロカロリーがあるのです。

　この種の誤りを食事のたびに毎日くり返すことが、"なぜか"やせられない唯一の理由です。

▌俗説4：チートデイには好きなものを何でも食べたり飲んだりできる

　チート＝ズルい食事（たまにカロリーの多いものや栄養価の低いものを食べること）は、多くの減量ダイエットで推奨されていますが、たいてい、あなたの飢えを癒すために、何でも食べてもいいことになっています。確かにこの考えにはメリットがあります。本書においても"ズルな"食事と"普通の"食事を取り入れており、これは精神的なストレスと欲求を解放する方法として効果的ではあります。

　とはいえ、ダイエット中にズルをするにも、正しいやりかたと間違ったやりかたがあるのです。なかなか減量できずに苦しむ人の多くは、そのやりかたが間違っています。そういう人は、あまりにも頻繁にズルをしすぎるのです。なぜこれが問題なのかを知るためには、カロリーと減量との全体像を思い起こしてみるだけで十分でしょう。ひと月にほんの数日間、少し食べすぎ

ただけなら、トータルとしての結果にはさほど影響しないでしょう。しかし、もしも1週間に何度かそれをやったとしたら、減量のペースは目に見えて遅くなることでしょう。

　もう1つのよくある失敗は、何日間も制限なしのチートデイにふけってしまうことです。1食だけ気を抜いたとしても、たいしたダメージにはなりません。あなたの胃はせいぜい2000キロカロリーのお慈悲を乞うだけです。ところが一日中、目につくものを手あたりしだい口に運んだりしたら、あっという間に数千キロカロリーをため込んでしまい、まる1週間分とまでは言わないとしても、過去数日間の減量の成果を台無しにしてしまうことになります。

　さらに、ズルな食事での大きな過ちは、あまりにも多くのカロリー、そして特に食物脂肪を摂取しすぎることです。確かに、1食くらいではたいしたダメージにはならないと言ったばかりですが、もしあなたが並外れた大食漢だったとしたら、それが減量に大きな衝撃を与えかねないのです。最悪なのは、摂取カロリーと食物脂肪が両方とも高い、ズルな食事です。食物脂肪は化学的には体脂肪と同じなので、体脂肪に変換するのにほとんどエネルギーを必要としません（含まれるエネルギーの0～2％）。一方、タンパク質と炭水化物は化学的に体脂肪と異なるので、代謝にかなり多くのエネルギーを必要とし（それぞれ含まれるエネルギーの25％と7％）、普通の状態ではめったに体脂肪に変換されません。したがって、研究でも明らかになっていますが、高脂肪の食事は、高タンパク質や高炭水化物の食事に比べて、すぐに脂肪がつきやすいのです。

　これは、贅肉の少ない人がさらに贅肉を落としたいとき、とりわけ注意しなければならない点です。そのような人たちにとって、頻繁なカロリー超過は大きな痛手となります。特に高脂肪の食事によるカロリー超過は許されません。

　ズルい食事のときにアルコールを摂ることもお勧めできません。アルコール自体は基本的に体脂肪として蓄積されることはないのですが、アルコールは炭水化物が体脂肪に変換されることを促進するのです。要するに、あなたを太らせるのはアルコールではなく、アルコール飲料といっしょに口に入れる、おいしい食事からのカロリーなのです。酔っぱらっているとき、おいし

いものを我慢するのは難しいはずです。

俗説5：体にこびりついた脂肪は部分的に燃焼できる

どんなフィットネス雑誌でもいいので、手にとってなかをのぞいてみてください。腹筋を割るとか、太ももを細くするとか、背中や腕の脂肪をとるというような、部分やせのトレーニング方法が載っているはずです。それが簡単にできるなら苦労しないですよね。

研究によると、特定の筋肉をトレーニングすると、その部分の血流とリポリーシス（脂肪分解）を増加させますが、その影響は問題にならないくらい少ないのです。筋トレをすればカロリーを燃焼し、筋肉を成長させるので、脂肪の減少を促すことはできます。とはいえ、部分的な脂肪を外側からはっきりわかるほど燃焼させるわけではありません。

その代わり、脂肪の減少は全身に起こります。ダイエットとトレーニングによって正しい環境（カロリー不足）を作れば、体全体の脂肪の貯蔵が減っていきます。ある部分が他より早くやせることもありますが、その理由は、あとでもっと詳しく解説しましょう。あなたが、どんなにいろんな腹筋運動をやったとしても、体脂肪率を十分に減らさないかぎり腹筋を割ることができないのは、そのせいです。それは研究で証明されています。

俗説6：ダイエットは新陳代謝にダメージを与える

たいていの理論によると、「代謝障害」とは、さまざまな体内システムに異常が生じ、結果として代謝によるエネルギーの燃焼が必要より少なくなる状態のことを指します。言いかえれば、それは、体重や活動レベルに基づいた数値よりもカロリーの消費が少ないという仮定の状態です。さらに言うなら、いったん代謝に「障害」が起きれば、何週間も、何か月も、さらには何年間も尾を引くおそれがあります。

「代謝障害（ダメージ）」と呼ばれるのは、文字どおり代謝がある程度「ダメージ」を受けている状態であり、「修理」を必要としているという考えに基づいています。代謝障害の一般的な原因は、あまりにも長期にわたるカロリー不

足や飢餓ダイエット、有酸素運動のやりすぎにあると信じられています。したがってダイエットの停滞期に、つまりカロリー制限をしているのにもかかわらずなぜか体重の減少が止まったとき、あるいは食事管理と筋トレを欠かさないのに増量しなくなったとき、人びとはこう言うのです。それはきっと代謝障害のせいだから、ダメージを直さなくてはならない、と。

　この仮説はたいてい、根拠のない話に基づいています。1日たった数百カロリーしか制限していない人が減量に失敗したという話。さらにひどいのは、極度のローカロリーダイエットと激しいルーティン・トレーニングにもかかわらず体重が増えてしまったという人の話。そのせいで、「ダイエットすると、体を壊す」、「取り返しがつかないほどのダメージを受けるかもしれない」、「正常な状態に戻るためには、特別なダイエット法を見出すしかない」などと、至るところで信じ込まれるようになるわけです。

　この問題は、科学的にどのように捉えられているのでしょうか。複数の研究によれば、長期間のローカロリーダイエットなどのダイエットによる代謝の低下は、5％以下からせいぜい15％にすぎません。さらに、代謝が2桁も低下したのは、体重のおよそ10％を減量した場合だけでした。そして、この問題に関する研究の大半は、摂取カロリーが極端に少ない、タンパク質をほとんど摂らない、筋トレをまったくやらないという、ダイエットの基本的な過ちをおかしていた人たちを対象にしていました。また、このような代謝適応は減量が止まってからも長く続くことがありますが、摂取カロリーを上げたり、体重を増やしたり、高タンパク質の食事を摂ったりすることで、簡単に元に戻せることがわかっています。

　本書の後半で、正しいダイエット法が徐々に代謝にどのような影響を与えるかについて、ある研究を例に挙げてお話しします。それはあなたにとって、さらなる励みとなることでしょう。

▍俗説7：ダイエットは体を「飢餓モード」にする

「飢餓モード」の背後にある考えは、代謝障害と同じです。つまり、無理のある食事制限をしていると代謝は鈍化し、ファッションモデルのような食生活にしないかぎり減量を続けることは難しくなるということです。

飢餓モードと代謝障害は相関関係にあると、ちまたで言われています。たとえば、次のようなことが信じられています。

1. 食べる量が少なすぎると、体重の減少が異常に早い
2. 体が飢餓モードに入ると、体重の減少が止まる
3. 食べる量をさらに減らし、運動量をさらに増やすと、問題はさらに悪化し、代謝障害を引き起こす
4. 飢餓モードが長ければ長くなるほど、何をしても体重はますます減らなくなり、代謝障害はどんどん悪化する

このような代謝の大混乱を避ける唯一の方法は、穏やかなカロリー制限でゆっくり体重を落とすこと、とも頻繁に耳にします。私たちが欲ばると、あとでその代償を払わなくてはならない、というわけです。そこには一片の真実があります。しかし、世のなかの「当たり前」と思われていることの多くが実は間違いであるように、フィットネスでも、正しいことより間違いのほうが多いのです。

あなたの体がカロリー制限と急激な体重変化に対応するために減量を失速させても、体には機械のように切り替わる「モード」も、減量を魔法のようにブロックする生理学的なスイッチもありません。注目すべき例は、「ミネソタ飢餓実験」です。これまで人間の代謝に関して実施されたなかで、最も極端な実験とも言えるでしょう。

第二次世界大戦の末期、1944年に開始されたこの実験は、ヨーロッパにおける何百万人もの飢えた人びとを、最も健康的なやりかたで正常な体重に戻す方法を探るための試みでした。ご想像のとおり、この実験は故意に飢えた人たちを必要とします。「飢えた」というのは、まさに文字どおりの意味です。研究者は36名の参加ボランティアを選びました。彼らは戦闘の最前線に追いやられる代わりに、自分の代謝を科学研究にささげることを選択し、平均的な捕虜収容所の状態に置かれることになったのです。ボランティアたちは毎日数時間の肉体労働と、週35キロの行進を課せられました。与えられた食事のカロリーは、平均的な1日当たりの消費カロリーの約50%（つまり約1500キロカロリー）でした。そしてこの異常な状態を6か月も続けた

のです。予想どおり、結果はかなり悲惨なものでした。彼らはみなやせこけ、餓死寸前になった人のほか、飢えから気をそらすために指を何本も切り落とした人までいたのです。

ところで、彼らの代謝はどうなったのでしょうか。飢餓モードと代謝障害の信奉者が予言したように、完全に破壊されたのでしょうか。

とんでもない。平均して体重の25％を失ったあとも、彼らの代謝は、やせた体重に基づいて研究者が予測した数値より20％低かっただけなのです。言いかえれば、6か月にわたる、考えうるかぎり最も過酷な食事制限に耐えたあとでも、彼らの代謝は、平均してたった20％活動が低下しただけだったのです。

その後、被験者は次の段階で「回復のための食事療法」を受け、失った体重のほとんどを取り戻しました。この食事療法を12週間実施したあと、再び彼らの代謝が検査されました。今度は、代謝活動は理想より平均して10％低いだけで、そのうちの何人かは、まるで以前の過酷な減量がなかったかのように、すでに正常値に戻っていたのです。さらに、この12週間の食事療法後のデータを分析した研究者で、私の友人でもあるメンノ・ヘンゼルマンスが最近の研究で、代謝の回復に要する時間はそれぞれ異なったものの、全被験者のすべての数値が最終的に回復したことを指摘しています。

この画期的な実験では、飢餓モードの俗説にとどめを刺す、もう1つのデータを提供してくれました。すべての被験者は、実験が終わるまで体重が減りつづけたのです。もちろん減少ペースは遅くなりましたが、完全に停止することはありませんでした。

したがって、次のように結論づけることができます。1日1500キロカロリーの食事を摂り、週に数時間、中程度の運動をしていても、6か月にわたって着実に体重を落とせるのですから、私たちも、比較的生ぬるいダイエットとルーティン・トレーニングについて、何も心配することはないのです。

▎俗説8：食事回数を減らすよりも、回数を増やしてこまめに食べるほうがベター

こんなことを聞いたことがありますか。「『代謝に火をつけ』、脂肪の減少

を早め、さらに食欲を抑えたいなら、少量の食事を頻繁に摂るべきだ」と。

　理論は単純です。食事をすれば、体が食物を代謝するにつれて代謝スピードは上がります。だから、数時間おきに食事を摂れば代謝は常に高いレベルにある。しかも、一日中少しずつ食べ物を摂っていれば、食欲をコントロールしやすくなるというのです。

　これはもっともらしく聞こえますが、効果的ではないことが科学的な調査でわかっています　広範囲にわたるダイエットに関する文献にあたったフランスの国立保健医学研究所の研究者たちは、さまざまな回数の食事パターン（1日1食から17食まで）が代謝に与える影響に関する研究を再評価しました。その結果、ちょこちょこ小分けで多数回の食事と、ガッツリ少数回の食事とのあいだに、著しい差は見られませんでした。というのも、小分けの食事では代謝の増加も小分けであり、その一方で、多量で少数回の食事では代謝の増加が大きく緩やかだったからです。したがって、24時間単位でのエネルギー消費を考えると、食べかたによって大きな違いはないわけです。

　この結論をさらに強化する証拠は、オタワ大学の研究で明らかになっています。研究者は、被験者を2つのダイエットグループに分けました。

1. 第1グループは1日3食摂る
2. 第2グループは1日3食と、間食を3回摂る

　両方のグループが同じカロリー不足の状態を維持しました。しかし8週間後、体重、脂肪、筋肉の減少において大きな違いは表れませんでした。

　それでは、頻繁に食事を摂る場合の、食欲への影響はどうでしょうか。これには、良し悪しの両方があります。ミズーリ大学の調査によると、12週間のダイエットのあと、タンパク質の摂取量が増加すると食欲のコントロールは向上しましたが、食事の回数（1日3回と1日6回）による食欲コントロールへの影響はまったくありませんでした。

　カンザス大学も同様の実験を行い、食事回数とタンパク質摂取量が、食欲や満腹感、ホルモンに与える影響を調査しました。そこでもタンパク質の摂取量が増えれば満腹感も増すことを発見しましたが、驚いたことに、6回の食事は概して3回の食事に比べて満足度が低いことが示されました。しかし

一方で、3食では、より頻繁な食事に比べて満足度が低いことを示す調査結果もあります。被験者の食事回数が増えれば満足度も増え、ダイエットを続けることが楽になったそうです。

　要は、あなたがやりつづけられるものが最良のダイエット法ということです。とりわけ食事回数に関しては、それが当てはまります。私が仕事で関わっている人たちは、たいてい1日4～6回の食事を楽しんでいます（私も同じやりかたです）。でも1日2～3食で満足する人もいます。それはそれで、まったく問題はありません。

■ 俗説9：トレーニングなしでは減量できない

　あなたが毎日ごくわずかな量しか食べないとすると、特に運動をしなくても大きなカロリー不足の状態になるでしょう。運動をせずに減食だけでかなりの体重を落とすことは可能です。しかしその場合、同時にかなりの量の筋肉も失うでしょう。これは、さまざまな理由から望ましくない事態です。男としてのメンツやプライドさえ失ってしまうことにもなりかねません。

　ですので、減量のためにダイエットしているときに運動は必須です。とはいえ、どんな運動でもいいというわけではありません。カロリー不足のときにやるべきベストな運動は、筋力トレーニング、つまり筋肉の強度と持久力を高める運動です。

　ダイエット時における筋トレの有効性を示す好例は、ウエストバージニア大学の研究者たちによる調査結果にあります。被験者の男女20人は2つのグループに分けられ、次のような運動を課されました。

1. 第1グループは週4回、1時間の有酸素運動をした
2. 第2グループは週3回、ウエイトリフティングをした

　両方のグループは同じダイエット方法に従いました。その結果、12週間後に被験者すべてが、ほぼ同量の脂肪を減らしました。しかし、有酸素運動の第1グループでは、さらに除脂肪体重（脂肪を除いた、筋肉や骨、内臓などの総重量）が4.1キロも減り、一方、ウエイトリフティングの第2グループでは、

筋肉などの減少は見られませんでした。

　他の多くの調査も、この発見を裏づけています。もしも筋肉ではなく脂肪だけを速く落としたいのなら、減量プログラムに筋トレを組み入れる必要があるというわけです。

俗説10：脂肪を減らすにはウエイトリフティングより有酸素運動のほうが効果的

　これは先の俗説からすると、当然の帰結です。たいていの人は、減量のために運動をはじめるとき、ジョギングや水泳、自転車のような有酸素運動を選びます。有酸素運動自体は良いのですが、残念ながら、それだけでは大幅な減量は望めません。実際には、いろいろな研究が示すように、有酸素系のワークアウトをはじめて、以前より体重が増えてしまう人が多いのです。だから、カロリーを燃焼することに躍起になっているわりには、さほど健康そうにも見えない、肥満の人が多いのです。

　有酸素運動だけではあまり減量できない理由は、2つあります。

1. 消費したカロリーを食事から取り戻すことは非常に簡単である

　汗だくになるほど30分間ランニングすると、どのくらいのエネルギーが消費されるでしょうか。体重68キロの人で約400キロカロリーです。それだけのカロリーを食べて取り戻すのがどれほど簡単か、考えてみてください。ひとつかみのナッツ、ヨーグルトを少々、それにリンゴ1個で、その消費カロリーと同じくらいになります。もっと自分に対して甘いタイプなら、小さなチョコクッキーとミルク1杯で十分です。

　これは、減量したいならナッツやヨーグルト、リンゴやクッキーを食べてはいけないということではありません。私が言いたいのは、有酸素運動は私たちが望むほどエネルギーを消費してくれない、ということなのです。有酸素運動のあいだに消費されるエネルギーは、もちろん、あなたの減量の一端を担うでしょう。しかし、あなたの目標は、単にカロリーを消費することではなく、体脂肪レベルを減らすことなのです。食べすぎれば、どんなに有酸素運動をしても、目標まで到達できないのです。

2. 体はカロリー消費を減らすために、運動に適応してしまう

　研究によれば、人の体はカロリー不足に陥ると、なんとかエネルギー効率を上げようとします。つまり、同種類のトレーニングを長期間続けると、そのために体が必要とするエネルギーはしだいに少なくなっていきます。ということは、継続的に同じコンディションで同じトレーニングをしている場合、あなたは以前ほどのカロリーを消費しなくなります。そして、消費カロリー以上に食べてしまい、減量を失速させる可能性が大きくなってしまいます。こうしたことを経験した人の多くは、有酸素運動を増やすことで事態を打開しようとします。その結果、エネルギー消費量が上がって体重が若干減るかもしれないですが、それと同時に、筋肉の減少と代謝の低下にも拍車をかけてしまうことになります。

　それでは、ウエイトリフティングはどうでしょうか。研究結果がはっきり示すように、ウエイトリフティングは脂肪を減らす効果的な方法です。それではなぜ、ウエイトリフティングは、「減量」ではなく「増量」するための方法というふうに見られがちなのでしょうか。

　答えはシンプルです。世間でウエイトリフティングは減量するには悪い方法だと思われているので、人気がないだけなのです。しかし、実際は脂肪の減少を速め、筋肉を維持する、すばらしい方法なのです。

　デューク大学の調査がこの点を見事に説明しています。18歳から70歳までの肥満の男女196名が集められ、3つのグループに分けられました。

1. 第1グループは、1週間に3時間のウエイトリフティングをした
2. 第2グループは、1週間に3日、中程度の速さで1回45分のジョギングをした
3. 第3グループは、ウエイトリフティングと有酸素運動の両方を行った

　8か月後、どのグループが一番「体重を」減らしたと思いますか？　そう、第1グループでも第3グループでもありません。正解は第2グループ、つまり有酸素運動だけのグループです。しかし！　それは、同時に筋肉量も減らした唯一のグループだったのです。では、筋肉を増やしながら脂肪を最も減らしたのはどのグループだったでしょうか。そうです、筋トレと有酸素運動

を両方行った第3グループです。

　言いかえれば、筋トレを有酸素運動に加えると、筋肉が増えるので体重の減少は著しくありませんが、いろいろな生理学的な要因によって、脂肪がより減りやすくなります。これについては、この本の後半で再び解説することにします。

....

　本章を読み終えて、あなたのフィットネスの知識は、まったく新しいレベルにまで引き上げられました。医者やアスリート、学者のような人たちしか到達できないレベルです。そう思うと、私もワクワクしてきます。でもこれは、ほんのウォーミングアップにすぎません！

　本章で脂肪の減少についての俗説や誤認識を考察したように、次章では筋力トレーニングについて分析していきましょう。そこでは、なぜ多くの男性たちが贅肉のない筋肉美や筋力を手に入れることができずにいるのか、そしてその原因である「筋力トレーニングの俗説と誤認識」ワースト10について解説します。

08 俗説と誤認識ワースト10
～筋トレ編～

> 何も危険を冒さないほうが、ずっと危険よ。
>
> ――――――エリカ・ジョング（アメリカの作家）

　ジムで見かける人の10人中9人は、トレーニング方法が間違っています。そうした間違いをいちいち指摘していくとキリがないので、ここでは、ありがちなものだけを列挙します。

- 間違ったエクササイズに時間をかけすぎる
- さまざまな筋肉グループを鍛える時間が、短すぎるか長すぎる
- フォームが悪い（特に技術が必要なエクササイズにおいて）
- ウエイトが軽すぎるか重すぎる
- セット間の休憩時間が短すぎるか長すぎる

　実際、たいていの人がジムでやっているのは単なるエクササイズであって、トレーニングとは言えない代物です。

　では、エクササイズとトレーニングは、どこが違うのでしょう？　エクササイズは、それ自体を目的とした身体活動で、カロリーを消費し、エネルギーレベルを向上させます。一方、トレーニングは、明確で長期的な目標を達成するための、体系的な運動の方法です。たとえば筋力アップ、筋肉質な体づくり、ボディビルといったようなものです。エクササイズが悪いというわけではありませんが（座ったまま動かずにいるより、ずっとましですから）、多くの男性が望む筋骨隆々とした体形は、トレーニングをやることでしか達成できないのです。

　エクササイズは、健康にはいいのですが、それによって脂肪を減らし筋肉をつけることができるかどうかの保証はありません。しかし、脂肪を減らすこと、引き締まった筋肉をつけることこそ、夢のような肉体を手に入れるのに必要な生理学上の急所なのです。

　残念ながら、ジムに通っている人の大半は、このことを理解していません。だからこそ、何日も、何週間も、いや、ときには何年にもわたって同じようなエクササイズを続け、同じようなウエイトを持ち上げて、そして同じような、たるんだ体を見せることになるのです。

　前の章では、多くの人が脂肪を減らすのに苦労する理由について学びました。この章では、なぜ筋力トレーニングが難しいのかを、学んでいきましょう。

■ 俗説1：ヘビーウエイトリフティングでは筋肉は増えない

　これは、よく耳にするとんでもない誤解で、多くの男性の体形に悪影響を及ぼします。重いウエイトを扱うウエイトリフティングは筋力アップだけを目的とし、筋肉を肥大化させるためのものではないという観念は完全に間違っています。

　実際には、筋肉量を大幅に増やす確実な方法は、相当の筋力アップを図ることなのです。これには、いくつかの理由があります。

1. ヘビーウエイトリフティングは機械的張力によって筋肉の肥大を促すため
　　あとで説明するように、徐々に筋肉に刺激を与えて緊張状態下に置く（機械的張力を高める）ことは、筋肉を肥大させる唯一の、最も効果的な方法です。

2. ヘビーウエイトリフティングは筋繊維を活性化するため
　　筋組織の大部分にわたって、かなり効果的であることが研究で明らかになっています。

　だからこそ、トレーニングでウエイトリフティングをする人は、全身の筋力を増大させることを第1の目標とすべきなのです。

　「ちょっと待ってくれ。それが本当なら、どうして、見かけより力の強い人がいるんだ？」という声があがりそうですね。そのような例外はステロイドや特別な遺伝子のせいだとか、きっとテクニックが完璧だからとかと、多くの人が結論づけたがります。なるほど、そういうこともありえますが、たい

ていの人が気づかない重大要因は他にあります。それは骨格です。

　人間は誰しも体のなかに同じ筋肉を持ち、筋肉はだいたい同じ場所にあるものですが、骨格へのつきかたに違いがあります。違いといっても、数値にしたらほんの1〜2センチの話なのですが、筋力としては大きな違いを生みだすのです。ここではこれ以上、掘り下げることはしませんが、つまるところ、そのような人は、体の構造上、他の人よりも有利なのです。筋肉はテコの機能を持つわけですが、どれくらい大きな力を生み出せるか、どのくらい重いものを動かせるかは、筋肉が骨のどこについているかで大きく変わってくるのです。このことが筋力に与える影響は驚くほど大きく、研究によると、身体構造の差異によって、同じ筋肉量でも、筋力には最大限25％の違いが生まれるそうです。言いかえれば、人によっては、同じ体格の人よりも最大で25％強くなれるわけです。

　同様に、筋肉と骨の構造上の理由で、その筋肉量から予想されるよりもはるかに重いウエイトを持ち上げられる人もいます。たとえば、上腕が短い人はベンチプレスで非常に有利になります（バーをそれほど動かさずに済むので）。腕が長く、脚が短い人はデッドリフトが得意でしょう。さらに、重い負荷をかけるバーベルスクワットに生まれつき有利な人もいれば、そうでない人もいるのです。

　あなたが後者の場合でも、気を落とすことはありません。それが問題になるのは、競技に参加するアスリートになるときだけです。強く、筋肉質で、贅肉のない健康な体になるためにジムに通っているならば、体の構造で有利なことがあろうがなかろうが、目標に到達できるのです。

俗説2：遺伝子のせいで、筋肉を増強できない人もいる

「遺伝子」という言葉には嫌な響きがあるかもしれません。何か変えたくてもそれができないとき、遺伝子のせいにする人がよくいます。確かに、筋肉についても遺伝子の影響はあります。残念ながら、獲得できる筋肉量については誰にでも限界があるのです。

　多くの生理学上の不確定要素があるものの、筋肉を鍛える素質は、骨の構造を分析することで、かなり正確に見積もることができるのです。研究によ

れば、骨太な人は、骨細な人より筋肉質になりやすい傾向があります。骨太な人はテストステロンのレベルも高いので、ウエイトリフティングをはじめると筋肉がつくのが早いのです。つまり、骨太な人は骨細な人に比べて、強さとサイズを大きくする潜在能力を持っているわけです。では、「骨太」の基準は何でしょう。どうやってそれを測るのでしょうか。

　全身の骨の構造を示す指標が２つあります。手首と足首の周囲の長さです。身長が同じなら、手首と足首が大きい人のほうが、小さい人に比べてより筋肉質になりやすく、筋肉が成長する潜在能力も高い傾向にあります。しかし、標準的な人であれば、骨が細いかどうかを測ったり、気を揉んだりする必要はありません。一流のボディビルダーかフィットネス選手になりたいのでないかぎり、何も心配することはないのです。誰でも魅力的な体を作るのに十分な筋肉をつけることができます。

　普通の男性が人目を引くような体形になるには、９〜12キロの筋肉をつけるだけで十分。そして、それは誰にでも可能なことなのです。初めてバーベルに触れたとき、どんなにヒョロヒョロで弱々しかったとしても。

■ 俗説3：ヘビーウエイトリフティングは危険だ

　多くの人がウエイトリフティング、特に重いウエイトを扱う運動は本質的に危険だと考えています。理由はわかります。重いウエイトを扱うデッドリフトやバーベルスクワット、ベンチプレスを、ジョギングや自転車、体操などのエクササイズと比較してみれば、ウエイトリフティングは体づくりというより、むしろ自殺行為のように思えるかもしれません。

　インターネットで調べてみると、不安をかき立てるような事例がたくさん見つかります。関節や筋肉の軽い痛みのような、ちょっとした不具合を訴える話から、恐ろしいものだと、痛み止めなしでは靴のひもさえ結べなくなったボディビルダーの話まで、いろいろあるでしょう。だから、ウエイトリフティング、特に筋トレは、ここ数十年のあいだ、いわれのない濡れぎぬを着せられてきたのです。ありがたいことに最近では潮目が変わり、筋トレは徐々に人気になってきたのですが、それでもまだ多くの人が、筋トレではメリットよりもデメリットのほうがはるかに大きいと考えているのです。

確かに、ウエイトリフティングには危険があります。ですが、多くの人が考えるほど、ひどいものではありません。皮肉なことですが、正しいやりかたでやれば、最も安全な運動の1つであることが調査で明らかになっています。豪ボンド大学の研究者の調査報告によると、ボディビルでのトレーニングを分析しても、1000時間当たり平均たった1回のケガしか発生していません。この確率でいくと、1週間に5時間のウエイトリフティングをやると、ほぼ4年間どんな種類のケガも経験しないということになります。また、ケガをしたとしても、そのほとんどは軽い痛みだけで、特別な治療や回復計画は必要なかったことが研究でわかっています。たいていの場合は、少し休養するだけで十分だったのです。

　もっと力と技術が必要なウエイトリフティング、たとえばクロスフィットや重量挙げ、パワーリフティングではケガも多くなりますが、それでも、トレーニング1000時間当たりたったの2回から4回にすぎません。それに対し、アイスホッケーやフットボール、サッカー、ラグビーのようなスポーツでは、1000時間当たり6回から260回のあいだでケガが発生しています。長距離走者は舗道との衝撃で、1000時間当たりおよそ10回ケガをする可能性があります。

　言いかえれば、日常的なスポーツのほうが、ジムでウエイトリフティングをするよりも、およそ6倍から10倍もケガをしやすいわけです。しかも、ウエイトリフティングのメリットは非常に大きく、他のスポーツやエクササイズでは得ることのできない恩恵を多くもたらしてくれるのです。

　ウエイトリフティングのルーティン・トレーニングには、次のような恩恵があります。

- 関節の強化と健全化
- 筋肉量の増加
- 心臓機能の増進
- 脳機能の向上
- 寿命の伸長と生活の質の向上
- 骨密度の増進
- 骨折の危険の軽減

- 代謝の向上
- 柔軟性の向上

　ほとんど無視できるようなケガのリスクや、ケガをしたとしても軽度のものであることを考慮すると、何を選択すべきかは明らかでしょう。ウエイトリフティングを行うほうが、ケガのリスクを心配してやらないより、はるかに大きな恩恵を受けることができるのです。もしもあなたが絶対にケガをしたくないというのなら、けっしてベッドから出ないことです（それでも床ずれの危険はありますが）。

　覚えておいてほしいのは、車に乗るときも、エレベーターの代わりに階段を使うときも、そしてパソコンでキーボードを打つときでさえ、ケガのリスクはつきまとうということです。危険に対処するのは、人生の一部だと言えます。私たちにできることは、起こりうるあらゆるメリットとデメリットを検討し、そのなかでより良い選択をして、確実な結果を出せるように全力を尽くすことだけなのです。

▌俗説4：筋肉をつけながら、同時に脂肪を減らすことはできない

　いえ、もちろんできます。正確に言えば、少なくともたいていの人の場合（あなたを含めて！）筋肉の増強と脂肪の減少の同時進行は可能です。それを左右するのは、トレーニングの状況と経歴。以下は、おおざっぱな原則です。

1. ウエイトリフティングの初心者か再開したばかりなら、問題なく筋肉をつけながら脂肪を減らすことができる
2. 最低でも6か月から8か月、ヘビーウエイトリフティングをものにしていて、なおかつ長期の休暇を取らずにトレーニングしているのなら、筋肉をつけながら脂肪を減らすことはできない。したがって、どちらか一方（筋肉の増加か体脂肪の減少）に集中する必要がある

　どうしてこんな原則があるのでしょう。どうしてすべての人が、状況に関係なく筋肉の増強と脂肪の減少を同時に行うことができないのでしょうか。

生理学的に言えば、筋肉の増加と体脂肪の減少は"相いれない"関係にあるのです。この２つが両立しがたいのは、そのエネルギーバランスとの関係に起因しています。自分の体をカロリー不足の状態に置けば、体脂肪レベルは落ちますが、同時に筋肉タンパク質を作る能力も落ちてしまいます。長いあいだカロリーが制限されるとテストステロン値が下がり、コルチゾール値は上昇します。このため、ダイエット中は筋肉が簡単に落ちてしまうので、たいていの人は筋力トレーニングと脂肪を減らすことを同時にすることができないのです。脂肪を減らすためにカロリーを制限すると、筋肉の成長も制限してしまうわけです。

　では、どうしてウエイトリフティングをはじめた人は、筋肉をつけながらやせることに成功するのでしょうか。調査によれば、ウエイトリフティングをはじめたばかりの頃は体が過剰に反応するので、速いペースで筋肉がつけられるそうです。多くの人はウエイトリフティングをはじめて１年で、11キロ程度の筋肉をつけることができますが、翌年にはせいぜい0.5〜1.5キロ弱の増加しか望めません。

　この「ニュービー（新参者）の急成長」あるいは「ハネムーン」の段階は、たいていの人の場合３か月から６か月続きますが、そのあいだは、カロリー不足が筋肉に与えるデメリットが打ち消されるのです。

　言いかえれば、カロリー不足は、あなたが新人のときでも筋肉の成長を抑えているものの、それを完全に止めてしまうことはできないということです。徐々にその効果は薄れていきますが、しだいに自分の体を効果的に再構成できる能力も身についてきます。その時点から、カロリー不足のときには筋肉を作るよりも脂肪を減らすことが目標となり、カロリー超過のときには、体脂肪が少ない状態で筋肉を作ることが目標になるのです。

■ 俗説5：同じエクササイズをやりすぎると効果が薄くなっていく

　進歩を続けるためには、常に運動のルーティンを変える必要がある、と耳にしたことがありませんか？　筋肉を絶えず"混乱させ"、筋肉に"刺激を与える"ために、常に新しいエクササイズとトレーニングをしなければならない、とも聞いたことがあるでしょう。

　これはもっともらしく聞こえるかもしれません。テクニックであれ筋肉であれ、何かしらの進歩をしたいなら、絶えず限界に挑み、新たな挑戦をしなくてはならない、とたいていは思いますよね。では、筋肉に何度も何度も新しい挑戦を強いるよりも、もっと良い方法はないのでしょうか。

　確かに毎週同じトレーニングばかりしていると徐々に停滞してしまうのは事実ですが、"筋肉を混乱させる"理論は、木を見て森を見ず、なのです。筋肉が認知能力を持っているわけではありません。筋肉は今日どんなトレーニングをするのか想像することもないし、変わったプログラムで混乱させられることもありません。筋肉組織は純粋に機械的なものです。筋肉は収縮し、伸展するもの。いたってシンプルなのです。

　筋肉を大きさと強さの両面で成長させつづけるためには、絶えず挑戦しなくてはならないという根本的な前提は妥当ではありますが、"筋肉を混乱させる"理論が成立しないのは、それがどんな刺激を重視するかによるからです。トレーニングのルーティンは毎週どころか毎日だって変えられますが、それでも停滞期は来ます。「変化」をつけたところで、筋肉は刺激されないからです。段階を追って過剰な負荷をかける方法漸進性過負荷こそ、その他のどんなトレーニングの要素にもまして、筋肉を刺激するのです。

　漸進性過負荷というのは、時間をかけてあなたの筋肉が生み出すテンションを増大させるということで、そのための最も効果的な方法は重量を徐々に増やしていくことです。言いかえれば、筋肉を大きく強くするための鍵は、単に筋肉が受ける刺激の種類を変えるのではなく、筋肉をより懸命に働かせること。そしてそれが可能になるのは、ウエイトを徐々に増やして負担をかけているときなのです。したがって、ウエイトリフターの一番の目標は、徐々に全身の筋力を増強していくことです。それこそ、本書プログラムが最も重点を置くポイントでもあります。

■ 俗説6：筋トレにはマシンなどの器具が欠かせない

　皆さんに可能なかぎり力強くなってもらいたい。これが本書の主旨であり、私の最大の望みです。そのためには、たいていの人がジムでやっているのとは大きく異なるトレーニングをやっていただかないとなりません。大き

なゴムバンドや各マシンでのスーパーセットや、バランスボールなどの道具を使ったトレーニングではなく、次のような基本的なワークアウトに重点を置いてください。

1. プッシュ
2. プル
3. スクワット

　ジムにいる時間の大半は、バーベルかダンベルでトレーニングを行います。こうしたフリーウエイトは、努力に見合った成果をもたらしてくれるからです。私のこの方法に反対する人もいるかもしれません。確かに、筋肉を増強するためにはマシンもフリーウエイトも効果は同じだ、と示す研究もあります。しかし、このような研究報告を額面どおりに受けとるべきではありません。大局的に真実をつかむには、細部まで見る必要があるからです。

　こうした研究の被験者は、全員トレーニング経験のない人たち、つまりレジスタンストレーニングの未経験者であることがほとんどです。これは重要なことです、なぜなら、最初のうちは体や筋肉がレジスタンストレーニングに過剰に反応するからです。先述したように、このような「ニュービー（新参者）の急成長」あるいは「ハネムーン」の段階は、たいていは3か月から6か月続きます。つまり、しばらくのあいだは、ジムで何かをするだけで、進歩と成果が見られることになるわけです。

　とはいえ、こうしたマジックが長続きするわけではありません。今まではうまくいっていたのに、突然なんの変化も起こさなくなるときが、いつか来るのです。

　さらにフリーウエイトは、筋肉を大きく強くするためにはマシンより優れていることが、複数の研究で明らかになっています。例を挙げましょう。

- サスカチュワン大学の研究では、フリーウエイトのスクワットは、スミスマシン（重量トレーニングに使用される器具）を使った場合より、脚の筋肉を43％多く活性化した。

■ カリフォルニア州立大学の研究では、フリーウエイトのベンチプレスは、スミスマシンを使ったベンチプレスよりも、肩の筋肉を50％多く活性化した。

■ デューク大学医療センターの研究では、フリーウエイトのスクワットは、マシンを使ったレッグプレスのスクワットよりも大腿四頭筋を20〜60％多く活性化し、ハムストリングスを90〜225％多く活性化した。

　成功を収めてきた多くのボディビルダーが、何十年も前から、フリーウエイトはマシンよりも優れていることを強調してきました。ジムのなかをよく見回してみてください。強靭な体をした人は、フリーウエイトをやっているはずです。

俗説7：多くの時間をアイソレーション・エクササイズに割くべきだ

　できるかぎり早く筋肉を増強させたいなら、漫然とフリーウエイトのエクササイズをやっているだけでは足りません。目的を達成するには、「正しい」フリーウエイトのエクササイズをする必要があります。そして、その最も良い方法は、コンパウンド・エクササイズ（複合エクササイズ）と言われているものです。

　コンパウンド・エクササイズは、同時に複数の関節と筋群を使うエクササイズです。たとえば、スクワットでは膝と足首とヒップを動かし、大腿四頭筋、ハムストリングス、大臀筋を連動させ、重さに耐えるために全身を使わなければなりません。一方、ノルディック・ハムストリングス・カールのようなエクササイズは、膝を動かし、ハムストリングスと大臀筋を鍛えることに焦点を合わせています。したがって、ノルディック・ハムストリングス・カールは、コンパウンド・エクササイズではなく、アイソレーション（分離・隔離）・エクササイズに属します。単一の関節と限定された筋肉を連動させるだけだからです。二頭筋カールもまた、アイソレーション・エクササイズの一種です。この場合、関与する関節はひじだけで、上腕二頭筋がほとんどすべての運動をこなしています。

残念ながら、多くの人がコンパウンド・エクササイズの重要性を過小評価しがちです。しかしコンパウンド・エクササイズには、多大な時間と労力を注ぎ込む価値があります。その理由を次に挙げましょう。

1. コンパウンド・エクササイズは、多くの筋肉を同時に鍛えることができる

あるエクササイズで効果的に鍛えられた筋肉の量が多ければ多いほど、結果としてより多くの筋肉が得られます。これは時間の効率化でもあります。1つのコンパウンド・エクササイズで複数のアイソレーション・エクササイズの効果を得ることができます。

2. コンパウンド・エクササイズで、重いウエイトを持ち上げられるようになる

最も良いコンパウンド・エクササイズは、何十もの筋肉と多関節を使う大きな動作です。コンパウンド・エクササイズは、アイソレーション・エクササイズよりも重いウエイトを動かすことができるため、筋肉に、より大きな負荷をかけることができます。その結果、より早く筋肉を増強させることができるのです。

3. コンパウンド・エクササイズで、テストステロンと成長ホルモンの数値が著しく伸びる

運動後のタンパク同化ホルモン値の上昇の大きさは、運動に関わった筋肉の総量に影響されます。したがって、研究が示すように、コンパウンド・エクササイズは、アイソレーション・エクササイズよりも、テストステロンと成長ホルモンの両方の数値において大きな増加を促します。テストステロンとホルモンは、一部のフィットネス従事者が訴えるほど、筋肉増強に大きく影響を与えるものではありません。とはいえ、それらには他にもメリットがあるのです。

私自身、肉体改造に成功したのは、コンパウンド・エクササイズによるところが大きいと思っています。そのメリットを知ってからというもの、ジムで行うトレーニングの70〜80％をコンパウンド・エクササイズにしたのです。ぜひあなたも実践してみてください。

俗説8：漸進性過負荷プログレッシブ・オーバーロードによるワークアウトは、あまり意味がない

　昔に戻って、17歳の自分に1つだけアドバイスができるとしたら、「どんなワークアウトをするにしても、筋肉にかける負荷を徐々に上げろ」と言うでしょう。そうすればもっと早く筋肉を増強できたはずです。少しずつ過剰な負荷をかけるというのは、筋肉が生み出すテンションを徐々に増大させることである、とお話ししましたが、それこそが筋肉を大きくする最大の力学的な要因なのです。これは簡単なことに思えますが、実際にはどのように実行するのでしょうか。

　たいていの人はこれを実践していないので、何週間も何か月も同じような運動をくり返したあげく、成果が出ないことを不思議に思うのです。もしそうなりたくないなら、次の3つのことを徹底してください。

1. 効果が証明された進展モデルに従う
2. 自分のトレーニングをトラッキングする
3. 必要に応じてダイエットとトレーニングを調整する

　この本の後半で、この3点のやりかたについて詳しく解説します。本書のプログラムを実際にはじめれば、そのパワーをじかに経験することになるでしょう。

俗説9：筋肉を大きくするにはパンプアップが必要だ

　ジムでマッチョな男たちが互いを叱咤しながら、痛みに耐え、燃え尽きるまでワークアウトをしているのを見たことがあるでしょう。彼らはまさしく「痛みなくして得るものなし」を実践しているのです。

　確かに、そこには一片の真理があります。筋肉が収縮するたびに、水素イオンのような代謝副産物が細胞の内外に作られます。これがウエイトを持ち上げるときに覚える、焼けるような感覚の正体です。体はもっと多くの血液を筋肉に注ぎ込んで、これらの化合物を運び出そうとするので、筋肉細胞は膨れ上がります。しかも、化合物は筋肉細胞に水分も引き込むため、筋肉は

さらにパンパンに膨れ上がるのです。この現象が、ボディビルダーがパンプアップと呼ぶものです。もちろん、それがタンパク質合成、つまり新たな筋肉タンパク質を作ることを促進することに関しては有力な証拠があります。

とはいえ、パンプアップが好ましい状態であるとしても、筋肉作りにおいて最重要であるとまでは言えません。筋肉を肥大させるには、メカニカルテンション（適切なウエイトを使用してフルレンジでの動作を行い、筋肉に大きな負担をかけること）ほどの強い刺激が必要です。したがって、トレーニングにおいてパンプアップを優先させることは、筋肉の増強を遅らせてしまう原因になります。

▌俗説10：たくましい体になるには有酸素運動が必要だ

シェイプアップのためにはランニングマシンやステップマシンで長時間汗を流さなければならない、という説を聞いたことがあるかもしれません。

これがナンセンスである理由を説明しましょう。

体の組成（骨にどのくらいの量の筋肉と脂肪がついているか）を向上させることに関しては、有酸素運動は諸刃の剣だといえます。有酸素運動はエネルギーを燃焼し、脂肪の減少を促す一方で、筋肉まで燃焼させてしまうこともあります。そうなると、あなたの究極の目標が遠ざかることになりかねません。なぜなら、筋肉質で強靭な体になるには、筋肉をつける必要があるからです。できるだけ早く筋肉を大きく強くしたいのなら、有酸素運動を制限しなくてはならないのです。それは次の２つの理由からです。

1. 短期的に言えば、有酸素運動は体を疲労させるため、ウエイトリフティングのトレーニングでの進歩を遅らせ、筋肉の増強を妨げるおそれがある
2. 長期的に言えば、有酸素運動は筋肉増加に関わる細胞シグナルの伝達を中断させてしまうので、筋肉の増強を妨げるおそれがある

とはいえ、完全に有酸素運動をやめるべきだということではありません。有酸素運動には健康上の大きなメリットがあります。そのうちのいくつかは筋トレでは得られないものもあり、多くのエネルギーを消費する助けにもな

るからです。脂肪の減少を早め、体重管理を容易にすることでもあります。

　ただ、有酸素運動の正しいやりかたを学ぶ必要があるのです。これは、のちほど説明します。

....

　本章では、筋肉を増強する効果的な方法について、最も重要なことを学びました。フリーウエイト、コンパウンド・エクササイズ、徐々に過剰な負荷をかけること、これらによって、少なくとも成功の半分以上が決まります。また、なぜ多くの人が筋力トレーニングに挫折してしまうのか、その最大の理由を学びました。彼らは軽すぎるウエイトや効果のないエクササイズであまりに多くの時間を無駄にし、ランニングマシンの上であまりにも多くの時間を使っているのです。

　この本の後半で、これらの新発見や新しく得た知識のすべてをどのように応用して体形を変えるのか、その簡単で実践的な方法を学びます。その前に、正しく脂肪を減らす方法について、次章で学ぶことにしましょう。

09 短期間で脂肪を落とそう
～大きな違いをもたらす3つの法則～

> 私にとって人生とは、ずっとハングリーでいることなんだ。人生の意味は、単に生きていることや生き延びることにはない。目標に向かって前進し、向上し、何かを成し遂げ、困難に打ち勝つことにあるんだ。
>
> ————アーノルド・シュワルツェネッガー
> (俳優。元ボディビル世界チャンピオン)

　脂肪は醜い脂のかたまりで、一掃しなくてはならないものだと、たいていの人は敵視していますが、実は生きていくうえで必要不可欠なものです。脂肪は多くの重要なホルモンの生成を助けるだけでなく、数千年前には、われわれの祖先が生きていくためになくてはならないものだったのです。

　人間は昔、何日も食べ物を持たずに旅をすることがありました。飢えると動物を狩って、それをごちそうにしたことでしょう。そうやって彼らの体は、次の飢餓に備えるために、過剰なエネルギーを脂肪として蓄えてきたのです。この遺伝子プログラムは現代人のなかにも残っています。なぜ多くの人が太りすぎてしまうのか、ある程度はこれで理解できます。

　人類史上初めて、われわれは指一本動かすだけで、おいしくてカロリーたっぷりの食べ物をいつでも手に入れられるようになりました。そうした食べ物は胃袋を最大限に満足させ、"病みつき"になるように、巧みに作られているものです (加工食品の暗黒面を知りたいなら、マイケル・モスが書いた『フードトラップ　食品に仕掛けられた至福の罠』〔日経BP社〕を読んでみてください)。

　幸いにも、遺伝子プログラムは人の運命を決めてしまうようなものではありません。生物学的な固定配線をハッキングすることも上書きすることもできませんが、過剰で不必要な体脂肪を落とし、見た目に美しい (そして健康的な) 体脂肪レベルを維持することはできるのです。それは複雑でも難しいことでもありません。この章で学ぶように、たった3つのルールを理解して、忠実に守りさえすれば、これからは脂肪が減らずに悩むことも、ベストの状態をキープしようと苦労することもなくなります。

法則1：最重要なのはエネルギーバランス

　本書の初めのほうで、エネルギーバランスがどのように体重に影響を与えるのかについて解説しました。体が消費する以上のエネルギーを長期間にわたって摂取すれば太ることになります。逆に、食べる量が少なければやせます。真実はいたってシンプルです。成果を出すには食事プランを作る際に上記の基本さえ押さえていればいいのですが、エネルギーバランスがどのように脂肪の蓄積と燃焼に直接影響を与えているのかを知ることも、役に立つはずです。

　では、詳しく見ていきましょう。

　科学的には、食べたものを消化吸収しているとき、これを「食後状態」と呼びます。この状態にあるとき、体は食物から供給されたエネルギーの一部を使って、脂肪の貯蔵を増やします。これは脂肪蓄積モードと呼ばれることもあります。体が消化吸収を終え、摂取した食物を貯蔵してしまうと、今度は「吸収後状態」(無食の空腹状態)というものになります。この状態にあるとき、体は主に貯蔵脂肪をエネルギー源として利用します。これを、体の脂肪燃焼モードと呼ぶこともあります。体はこれらの食後状態と吸収後状態のあいだを往復し、食後に少量の脂肪を蓄積し、食物エネルギーが尽きると、貯蔵脂肪の少量を燃焼していくのです。

　これを視覚的に表した簡単なグラフがあります。

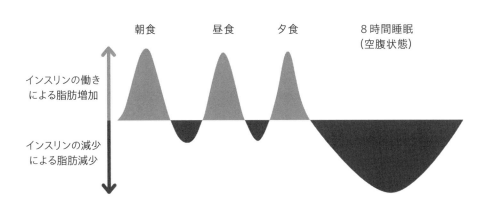

図の色の薄い部分は、食事をして体に使うべきエネルギーが供給され、脂肪として蓄積されている時期です。色の濃い部分は、食物のエネルギーが尽きて、生命維持のため脂肪を燃焼させなくてはならない時期です。

　グラフではインスリンについても触れていますが、ご存じのようにインスリンは、筋肉や諸器官、脂肪組織にブドウ糖やアミノ酸のような栄養素を取り込み、消費または貯蔵させる働きを持つホルモンです。近頃、この必要不可欠なホルモンであるインスリンは、健康とダイエットの第一人者たちから悪意のある攻撃を受けています。というのも、インスリンは脂肪分解を抑制し、脂肪蓄積を亢進させるからです。つまり、インスリンは、エネルギー源として脂肪を利用するのをやめるよう、そして食物摂取によってエネルギーを消費したり貯えたりするよう、体に命令するのです。

　このことは、食後状態と吸収後状態について学んだことを前提とすると筋は通ります。インスリンは体に燃焼すべき食料があるか、それともエネルギーとして体脂肪に頼らなければならないかを教えているのです。これが、インスリンが敵視の標的やスケープゴートになる理由でもあります。

　一般的には次のように考えられています。

　　炭水化物の多い食事＝高いインスリン値＝脂肪の燃焼が減り蓄積が増える＝ますます太る

ここから、次のような結論が導き出されます。

　　炭水化物の少ない食事＝低いインスリン値＝脂肪の燃焼が増え蓄積が減る＝スマートでいられる

これは明らかな間違いです。そして、これを信じ込ませるための「証拠」はニセ科学にすぎません。確かに、炭水化物を摂取することはインスリンを作るきっかけになるし、インスリンは脂肪蓄積のきっかけになるのですが、そのどちらも肥満の原因ではありません。太るのは単に食べすぎるからです。過食に関する多くの研究が示しているように、著しい体重の増加を引き起こす唯一の原因は、カロリーの大量摂取であって、それがタンパク質で

あろうが炭水化物、食物脂肪であろうが関係ないのです。このようにエネルギーの超過がなければ、インスリンやインスリンを作る食物は体脂肪の値を上げることはできないのです。

インスリン説で見落とされているもう1つの本質は、高タンパク・低炭水化物の食事は、高炭水化物の食事よりインスリン値を引き上げる可能性があるということです。ホエイプロテイン（乳清タンパク質）は精白パンよりインスリン値を上げ、牛肉は玄米と同じくらいインスリンの分泌を刺激することが研究で明らかになっています。さらに言えば、タンパク質と炭水化物は通常、同じようなインスリン反応、すなわち急激な上昇と下降を示すのです。

また、炭水化物とインスリンを危険視する人たちは、それらがホルモン感受性リパーゼ（HSL）という酵素に及ぼす影響を危惧しています。HSLは脂肪細胞のなかの酵素で、脂肪酸の燃焼を助ける役割を持っています。インスリンはHSLの活動を抑制するため、体重増加を促進すると信じられています。しかし、脂質も同様にHSLの活動を抑制します（それなのに高脂質食ダイエットは、最近の健康・ダイエット市場で大流行しています）。さらに、アシル化促進タンパク質という酵素のおかげで、体は食物脂肪を体脂肪として蓄積するために、多量のインスリンを必要としません。

さて、以上の説明を読んでも、あなたはエネルギーバランスの重要性を、信じたくても信じられないでいるのではないでしょうか。最新の研究に論駁されている主張や、私の説明に反するような体験を語る人たちの話にとらわれているのでは？

それでは、よく耳にする主張とエピソードを、さらに検討することにしましょう。

主張その1 「カロリー計算なしでも〇〇ダイエットで減量できた」

カロリー摂取量にまったく注意を払わなくても、かなりの体重を落としたことがある人は少なくありません。それは低炭水化物ダイエットのためかもしれませんし、肉や糖分、動物性食品を摂取するのをやめたためかもしれません。"クリーン"な食事に変えただけで確実に体重を落とした人もいます。しかし、彼ら自身も気づいていないと思いますが、体重が減った根本的な原因は食物の選択自体にあるのではなく、その選択がエネルギーバランスにど

んな影響を与えたかにあるということです。言いかえれば、ダイエットによってエネルギーバランスがマイナスの状態になり、それが持続したことにより体重が著しく減少したのであって、"正しい" 食べ物を食べ、"間違った" 食べ物を避けたせいではないのです。

　たいていの減量ダイエットは食事制限が中心です。特定の食品やある種の食品群を制限したり、避けたりしなくてはならないので、必然的にさまざまな高カロリーの食べ物を締め出さないわけにはいかなくなるのです。これらの高カロリー食品（たとえば精製炭水化物や糖分）というものは、おいしく感じ、つい食べすぎてしまいがちです。したがって、そのような食品を絶てば摂取カロリーは自然に下がっていき、消費したカロリーより下がれば下がるほど、より多くの脂肪を減らすことができるのです。また、減量のためにダイエットをはじめる人の多くは、同時に運動をはじめるか、それまで以上に運動するようになります。そうすると、さらにカロリーの消費量が増え、成果を上げるために必要なカロリー不足の状態を維持できることになるのです。

主張その2　「飢えるほど食べる量を減らしたのに、やせなかった」

　毎日少量のカロリーしか摂取していないのに、ちっともやせないという話をよく耳にします。その欲求不満は理解できますが、その原因は、その人の代謝が他の人とは違う働きをしているからではありません。実際にはいつもの単なる人為的ミスで、たとえば第7章で説明したように、うっかり食べすぎて成果を上げることができていないだけなのです。

「水分貯留（水太り）」も、ダイエットであなたの足を引っ張る、もう1つの問題です。脂肪を減らすためにカロリーを制限する際、とりわけそれが厳しいとき、体は水分をもっと保持しようとする傾向があります。それは、カロリー制限がストレスホルモンのコルチゾールを増加させ、今度はそのコルチゾールが水分貯留量を増加させるからです。生理機能に応じて、コルチゾールの影響は無視できるか気づかない程度のこともあれば、逆に非常に強く働き、数週間の脂肪減少を台無しにしてしまうこともあります。その結果、何週間も脂肪が減少していても体重が減らないために、カロリー計算は役に立たないものだと結論づけてしまうおそれがあるわけです。

　のちほど、同じような間違いをしないか、確かめる方法を解説します。

主張その3 「クリーンな（体に優しい食材を使用した）食事を摂っていれば、カロリーなど重要ではない」

体重という観点から見れば、カロリーはカロリー以外のなにものでもなく、クリーンな食事からのカロリーもジャンクフードからのカロリーも、まったく同様に考慮する必要があります。

とはいえ、"クリーン"で"ヘルシー"な食べ物は、"ジャンク（栄養価のない）"で"不健康"な食べ物よりも体重を減らすことができ、その状態をキープするのに向いています。なぜなら、そのような食べ物は一般的に低カロリーで、過食しにくいものだからです。

ピザやチーズバーガー、キャンディ、アイスクリームのようなジャンクフードと、鶏の胸肉やブロッコリー、玄米、リンゴのような"クリーン"な食べ物とでは、どちらがカロリー過剰になりやすいか考えてみてください。1日のカロリーの大部分を"ダイエット向きの"食べ物から摂取することは、より簡単で楽しい減量と体重維持に役立つわけです。

主張その4 「人間の体は機械ではないのだから、同じ原則は人間には当てはまらない」

熱力学の第1法則は人間の代謝には当てはまらないという人がいます。人間の体は、冷蔵庫や車を動かす単純なエンジンよりも、はるかに複雑なのだというわけです。この議論はもっともらしく聞こえます。エントロピーだのカオス理論だの代謝的優位性だのといった、意味のあやふやな専門用語でいっぱいですし、内分泌システムはさらに難解ときているからです。

しかし、それらは人を欺く、まやかしにすぎません。人体が燃焼エンジンよりはるかに複雑なのは事実ですが、前にも言ったように、前世紀の減量研究のすべてが、成果を上げるには消費カロリーが摂取カロリーを上回る必要があると結論づけています。やせていようが太っていようが、健康だろうが病気だろうが、まったく同じように作用するのです。

エネルギーバランスは人間の代謝の第1原理です。体重の「マスターキー」とも言えるもので、避けて通ったり、無視したりはできません。

法則2：主要栄養素バランスはダイエットに欠かせない

エネルギーバランスは重要ではありますが、それだけでは不十分です。すばらしい体形を手に入れることが目的なら、なおさらです。

ここからは、減量の話の大詰めです。

主要栄養素バランスというのは、摂取カロリーを構成するタンパク質、炭水化物、脂質のバランスのことを指します。もし体脂肪だけを落として筋肉を落としたくないなら、あるいは筋肉だけつけて体脂肪をつけたくないなら、エネルギーバランスだけでなく、主要栄養素バランスにも細心の注意を払う必要があります。この文脈でいうカロリーは、もはやカロリーではありません。なぜなら、タンパク質のカロリーは体のなかで炭水化物や脂質のカロリーとはまったく異なる働きをするからです。

では、これらの主要栄養素について、詳しく見ていきましょう。そして、それら1つひとつが、減量というパズルにどのようにはまるのかを発見してください。

主要栄養素その1：タンパク質

科学の分野でも「真なる唯一のダイエット法」の探究はいまだ続いていますが、確実にわかっていることが1つだけあります。どんな方法であれ、高タンパク質の食品を摂らなくてならない、ということです。

研究を重ねた結果、高タンパク質ダイエットが低タンパク質ダイエットに比べて、さまざまな面で優れていることが確認されています。とりわけ、タンパク質を多く食べる人は、以下のような傾向があります。

- 脂肪が減るのが早い
- 筋肉がつきやすい
- より多くのカロリーを消費する
- 飢えを感じることが少ない
- 骨が強くなる
- おおむね気分がよい

　タンパク質の摂取は、定期的に運動をしているとき、いっそう重要になります。なぜなら、運動は体のタンパク質への需要を増大させるからです。これは、脂肪を減らすためにカロリー制限しているときも重要です。十分な量のタンパク質を摂取することが、ダイエット中も筋肉量をキープするために大切な役割を果たすからです。

　タンパク質を摂取するのは、座ったままでいることが多い生活スタイルの人にも重要です。研究によると、そのような人は十分なタンパク質を摂らないと、加齢による筋肉の減少が早まってしまいます。筋肉が減るのが早ければ早いほど、さまざまな原因から死亡リスクが高まります。

主要栄養素その2：炭水化物

　炭水化物があなたの敵ではない理由を十分に理解するために、その化学構造と、食べたときに何が起こるかについて簡単に説明しましょう。

　以下は、知っておくべき炭水化物の4つの基礎形態です。

1. モノサッカライド（単糖）
2. ディサッカライド（二糖）
3. オリゴサッカライド（オリゴ糖、少糖）
4. ポリサッカライド（多糖）

　モノサッカライドは単糖とも呼ばれます。きわめて単純な構造をしているからです。モノは「単一の」という意味、サッカライドは「糖」という意味なので「単糖」となります。モノサッカライドはさらに3種類に分かれます。グルコース、フルクトース、ガラクトースです。これらの言葉については以前にも解説しましたが、ここで復習しておきましょう。

- グルコース（ブドウ糖）は、自然界に多く存在する糖。炭水化物の構成要素であり、有機体内で重要なエネルギー源となる

- フルクトース（果糖）は、多くの果物やハチミツに含まれる甘みの強い糖で、ショ糖や高果糖コーンシロップにも含まれている。肝臓でブドウ糖に

変えられ、その後、血液に放出されて使われる

■ ガラクトースは乳製品に含まれる糖で、果糖と似た代謝を行う

　ディサッカライド（二糖）は、スクロース（ショ糖）、ラクトース（乳糖）、マルトース（麦芽糖）として自然界に存在しているものです。再び、おなじみの2つの用語と新しい用語をざっと見ておきましょう。

■ スクロース（ショ糖）とは、多くの植物で光合成によって作られる糖で、主にサトウキビやテンサイから商業用に抽出される。甘味料として広く利用される

■ ラクトース（乳糖）は乳に含まれる糖の一種で、ブドウ糖とガラクトースを含む

■ マルトース（麦芽糖）は、2つのグルコース分子が結合してできている。自然にはめったに見られず、アルコール発酵に使われる

　オリゴサッカライド（オリゴ糖）は、複数のモノサッカライド（単糖）が鎖状に結びついた化合物です。オリゴはギリシャ語で「少ない」という意味で「少糖」とも呼ばれます。植物の繊維は、部分的にはオリゴ糖からできており、多くの野菜類もフルクトオリゴサッカロイド（短い鎖状のフルクトース分子）を含んでいます。私たちがよく口にするオリゴサッカライドの一種にラフィノースがあります。ラフィノースは、ガラクトース、グルコース、フルクトースが鎖状につながったもので、全粒穀物や豆類、キャベツ、芽キャベツ、ブロッコリー、アスパラガスなどの野菜をはじめ、さまざまな食べ物に含まれています。
　ガラクトオリゴサッカライド（ガラクトオリゴ糖）もまた、オリゴ糖の一種です。主にガラクトースが短い鎖状に結びついたもので、ラフィノースを含む食べ物の多くに含まれています。消化されませんが、腸内で健康バクテリアを増加させる働きをします。

次に、炭水化物の４番目の形態であるポリサッカライド（多糖）について説明しましょう。ポリサッカライドは、多数（通常10かそれ以上）の単糖分子が長い鎖状に結びついた物質です。デンプン（植物の貯蔵エネルギー）とセルロース（多くの植物に含まれる天然繊維）は、私たちがよく食べるポリサッカライドの代表例です。人の体はデンプンを簡単にグルコースに分解しますが、セルロースは消化システムをそのまま通過してしまいます。消化されないものは別として、こうした種類の炭水化物には共通の重要な役割があります。すべてが最終的には体内のグルコースになるということです。

果物に含まれる自然な糖も、棒つきキャンディに含まれる精製された糖も、緑の野菜に含まれる"ヘルシー"な糖も、すべて消化されてグルコースになり、血液に送られて使われるのです。これらの炭水化物で異なるのは、この転換が起こる速度です。棒つきキャンディは、すぐに消化されるモノサッカライドを大量に含んでいるので、かなりの速さでグルコースになります。それに対し、ブロッコリーはゆっくりと燃焼されるオリゴサッカライドを含んでいるので、時間がかかるのです。

その違いがすべてだという人もいます。炭水化物がグルコースに転換されるスピードが、その食べ物が"ヘルシー"かどうか決定づけるというわけです。しかし、これはたいてい間違っています。たとえば、焼いたジャガイモはＧＩ値（グリセミック指数）が高い（85）ですが、重要な栄養素を豊富に含んでいます。スイカも同様に高い数値です（72）。オートミール（58）でさえ、スニッカーズのチョコレートバー（55）より高いのです。

それならば、このことは甘いものを好きなだけ食べていいということを意味するのでしょうか。エネルギーと主要栄養素のバランスを維持しつづけるかぎり、ジャガイモやオートミールを、ソーダやキャンディに置き換えていいのでしょうか？

しばらくは可能かもしれませんが、しだいにバランスが崩れていく可能性が高いのです。なぜなら、体が食べ物から摂取する必要があるのは、エネルギーと主要栄養素の他にもたくさんあるからです。たとえばビタミンやミネラル、繊維のような数多くの栄養素が必要です、当然のことながら、こうしたものはコカ・コーラやハーシーズのキャンディには入っていません。数々の研究でも明らかになっているように、こうした理由から、甘味を増やすス

クロースやフルクトースのような糖を加えた糖分の多い食品の摂取は、健康問題（代謝障害や肥満、さまざまなレベルの栄養失調など）と関わりがあるのです。

あまりに多くの糖分を加えた食べ物を摂るのは健康を損なうおそれがあるため、糖分の摂取量を減らすのは妥当と言えるでしょう。しかし、だからといって、すべての形態の炭水化物を減らしたり、制限したりする必要はありません。実際、あなたが健康で活動的で、特にウエイトリフティングを定期的にやっているとしたら、ダイエット中にもっと炭水化物をとったほうが、減らすよりも、かえってうまくいく可能性が高いのです。

その理由は次の章で詳しく説明します。

主要栄養素その3：脂質

最近、脂質はその価値以上に注目を浴びています。健康を維持するためには、いろいろなものを過不足なく摂取すべきですが、高脂質食ダイエットは本当に楽しんでやるのでないかぎり、流行に乗る価値はありません。この手のダイエット法を試すなら、かなり慎重にやる必要があります。

それがなぜなのか理解するために、重要なことを確認しておきましょう。食物のなかには、下記の異なった脂肪が2種類あります。

1. トリグリセリド（中性脂肪）
2. コレステロール

トリグリセリドは私たちが日常で摂取する脂質の大半を占め、乳製品やナッツ、種から肉まで、広い範囲の食物に含まれています。それは（不飽和の）液体のこともあれば、（飽和した）固体のこともあります。そしていろいろな面で健康を支えます。ビタミンの吸収を助け、さまざまなホルモンを作るのに使われたり、皮膚や髪を健康に保ったりと、多くの働きをするのです。

以前解説したように、飽和脂肪とは室温では固体になる形態の脂肪で、肉や乳製品、卵のような食べ物に含まれています。長いあいだ信じられてきた、飽和脂肪が心臓病のリスクを高めるという説は最近の研究で疑問視されています。そうした研究で、食物性飽和脂肪が冠動脈疾患や心血管疾患などの心臓病のリスクの増大に関係しているという明確な証拠はないことが明ら

かになっています。気まぐれなダイエット業界は、この"新事実"を都合よく利用し、パレオダイエットやケトジェニックダイエットなどを大々的に促進して大ヒットさせました。

とはいえ問題なのは、ブームとなったこれらのダイエットを推奨する科学論文の多くが、欠点や見落としを優れた栄養学や心臓学の研究者たちによって指摘され、厳しく批判されていることです。

研究者たちは、飽和脂肪の大量摂取と心臓病とのあいだには強い関連性があり、もっと多くのことが明らかになるまでは、一般に認められた飽和脂肪の摂取量ガイドライン（1日の摂取カロリーの10%以下）に従うべきだ、と主張しています。

現在のエビデンスの重みを考えれば、マイナスの結果が出る危険を考えずに、好きなだけ飽和脂肪を摂取してもかまわないとは言えないのです。だからこそ賢明なのは、慎重で安全第一であること。高脂質食ダイエットのブームに乗るのは、さらなる調査を待ってからでも遅くないでしょう。

本書の初めで、不飽和脂肪とは室温では液体になる脂肪で、オリーブオイルやアボカド、ナッツ類のような食べ物に含まれているということを学びました。不飽和脂肪は、さらに2つの種類に分けられます。

1. 一価不飽和脂肪
2. 多価不飽和脂肪

一価不飽和脂肪は室温では液体で、冷えると固まりはじめます。一価不飽和脂肪を含む食物には、オリーブオイルやピーナッツオイル、アボカドがあります。多価不飽和脂肪は室温では液体で、冷えてもそのままです。多価不飽和脂肪を含む食物には、ベニバナやゴマ、ヒマワリの種、コーン、ナッツ類と、その油があります。

飽和脂肪とは異なり、一価不飽和脂肪については議論の余地はありません。調査によれば、一価不飽和脂肪は心臓病のリスクを減らし、またオリーブオイルを多量に使う地中海ダイエットと関連づけて、健康上のメリットがあると信じられています。それに対し、多価不飽和脂肪については、そこまで評価が定まっているわけではありません。2つの主要な多価不飽和脂肪

は、α-リノレン酸（ALA）とリノール酸（LA）です。ALAはオメガ3脂肪酸として知られているもので、一方、LAはオメガ6脂肪酸として知られています。これらの名称は分子構造によるものです。

　ALAとLAは唯一、人の体では作れない脂肪なので、食事から摂取する必要があります。これらが必須脂肪酸と呼ばれているのはそのためです。この2つの物質は体に多大な影響をもたらします。その化学的性質は複雑ですが、以下のことは、議論するうえで知っておくべきでしょう。

- ■ ALAはエイコサペンタエン酸（EPA）として知られるオメガ3脂肪酸に変換され、さらにはドコサヘキサエン酸（DHA）と呼ばれる別の物質に変換されることもある

- ■ LAは体内でさまざまな化合物（抗炎性ガンマリオニック酸や炎症性アラシドニック酸など）に変換される

　EPAとDHAについては多くの研究がありますが、たいていはALAと関連づけて、さまざまな健康上のメリットをもたらすようです。たとえば、炎症の軽減、気分の改善、筋肉成長の促進、認知機能の向上、脂肪減少の促進などが挙げられます。

　一般的に、LA（オメガ6）は「悪く」、ALA（オメガ3）は「良い」と単純化して考えられていますが、この見かたは当たらずとも遠からずです。だからこそ、オメガ6が多く、オメガ3があまりに少ないような食事法は、数多くの健康上の問題を引き起こすと思われてきたのです。

　しかし、イリノイ大学の研究者は、これに疑問を投げかけています。オメガ3が不十分だと健康に悪いということに疑問の余地はないのですが、皮肉なことに、オメガ6の摂取量を増やしても心臓病のリスクは増加せず、かえって軽減されるということが研究で明らかになったのです。そのため多くの科学者は、ダイエット中に絶対量のオメガ3脂肪酸を摂取することのほうが、オメガ3とオメガ6の比率より重要なのではないかと考えるようになりました。そして、卵や肉のような食物のなかのオメガ3を増やすために、多くの努力がなされてきました。

　ここで重要なのは、あなたも一般的な人と同じように、食事で十分なオメガ6脂肪酸を摂取していても、オメガ3（特にEPAとDHA）が不足している可能性があるということです。これを改善するための簡単な方法は、オメガ3サプリメントの摂取ですが、それについては、この本の後半で解説するつもりです。

　コレステロールは、食物中に含まれる別の種類の脂質です。また、体のすべての細胞に存在するロウ状の脂質で、さまざまなホルモンやビタミンD、あるいは消化を助ける物質を作る材料にもなっています。数十年前には、卵や肉のようにコレステロールを含む食物は心臓病の危険を増大させると信じられていました。しかし今では、それほど単純ではないことがわかっています。たとえば卵はさほど悪者ではなく、研究によれば、赤身の肉よりも加工肉のほうが、高い確率で心臓病と関連があると言われています。コレステロールと心臓の健康との関係が扱いにくい理由の1つは、コレステロールを含む食品は、しばしば飽和脂肪も含んでいるからで、飽和脂肪は確かに心臓病のリスクを増大させるのです。

　もう1つの理由は、コレステロールがどのように体内を移動するかということに関係しています。コレステロールは、脂質とタンパク質が結合したリポタンパク質と呼ばれる分子によって細胞に運ばれます。リポタンパク質には2種類あります。

1. 低密度リポタンパク質（LDL）
2. 高密度リポタンパク質（HDL）

　一般に「悪玉」コレステロールの話をするときは、LDLのことを指しています。血液中のLDLの値が高いと、それが動脈に蓄積され、心臓病のリスクを増大させる可能性があるという研究で示されているからです。したがって、LDL値を上げる食べ物、たとえばフライや加工食品、飽和脂肪を多く含む食べ物は、たいてい心臓に悪いと見なされるわけです。

　HDLは、しばしば「善玉」コレステロールと考えられています。HDLはコレステロールを肝臓へ運び、そこで加工され、さまざまなことに使われるからです。

法則3：体の反応に基づいて、食べるものを調整する

　あなたの体で実際に起きていることに基づいて、カロリーと主要栄養素を調整することは、次の2つの理由で非常に重要です。

1. カロリーと主要栄養素を計算する公式は、最初のうち、あなたに適合しないかもしれない
2. うまくいっていたことが、結果を出さなくなることもある

　最初の点に関しては、あなたの代謝は公式が仮定するよりも、当然のことながら速いかもしれないし、遅いかもしれません。1日のあいだに、気づかずに多くの自発的な運動をしている可能性があるからです。たとえば電話中に歩きまわったり、バスルームで踊ったり、読書中に指でテーブルをドラムみたいに叩いてみたり、考えごとをしているときに脚を上下に振ったりすることなどです。仕事や趣味で、自分で思っている以上のエネルギーを消費しているかもしれないし（その結果、エネルギーの消費を低く見積もっているかもしれない）、運動中の平均値より多くのエネルギーを消費しているかもしれないのです（もちろん、逆の場合もあります）。

　第2の点に関しては、以前に解説したように、カロリー制限への体の対抗手段としての反応で、代謝速度が低下し、体重の減少に歯止めがかかるのです。これが、初めのうちは体重減少の結果を出していたカロリー摂取量がやがてうまくいかなくなる主な原因です。

　ここでグッドニュースです。脂肪を減少させるダイエットをはじめる前に、こうしたことをすべて把握する必要はありません。その代わり、あなたの体で実際に起きる反応に基づいて、カロリーと主要栄養素を調整すればいいのです。

　おおざっぱな基本ルールはこうです。減量したいのに減量できないとしたら、食べる量を減らして、もっと動く必要があるでしょう（そして、体重を増やしたいのにそれができないなら、もっと食べればいいだけなのです）。

　これについては、減量が止まったときにどうするべきかを含めて、本書の後半でさらに詳しく解説しましょう。

....

　あなたは、最高の肉体を作るための最大の「秘訣」について学びました。

　この種の話は無味乾燥のように思えますが、学びたいと思うことすべてに伴うすべての原則は、たいがいそういうものなのです。

　覚えておいてほしいのは、情報の価値は、あなたがどう感じたかによって決まるのではなく、どれほど理解したか、どのように応用されるかによって決まるということです。

　筋肉を減らさずに脂肪だけを速く健康的に減らすことはそれほど複雑ではありませんし、実際、たいして難しくないことを学びました。それには多少のガイダンスと訓練が必要ですが、いったん、この章で学んだことを練習に取り入れる方法を知ったら、あまりにスラスラ事が運ぶので、びっくりするはずです。実際、この「柔軟な」ダイエットの方法は、たぶんあなたが試したなかで、最もやさしく、最も効果的で、最も長続きする方法だと思います。ワクワクしませんか？

10 引き締まった筋肉を育てよう
～大きな違いをもたらす3つの法則～

自らを美しい彫像のごとく作り上げる努力を怠ってはならない。

——— プロティノス（古代エジプトの哲学者）

もしあなたがフィットネスジムで多くの時間を過ごしているなら、筋肉構築に関して、こんなことを耳にしたことがあるかもしれません。

- 筋肉はトレーニングの種類によって異なった反応をする
- 筋肉は重量を知らない。筋肉が知っているのはテンション（張力）だけだ
- 筋肉の成長には異なったタイプがある
- 低い重量、高いレップ数でやるトレーニングが筋肥大に最も効果的だ
- 高い重量、低いレップ数でやるトレーニングが筋肥大に最も効果的だ
- 筋肉構築は遺伝によるところが大きい。トレーニング方法はたいした問題ではない

あるいは、これまで耳にした多くのことがニセ科学のたわ言で、「筋肉を迅速で効果的に作りあげる秘訣は他にある」とか、「もっとすばらしいモデルや理論がどこかに存在する」などとも聞いたことがあるかもしれません。

そのような噂や口コミのせいで混乱し、挫折感を味わい、いったい何を信じたらいいのか（ジムで何をすればいいのか）、何を無視すればいいのか、などと自信が持てなくなっても無理もありません。私自身もそうでした。

幸いなことに、たとえ筋成長の生理学がとてつもなく複雑だとしても、筋肉をつけるための科学は、それに比べたらはるかにシンプルです。実際、効果的な筋力トレーニングの80%は、いくつかの法則を理解し、適用することに帰着するのです。その法則とは、物理学の法則のように、確実で観察可能、反論の余地のないものです。

この章で学ぶ3つの原則を守れば、あなたの筋肉は大きく、たくましくなります。

法則1：筋肉の成長を刺激する方法は3つある

　筋力トレーニングの生理学で最初に理解する必要があるのは、筋肉の成長には3つの基本的な「トリガー」あるいは「経路」があるということです。

1. 機械的張力
2. 筋肉の損傷
3. 細胞の疲労

「機械的張力」というのは、筋繊維のなかで生まれる力の量です。ウエイトを持ち上げるとき、筋肉のなかに2種類の機械的張力が発生します。つまり、「受動的」な張力と「能動的」な張力です。受動的張力は筋肉が伸びるとき、そして能動的張力は筋肉が収縮するときに起こります。

「筋肉の損傷」というのは、強度の張力によって筋繊維に引き起こされる、ごく小さな損傷のことです。損傷したら修復を必要とします。そして、体に適切な栄養と休養が与えられれば、再び起こる張力に対処するために、筋繊維は強く、そして大きくなります（筋肉の損傷が直接筋肉の成長を刺激するのか、それとも機械的張力の単なる副作用にすぎないのかは、まだはっきりしないのですが、このリストに載せる価値はあります）。

「細胞の疲労」というのは、筋肉がくり返し収縮するとき、筋繊維の内側と外側で起こる多くの化学的変化のことです。同じ動作を何度も限界近くまで繰り返すとき、高いレベルの細胞の疲労が引き起こされます。

　ハーバード大学医学大学院の研究によると、機械的張力は3つの経路のうち、最も重要なものです。このことは、他の多くの研究でも確認されています。言いかえれば、機械的張力は、筋肉の損傷や細胞の疲労よりも強い刺激を生むのです。

　これらの3つの要素は、科学者が「強度・持久力連続体」と呼ぶものとも関連があります。それは次のように作用します。

- 高重量・低レップのウエイトリフティングは、主として筋肉の強度を増大させる。その結果、多量の機械的張力と筋肉の損傷を生むが、細胞の疲労

は少ない

■ 低重量・高レップのウエイトリフティングは、筋肉の持久力を増大させる。その結果、少量の機械的張力と筋肉の損傷を生み、細胞の疲労は大きくなる

　先ほど学んだことを前提とすると、どちらのトレーニングスタイルのほうが効果的だと思いますか？　答えは高重量・低レップで行う運動です。そのほうが多くの機械的張力を生み出すからです。ちなみに「レップ」とは、ウエイトを１回上げて下げる反復のことを言います（用語については、後ほどあらためて説明します）。
　科学論文にも、その証拠を数多く見つけることができるはずです。セントラルフロリダ大学の調査を見てみましょう。研究者は活動的で筋トレ経験のある33人の男性を２つのグループに分けました。ここで言う「レップマックス」とは「最大重量」のことです。

1. 第１グループは、１セットにつき10〜12レップ（１レップマックスの70%）のワークアウトを４セット、これを週４回行った

2. 第２グループは、１セットにつき３〜５レップ（１レップマックスの90%）のワークアウトを４セット、これを週４回行った

　両グループは同じトレーニング内容（ベンチプレス、バーベルスクワット、デッドリフト、ショルダープレス）を行い、普段と同じ食生活を続けるように指導されました。８週間トレーニングを続けたあと、研究者たちは、第２グループのほうが第１グループよりも、明らかに多くの筋肉量と筋力をつけていることを発見しました。
　どうして重い負荷のトレーニングが、筋力だけでなく筋肉量さえも、軽い負荷のトレーニングに勝ったのでしょうか。研究者たちは主要な２つの理由を示唆しています。

1. 筋肉における多量の機械的張力。一方、軽い負荷のトレーニングは、より
   高い筋肉の疲労を引き起こしている

2. 広範囲にわたる筋繊維の活性化。第8章で解説したように、その結果、筋
   肉組織の大半に大きな筋肉の成長が起きる

　別の研究においても、同じような発見が証明されてきました。このこと
は、私たちの意識をウエイトリフターとしての最初の目標に引き戻してくれ
ます。すなわち「強くなること」、特にスクワット、デッドリフト、ベンチ
プレスのような基本的な全身運動で強くなることです。押したり、引いた
り、スクワットしたりするときにかける負荷が大きければ大きいほど、より
くっきりと目立つ筋肉を手に入れることができるのです。

　ルーティン・トレーニングに軽い負荷のウエイトやその他のトレーニング
メソッドの入る余地はないとまで言うつもりはありません。ただ、できるだ
け早く筋肉をつけることが目的なら、最良の方法は、できるだけ早く筋力を
つけることなのです。

■ 法則2：筋肉はジムで成長するわけではない

　これは古くからよく耳にする、ボディビルにまつわる格言です。ここには
真理が含まれています。ウエイトリフティングだけが筋肉を大きく強くする
わけではありません。筋肉の成長は、トレーニング後に起こることであり、
トレーニングで発生した緊張や損傷を修復するときなのです。

　人間の体は絶え間なく筋肉タンパク質の分解と再生をくり返しています。
この過程は「タンパク質代謝回転」として知られ、全体的に見れば、タンパ
ク質の分解と合成（生成）の割合はたいていバランスが取れています。だか
ら、あまり運動をしない平均的な人は、そう素早く簡単には筋肉をつけたり
失ったりしないのです。

　機械的に見れば、筋肉の成長というのは、ある一定時間においてタンパク
質の合成率が分解率を上回った結果です。言いかえれば、体が新しい筋肉タ
ンパク質を合成するのが、筋肉タンパク質を分解するよりも早いときに筋

肉が増えるわけです（そして、筋肉タンパク質を分解するのが、筋肉タンパク質を合成するより早ければ、筋肉が減ります）。したがって、できるだけ効果的に筋肉をつけたいなら、常にタンパク質の合成率を分解率と同じにするか、あるいは上回るようにすべきなのです。体がこのような代謝状態にある時間が長ければ長くなるほど、より早く筋肉がつけられるのです。

　筋トレや有酸素運動をしているとき、タンパク質の合成率は運動の最中に低下します。そして運動の直後に、タンパク質の合成率と分解率は両方とも上昇し、徐々に分解率が合成率を上回るようになります。このように、運動というものは異化作用による活動であって、とりわけ長時間のトレーニングはそうなのです。修復や回復や成長は、その後にしか起こりません。

　ご想像のとおり、睡眠はこのプロセスで重要な役割を果たしています。回復と復元のために体がすることの大半はベッドのなかで行われているからです。したがって、多くの研究が示すように、睡眠が奪われると、ただちに筋肉の成長が（脂肪の減少も）抑制されてしまい、筋肉の減少さえ引き起こしかねないことになります。

　興味深いことに、このような睡眠不足による負の影響は、体がカロリー不足の状態にあるとき、より顕著なものになります。さらに、調査によれば、たった1晩睡眠が不足しただけでトレーニングのパフォーマンスは妨げられ、それが2晩も続けば台無しになってしまうのです。十分な睡眠をとったアスリートが最高の成果を生み出すことは、多くの研究で明らかになっています。

■ 法則3：適切な食事を摂らなくては、筋肉は成長しない

　カロリーが重視されるのは減量のときだけ、と思っている人は少なくありません。彼らが理解していないのは、体は、トレーニングから回復するなど、多くのことに対応する必要があり、十分な食事を摂らないと、それらが効果的にできないということです。

　このことは研究で明らかになっており、カロリーが不足しているとき、体内の筋肉組織を修復および成長させる能力は低下します。つまり、ダイエット中のトレーニングは体に大打撃を与えるわけであり、中級やベテランのウ

エイトリフターは、脂肪を減らすためにダイエットしているとき、筋肉がつきにくくなったり、まったくつかなくなったりすることを受け入れなくてはなりません。

　体におけるあらゆるプロセスの燃料がカロリーであること、筋力トレーニングのシステムは代謝的に高くつくことを思い出してください。そこで、最大限の筋肉の成長を望むなら、摂取カロリーが不足していないかどうかを確かめる必要があります。そのための最良の方法は、毎日意識的に消費カロリーより少しだけ多いカロリーを食事から摂取することです。そうすれば、ジムで激しいトレーニングをしても、そのあと回復に必要なすべてのエネルギーを体は確実に確保できるのです。

　"あなたの筋肉に栄養を与える"もう1つの重要なポイントは、十分なタンパク質を摂取すること。これは、十分なカロリーを食事から摂ることと同じくらい大切です。炭水化物も筋力トレーニングに貢献しています。体内で炭水化物から合成される物質であるグリコーゲンは、筋肉と肝臓に蓄積され、激しい運動のあいだ、主要な燃料源となります。炭水化物の摂取量を制限すると、体のグリコーゲンの貯蔵量は低下します。

　研究によると、そのせいで、運動後の筋肉の修復と成長に関係する遺伝信号が止まってしまうのです。定期的に運動するときに炭水化物を制限すると、コルチゾール値が上昇してテストステロン値が低下し、その結果、運動後の体の回復能力をさらに低下させてしまいます。こうしたことすべてが、調査が示すように、低炭水化物ダイエット中の人が、トレーニングからの回復が遅く、筋肉や筋力がつきにくくなる理由です。

　低炭水化物ダイエットをすると、筋力と筋持久力を低下させることも指摘しておいたほうがいいでしょう。その結果、過剰な負荷が与えつづけられ、最大限に筋肉の成長を刺激することが難しくなるのです。

　では、最後の主要栄養素である脂質についてはどうでしょうか。

　高脂質食ダイエットは、代謝ホルモンの生成、特にテストステロンの生成に影響を与えるから、筋力トレーニングに役立つという人もいます。しかし、研究報告をじっくり読んでみれば、そのようなホルモンへの影響はとても少なく、ジムでの大きな成果は現れないということがすぐわかります。さらに言えば、脂質を摂れば摂るほど、摂取できる炭水化物の量は少なくなり

ます。つまり、ほんのわずかなホルモンの上昇と引き換えに、筋肉増強による恩恵を受けることができなくなるのです。

....

　筋肉の成長について論議すれば何百時間もかけることができますが、それでも氷山の一角にすぎません。非常に複雑で、さまざまな生理学的な機能と適応に関係しているからです。幸いなことに、私たちは科学者でなくとも、研究を理解し、その知識を利用して体力と筋肉を手に入れることはできます。あなたはそのための基礎知識を身につけました。運動中に筋肉に過剰な負荷を与え、ダメージを与え、疲労させても、運動後には筋肉が必要な栄養を摂取し、筋肉を修復するのです。

　これでパート2が終わりです。あなたは多くの情報を消化して、脂肪の燃焼と筋力トレーニングに関するまったく新しい考えかたを手に入れたはずです。ここまでのことを楽しんで読んでいただけたなら、次のパートの話題にも、きっと興味をそそられることでしょう。

　パート3では、フィットネスの生理学はひと休みして、心理学について学びます。なぜなら、健全な精神は健全な肉体に宿るからです。

カッコいい体になるための
「インナーゲーム」に
勝つ方法

11 偉大な「インナーゲーム」の秘密

欲望をコントロールすることが、人格の基盤となる。

―――――ジョン・ロック (イギリスの哲学者)

永遠のベストセラー『インナーゲーム』のなかで、ティモシー・ガルウェイはこう書いています。

　あらゆるスポーツは2つの部分から成り立っている。アウターゲーム（実際の勝負）とインナーゲーム（競技者の心中で行われる勝負）だ。アウターゲームは、外側の敵と戦い、外側の障害に打ち勝ち、外側の目標に到達するためのゲームだ。このゲームをマスターするための本はこれまでに数多く出版されている。最高の結果を出すためには、ラケットやバットやゴルフのクラブをどうやって振ったらいいか、腕の位置はどうするか、脚や胴体はどうするのかといった技術論だ。しかし、理屈ではわかっていても、どういうわけか実行することは難しいと気づく人は多い。

この言葉はフィットネスにもそのまま当てはまります。

たいていの書籍や雑誌、あるいはトレーナー、インフルエンサーたちは、脂肪を減らして筋肉をつけるアウターゲームだけに焦点を合わせています。彼らは食事やトレーニング、サプリメントを話題にしますが、インナーゲームにはほとんど注意を払いません。しかし、インナーゲームのほうが間違いなく重要です。単にやるべきことを知るだけでは不十分だからです。

あなたは実際にやるべきことを実行しなくてはならないのです。そして、毎日、毎週、毎月、毎年、それをやりつづけなくてはなりません。個人的な見解から言っても、フィットネスのアウターゲームをマスターすることは、シンプルで容易なことです。アウターゲームの半分は、意図した結果を達成するために、生理学的に正しいボタンを押すやりかたを知ればいいだけのことです。あとの半分は、気合を入れて毎日それを実行することです。

　しかし、インナーゲームをマスターするには、もっとリスクを伴います。それが「フィットネスエリート」と、その他大勢の人とを区別する違いなのです。人目を引くような体を作りあげ、それを維持するには、ダイエットと運動だけでなく、人生全般にわたって、整然とコントロールされたアプローチを必要とします。男性で言えば、毎日のひげ剃りのように、日常的に行う習慣にしなければならないのです。

　言うまでもなく、動機づけとコントロールは、インナーゲームの最も大きな障壁です。毎週、多くの男女が、あふれんばかりのエネルギーと決意を持って、フィットネスの世界に飛び込んでくるのですが、しばらくするとその情熱はしぼんでしまいます。その理由は、ジムの時間に新しいテレビ番組が放送されるとか、もっと睡眠が欲しいとか、人によってさまざまです。そのうち、数回トレーニングをサボってもたいしたことではないだろう、とか、もう1回くらいズルな食事をしても大丈夫だろう、とか思うようになり、再び絶望的な状況へと落ちていくのです。

　こうして勢いがなくなることが、おそらく多くの人が3か月ほどでフィットネス熱が冷めてしまう理由でしょう。私はそのような例を何度も見てきました。そういう人はたいてい、流行のダイエットやトレーニング法に手を出し、3か月から4か月それに従ったあと、急に何かの理由で投げだしてしまうのです。病気になったとか、または1週間休みをとってそのまま帰ってこないという人もいれば、シェイプアップに急に関心がなくなり、元のおなじみの生活に戻ってしまう人もいます。

　実際、フィットネスはハードなものです。食事での努力やジムでのトレーニングで、はっきりした結果と進歩が見えなければ、どんなに気骨のある人だとしても、気力が失せてしまっても何も不思議はないのです。ですが、ここで知っていただきたいのは、この本を読んだあなたには、そんなことはけっして起きないということです。

　正直なところ、本書があなたの人生にポジティブな変化をもたらす究極のプログラムになってほしいと思います。そして、これがあなたにとって最後のプログラムとなることを願ってやみません。だからこそ、あなたにインナーゲームとアウターゲームの両面で強くなってほしいのです。そのために、身体的だけでなく精神的・感情的な領域においても、実行可能な原則や

戦略、スキルを伝授するつもりです。このパートでは、勝つためのマインド
セットを育むノウハウを学びます。このマインドセットを身につければ、障
害を乗り越え、誘惑に抵抗して、挫折に打ち勝つ力となります。そして、次
のパート4では、アウターゲームを本格的に掘り下げ、本書の要点を把握し
ましょう。

12 意志力を分析する

大帝国をお望みなら、まずは、ご自分を律することです。
————プブリリウス・シュルス（古代ローマの劇作家）

　2010年のアメリカ心理学会の調査によれば、目標を達成するときに直面する最大の障害は、意志力の欠如だそうです。自分や周囲の人をガッカリさせるような自制心の欠如に罪悪感を味わっている人は多いです。自分の生活の大半が自分のコントロール下にはなく、感情や衝動に引きずられているように感じているのです。そのような人は、自制の努力を続けているうちに、最終的に疲れ切ってしまうのが常です。

　それでは、高い意志力を持っている人はどうでしょうか。

　ペンシルバニア大学、ケース・ウェスタン・リザーブ大学、メリーランド大学の研究者の調査で、高いレベルの意志力を持っている人は学校の成績が良く、多くの金を稼ぎ、良きリーダーとなっており、たいていの場合、より幸福で、より健康で、よりストレスが少ないということがわかっています。また、社会的にも、恋愛面でも、より良い人間関係を築いています（黙るべきときに黙っていることができるわけです）。そのうえ長寿の傾向さえあるのです。こうしたあらゆるエビデンスを検討すると、状況はどうあれ、意志力は、ないよりあるほうがいいのは明白です。

　意志力が高いか低いか、また、どれほどの意志力があるかにかかわらず、人は必ず試練に立ち向かうことになります。とりわけ、健康的ですばらしいボディを手に入れるという目標があるときには、チャレンジは付きものです。困難なチャレンジには、生物学的な原因があるものもあります。たとえば、脳が脂っこくて甘い食べ物を生存のために不可欠なものとして認知するため、それに対する欲望が生まれます。一方、より個人的な理由もあります。ある人が魅力的に感じるものに、他の人は嫌悪感を覚えるかもしれませんし、逆もまた然りです。

　詳細がどうであれ、策略はどれも同じです。ジムを再びサボるための言い

訳は、グルメが３日続けて美食にふけることを正当化する理屈とまったく同じものなのです。目につくものを手あたりしだいに口に入れてしまうときに自分に言い聞かせていることは、他の人が喫煙への欲求に負けるときに罪悪感をかき消す手口と何も変わらないのです。要するに、自制心という内面の闘いは、人間である証なのです。それならば、なぜ人によっては、それがひどい重荷となってしまうのでしょうか。なぜ人によっては、あっさりと目標をあきらめてしまうことになるのでしょうか。そして、なぜ至福の喜びを感じながら、自分をダメにするような行為に耽ってしまうのでしょうか。対策は何かないのでしょうか。どうしたら、そうした生活をコントロールできるようになるのでしょうか。

　これらすべての疑問に対する答えがわかっているわけではありませんが、こうした人間の本性を理解し、うまく飼いならすうえで、私にとって役に立った洞察をこれから共有したいと思います。のちほど詳しく触れますが、自分をどう扱うか深く理解することで得られる自己認識は、信じられないくらいの力を与えてくれるのです。何が私たちの自制心を失わせるのか、その原因は何かについて学ぶことで、「意志力の蓄え」を巧みに管理し、意志力を枯渇させてしまう落とし穴を避けることができるのです。

　意志力とは何か。まずは、明確な定義からはじめることにしましょう。

やる、やらない、やりたい

　人の意志が強い、弱いというのは、何を意味するのでしょうか。たいていは、ノーと言うことができるかどうかの能力を指しています。試験勉強する予定だったのに映画の誘いに乗ってしまったとか、体重をあと５キロ減らしたいのにアップルパイの誘惑に負けてしまったとか、という場合がよくあります。つまり、多くの人が「ノー」とはなかなか言えないのです。

　意志力には２つの側面があります。「やる」と「やりたい」です。「やる」というパワーは、「やらない」の対極です。やりたくないときでも、すべきことをする能力のことなのです。たとえばベッドから抜け出してトレーニングに精を出すとか、支払期限の過ぎた請求書のお金を支払うとか、プロジェクトのために深夜まで仕事をするなどです。「やりたい」とは、長期的な目標

や本当に手に入れたいものが、なぜ目の前の誘惑（ファストフードやカウチポテト）より大切なのか、その理由を思い出すことができる能力のことです。

　あなたが自分の「やる」「やらない」「やりたい」の支配者になれれば、自分の運命を操ることができます。そうすれば、先延ばしやその他の悪癖は改善され、誘惑に翻弄されることなどなくなるでしょう。ただ、このような能力が、たやすく手に入るものだと期待してはいけません。難しい選択を好むように自分自身を「再プログラミング」することは、不快なことだからです。最初のうちは、抵抗力に圧倒される気分になり、慣れ親しんだ場所へ引き返したくなるかもしれません。しかし、途中で投げ出さずにいれば、誘惑に対してノーと言い、やるべきことに対してイエスと言うことが、しだいに苦ではなくなるでしょう。

　それでは、なぜ人は「悪」に対して抵抗することがなかなかできないのでしょうか。そうした欲望の生理学について、これからお話しましょう。

■ なぜ人は快楽に屈してしまうのか

　意志力の挑戦とは、浮かんではたちまち消え去るような「そうなるといいな」といった願望のことではありません。本当の闘いは、頭のなかで繰り広げられる善と悪、美徳と罪、陰と陽のあいだの総力戦のようなものです。

　いったい何が起きているのでしょうか。

　脳は報酬を獲得することにとらわれているのです。チーズバーガーを見たとたん、ドーパミンと呼ばれる化学物質が脳にあふれ、突然、脂ぎった肉とチーズとパンのかたまりを口に放り込むことが究極の幸せのように思えてしまうのです。さらに悪いことに、脳がインスリンとエネルギーの急上昇を予期することで、血糖値が下がりはじめます。そのせいでバーガーがさらに欲しくなり、別のことに考えを向ける前に、よだれを垂らす状態にしてしまうのです。どんな種類のものであれ、何らかの報酬を得るチャンスに気づいたら、脳はドーパミンを噴出させて、「探していたものをやっと探し当てた！」と思わせるのです。すると、脳のなかで甘い歌声が響きわたり、起こりうる弊害を警戒する声をかき消してしまいます。

　また、この化学物質は非常に厄介なものでもあります。なぜなら、ドーパ

ミンの目的は人を幸福にしたり満足させたりすることではないからです。その役割は、あなたを行動に駆り立てることにあり、あなたを覚醒させ、焦点を研ぎ澄まし、報酬を獲得するためにフルスピードで突き進むように仕向けることなのです。さらに、ドーパミンが放出されると、ストレスホルモンを放出するトリガーも引かれることになり、不安を覚えます。そのせいで、欲しいものについて考えれば考えるほど、それがますます重要なものとなり、今すぐにでも手に入れなくてはならないと思うようになるのです。

　しかし、ストレスが生まれるのは、欲しかったアップルパイやスニーカー、オンラインゲームのトロフィーなどが手に入らないからではない、ということを、多くの人が理解していません。ストレスは、欲望そのものが引き起こすのです。欲望は、感情を操る魔法のステッキのようなもので、私たちがそれに従うように強制します。脳は物事の成り行きには興味がありません。あと15キロ太ったらどんな気分になるか、数千ドル失ったらどうなるか、などということについては何も気にかけないのです。脳の役割は快感の兆しを見極め、私たちが譲歩するまで説得を続けることにあります。たとえ、快楽を追求すれば危険で無秩序な行為が伴い、結果として、一時的な幸福感を上回る問題が生じるとしても、です。

　皮肉なことに、快楽は長続きしないものです。それでも、ほんのわずかな喜びへの期待や、追求をあきらめることの不安が、私たちをつなぎとめて虜にし、ときには執着と呼ぶようなレベルにまで追い込むのです。快楽をもたらしてくれそうなものを見ると、この報酬探索システムが作動します。たとえばピザの匂いやブラックフライデーのセール、かわいい女の子のウィンク、スポーツカーの広告などです。いったんドーパミンが脳を捉えてしまうと、欲しいものを手に入れたり、やりたいことを実行したりすることが、「食うか食われるか」という究極の選択になってしまうのです。

　しかもドーパミンの問題はこれで終わりません。研究によれば、ある種の報酬を追求するために放出されたドーパミンは、私たちを別の報酬の追求に向かわせる可能性が高いというのです。たとえば、女性のヌード写真を見ると、金銭面で高いリスクの決断をするおそれがあります。あるいは自分が突然金持ちになることを想像すると、食べ物が急においしそうに見えるようになるのです。この報酬探索行動は、現代社会ではとりわけ問題を引き起こし

ます。非常に手広いやりかたで、私たちは常に何かを求めつづけるように仕向けられているのです。

　映像ストリーミング配信会社の「ネットフリックス」は、マシンラーニングというAIを使って、私たちが見たがるオプションをホーム画面に表示するようにしています。ビデオゲームの製作者たちは、覚醒を誘導するレベルまでドーパミンを活性化させる疑似体験を入念に作り上げます。強迫観念にとりつかれたようにゲームをする人が多いのはこのためです。食品科学者たちは、数百種類もの製品をテストして、「至福ポイント」を探します。「至福ポイント」というのは、この上なくおいしいと感じさせ、次のひと口へ導くための、脂肪や砂糖や塩など、鍵となる成分の最適量のことです。小売業者は客の購買意欲をそそるために、さまざまな店内体験をデザインします。店内に入ったときの通路の配置や商品棚の並べかた、あるいは空気中に漂う香り、提供される無料サンプル、店内に流れるBGMのテンポに至るまで、すべて計算されているのです。

　私たちがどこへ行こうと、何かが「ここに、ごほうびがあるぞ！」と、私たちの脳に向かって叫んでいるのです。こうして絶えずドーパミン漬けにされているため、体のどこも痒くなくても、どうしてもかかずにはいられないような気分になるのです。われわれの神経がどれほど標的にされているか、どれほど刺激にさらされているかについて考察してみると、平均的なアメリカ人が過体重で優柔不断でジャンクフードやソーシャルメディアの虜になっているという事実は、当然のことのように思えてきます。このようなトラップから逃れるには、「平常」の行動からの劇的なシフト変換が必要となるのです。この誘惑の多い現代社会で成功するつもりなら、日々、目の前にぶら下がっている有毒な報酬と、人生に真の達成感と意味を与えてくれる本物の報酬とを区別することを学ばなくてはなりません。

　ハンバーガーの話に戻りましょう。あなたは列に並んで、1000キロカロリーもある、油っぽくてチーズくさい至福のかたまりを渇望し、2分（個人新記録）で平らげてしまうつもりです。しかし、あなたの頭は一瞬はっきりして、自分がダイエット中であることを思い出します。減量も大切なはず。カッコよくてヘルシーで満足のいく体になりたかったはず。今度こそやり遂げようと、あらゆる神に誓ったはず。

この状況では、食べ物は危険な存在であるかのように見えます。すると、あなたの体に闘争・逃走反応、つまり脅威に対する生理学的反応が生じます。ストレス値の上昇です。しかし、そこにあるのは本当の脅威ではなく、殺せだの逃げろだのという、究極の事態ではありません。チーズバーガーがあなたの口をこじ開けて、ひとつかみのフライドポテトといっしょに押し入るわけではないのですから。ここでは、あなたの協力が必要です。ある意味、脅威はあなた自身なのです。

　私が言いたいのは、悪逆非道な牛ひき肉やポテトスナックからではなく、自分自身から身を守る必要があるということです。そしてそのために、自制心が必要なのです。この自制心によって、筋肉を緩めたり、心拍数を下げたり、深呼吸して気持ちを落ち着かせたり、次に本当にやりたいことを考える時間を稼いだりできます。

　それでは、どうすれば、必要なときに自制心を高めることができるのでしょうか。いくつかのエビデンスに基づいた戦略が助けになります。次の章で、最も重要なことについて説明しましょう。

13 意志力と自制心を高める 13の簡単な方法

成功とは、熱意を失うことなく失敗から失敗へと移動することだ。

———— 作者不詳

　日常生活のストレスほど意志力と自制心を損なうものはありません。ストレスを感じれば感じるほど、食べすぎたり浪費したりなど、あとで後悔する行動をとりがちになります。精神的にも肉体的にも、あらゆるストレス要因が意志力を消耗させ、自制心を低下させてしまいます。一方で、日常生活でストレスを解消してくれるものや、気分を高めてくれるものは、自制心を向上させてくれます。

　では、多くの人たちは、どのようにストレスに対処しているのでしょうか。日常的に何に慰めを求めているのでしょうか。食べ物やアルコール、ビデオゲーム、テレビ、買い物、ネットサーフィンなどが典型的なストレス解消法のようです。調査によれば、皮肉なことですが、こうした気晴らしをする人は、前出のような方法がストレス解消に対して効果的ではないと、のちに気づくことが多いようです。なかには、不健康で非生産的な衝動にふけることを後ろめたく感じ、さらなるストレスを溜めていると思う人もいます。そして、ストレス過剰からまたもや安易な気晴らしをして、後ろめたさとストレスが募るという悪循環に陥るのです。

　いわゆる「コンフォートフード」（幸福感や安心感を与えてくれるシンプルな食べ物）には、特に注意が必要です。食べると血糖値が急上昇し、感情的な埋め合わせをしてくれますが、そのあと一気に禁断症状に陥るからです。それは、ストレスと同様に意志力が挫折する前兆と言えます。調査によると、人は血糖値が低いと、困難な仕事を断念し、怒りを発散し、他者を型にはめて見ることが多くなり、慈善団体に寄付するのを拒む傾向が強くなります。

　では、安易な気晴らしに頼らずに気分を向上させるには、何をすべきなのでしょうか。

　日々の単調な仕事から回復するための効果的な方法は、意図的にリラック

スすることです。それは、驚くようなことではないかもしれませんが、意外に難しいものです。ほとんどの人が（私を含めて）学ぶべき技術です。体のストレス値を測る最善の方法は「心拍変動」と呼ばれるものを見ることです。心拍変動というのは、呼吸に合わせて、心臓の鼓動がどのくらい速くなったか遅くなったか調べることです。人はストレスを感じれば感じるほど、心拍変動が少なく、頻脈になります。したがって、通常、心拍が適度に変動している人は、心拍変動の少ない人よりストレスを感じにくく、より優れた自制力があるということになります。

　たとえば、心拍変動値が高い人は誘惑への抵抗力が強く、心臓病やうつの経験が少なく、困難な仕事も投げ出さず、腹立たしい状況にもうまく対処する傾向があるということが、ケンタッキー大学の研究者の調査でわかっています。これを実際に確認したいと思ったら、今度、意志力を必要とする難題に直面したとき、意識的にゆっくり呼吸してみてください。一呼吸に10〜15秒かけ、それを1分間に4〜6回くらい行います。このとき、ストローを使ってそっと息を吐きだすように、唇をすぼめて、口からゆっくりと完全に空気を吐き出すようにするといいでしょう。こうして呼吸の速度を下げることによって、心拍変動を増やすことができ、即座に意志力と、ストレスへの抵抗力を高めることができるのです。

　しかし、リラックスとは、疲れ切ったときにだけ「スイッチを入れる」ということではありません。研究によれば、毎日適度にリラックスする時間をとることは、ストレスホルモンを減らし、意志力を高めるだけでなく、健康の維持にも効果的です。多くの人のリラックス法は、夜にワインを飲むことやネットの動画を観ることかもしれませんが、もっと良い方法は、特定のタイプの生理学的な反応を引き出す活動です。本当にリラックスしたときは心拍はゆっくりになり、血圧は下がり、筋肉は弛緩し、頭は分析したり計画したりするのをやめます。なにもかもが、ゆっくりになるのです。

　この状態に入るための、簡単で効果的な13の方法を紹介しましょう。

■1 良い香りを楽しむ

　アロマセラピーは、ストレスをやわらげてリラックスを増進させる方法であり、何千年も前から行われてきました。この効果に関しては、現代科学に

よる裏づけも数々あります。亜細亜大学の研究で、ラベンダーやベルガモット、カモミール、ゼラニウムなどのエッセンシャルオイルの香りは、血圧を下げ、不安をやわらげ、睡眠の質を高めてくれることがわかりました。アロマによるリラクゼーションを毎日楽しむには、アロマディフューザーの利用が最も手軽でお勧めです。

2　マッサージする

　研究結果を引用しなくても、マッサージがストレス解消のすばらしい方法であることは誰でも体験から知っているでしょう。しかしさらに興味深いことに、マッサージをしてあげる側にも同じ効果があることが、オックスフォード大学とオリゲンリサーチセンターの研究でわかりました。ということは、大切なパートナーとともに、ベッドに入る前にお互いをマッサージしあえば、究極のリラクゼーションが味わえるでしょう。

　マッサージの効用はそれにとどまりません。調査によると、マッサージは苦痛や不安、気分の落ち込みをやわらげ、免疫力を高めてくれます。それほど時間をかける必要はありません。ほんの10〜15分のマッサージで、ここで挙げたような多くのメリットを享受することができます。

3　セックスの回数を増やす

　最近あまりセックスをしていないなら、科学は、もっと回数を増やすべきだと言っています。なぜでしょうか？

　研究によると、規則正しいセックスは、不安やストレスを軽減し、幸福感や回復力を高めてくれるからです。ジョージ・メイソン大学の科学者たちによる研究がその好例です。それは18歳から63歳までの172人の男女を対象に行ったもので、被験者はセックスをした翌日には、不安が10〜20％減少し、自信が増し、他人にどう思われているか、あまり気にならなくなったことがわかりました。もともと心配性の人には、とりわけ目立った効果が見られました。

　フロリダ州立大学の研究では、多くの対象者において、セックスは気分と体調を上昇させ、その残照効果は48時間続くことが明らかになりました。その他の研究によると、興味深いことに、セックスのストレス軽減効果は単

に肉体的な解放だけではなく、人間関係の質の向上にも貢献します。

　これゆえに、結婚している、あるいは長くいっしょにいるカップルは、セックスによって最大限のメリットを得ることができ、一方で、関係がうまくいかないカップルでは、セックスによる効果が最も少ないのです。

4　ストレスの認識を変える

　多量のストレスは心身の健康にマイナスの影響を与えることがわかっていますが、実はそれだけではありません。調査によると、ストレスを有害だと知覚することが、さらなるストレスを溜める原因となるのです。つまり、ストレスに対してストレスを感じすぎることが、人を泥沼に追い込んでしまうということです。

　これに基づく研究がデンバー大学の科学者たちによって行われました。その結果、人はストレスの多い状況を意識的に再評価できるとき、つまり、その状況を客観的に見ることができれば、ストレスの破壊的な力の大半を軽減できることが明らかになりました。たとえば、欲求不満が溜まったとしても、髪の毛をかきむしるほど興奮する必要はないということなのです。代わりに、その状況を忍耐や寛容といった美徳を鍛えるための機会として捉えるのです。同様に、挫折は物事がうまくいかないことを学ぶ機会であり、つらい状況は自分で思っている以上にタフであることを気づかせてくれます。

　このように物事の見かたを変える戦略は、古代から存在しています。古代ローマ皇帝として崇められたマルクス・アウレリウスが今から２千年も前にこの方法を見事に実践していたことは、『自省録』のなかに見ることができます。

5　十分な睡眠をとる

　あまりにも長いあいだ睡眠不足が続くと、ストレスや誘惑への抵抗力が低下していることに気づくはずです。良い習慣を継続し、悪い習慣を寄せつけないために必要な精神的なエネルギーも足りなくなります。実際に、睡眠が奪われると、気が散りやすい、忘れっぽい、衝動的、計画性がない、じっとしていられないといったＡＤＨＤ（注意欠陥多動性障害）に似た症状を引き起こすことが明らかになっています。

6 就寝前に電子機器の使用を避ける

　現在では広く知られるようになりましたが、夜間に光にさらされていると、体内の睡眠を誘発するホルモンであるメラトニンの生産が抑制されます。その結果、眠りにつくことが難しくなるばかりか、眠りの質までもが落ちてしまいます。メラトニンの抑制は、睡眠のリズムを崩すだけではありません。免疫力が弱まり、ガン、２型糖尿病、あるいは心臓病のリスクが増大します。

　そうはいっても、日が落ちたとたん、あらゆる光をカットすることはできないでしょう。午後７時に真っ暗になるような生活は望めないでしょうし、そもそもその必要はありません。まず、光のメラトニン抑制効果は、光の強さによって変わります。光が強ければ強いほど、メラトニン値は低下します。したがって、基本的には、夜の明かりはできるかぎり弱くし、眠るときは完全に真っ暗にすることが大事です。

　また、テレビやパソコン、スマホのような機器が発する、波長が短いブルーライトは睡眠の大敵です。それは波長の長い暖色系のライトより、メラトニンの生成を抑制するからです。したがって、夜間にブルーライトにさらされる時間を減らしたり、なくしたりすることは、メラトニンの生成を促す健康的なレベルを維持するための効果的な方法なのです。

　では、具体的にどうすればいいのでしょうか。

　日が暮れたらすべての電化製品の使用をやめるのがベストですが、それは現実的な方法ではありません。しかし、「f.lux」のようなフリーソフトを使うことでパソコンの画面の色を自動的に調整し、夜間のブルーライトをカットすることができます。

　もしアップル（iOS）かアンドロイド（OS）ユーザーであれば、そのための特別なソフトウェアは必要ありません。ナイトシフト機能（アップル）か、ナイトライト機能（アンドロイド）を使うだけでいいのです。

　それでは、環境光やテレビのようなブルーライトはどうでしょうか？

　研究によると、琥珀色レンズの眼鏡はブルーライトにとても効果的で、気分を向上し、安眠を促します。あまりカッコいい解決法ではないかもしれませんが、夜のブルーライトの被害を最小限にするために、おおいに貢献してくれるでしょう。

7 ハイテク機器を使う時間を減らす

夜間に画面を見つめていると、メラトニンの生成・分泌量が減少するわけですが、画面をあまりに長時間見つめていること自体、精神にマイナスの影響を及ぼす可能性があります。人がパソコンや携帯電話を使い、拘束されているように感じれば感じるほど、ストレスは増大することが、数多くの研究で明らかになっています。ヨーテボリ大学の研究によると、多くの精神疾患症状の原因は、ハイテク機器の過度な使用にあることがわかっています。以下は研究結果の概要です。

- 携帯電話を長時間使う人は、睡眠障害やうつ症状を訴える傾向にあった
- 携帯電話を常時使用できる状態にしている人は、メンタルヘルスの問題を抱えることが最も多かった
- 夜にパソコンを定期的に使用する人は、睡眠障害やストレス、うつ症状を経験する可能性が高かった
- 休憩をとらずに頻繁にパソコンを使用すると、ストレスや睡眠障害、うつ状態を増大させるおそれがある

これらの原因は明確にされていませんが、ハイテク機器との因果関係があることは間違いありません。ハイテク機器を使用する時間が増えれば増えるほど、精神状態が悪化する可能性が高いのです。

8 クラシック音楽を聴く

今度ストレスを感じたら、何かスローで静かなクラシック音楽をかけてみましょう（私のお気に入りは、マックス・リヒター、ルドヴィゴ・エイナウディ、ベートーヴェン、バッハです）。モーツァルトなどのクラシック音楽は、頭を冷やす以外に、精神を研ぎ澄まし、感情を整え、血圧を下げ、肉体的な苦痛や気分の落ち込みを減らし、快眠へと導いてくれることが研究で示されています。

9 緑茶を飲む

私は、健康に多くのメリットをもたらしてくれる緑茶が大好きです。そして、緑茶を定期的に飲む理由はもう1つあります。緑茶は強力なストレスバ

スターなのです。東北大学大学院医学系研究科の研究によると、定期的に緑茶を飲むことで心理的苦痛が軽減します。研究者は、この効用の理由は、緑茶に含まれるアミノ酸、L-テアニンとアスコルビン酸のせいだと考えています。どちらも抗ストレスの特性があることで知られています。

10　公園を散歩する

　歴史上の偉大な思想家や革新者たちの日常の習慣を調べると、その多くが、自然のなかでの散歩を長時間楽しんでいたことがわかります。

　たとえばベートーヴェンは、午後にウィーンの森を散歩するのが日課でした。彼の最良のインスピレーションは、いつも歩いているあいだに湧いたといいます。チャイコフスキーも1日2回の散歩を習慣にしていて、散歩は自分の健康と創造性には不可欠なものだと感じていました。トーマス・ジェファーソンは甥に、「疲労しない程度に、できるだけ遠くまで歩きなさい。歩くことほど最良の習慣はない」と忠告し、自らもモンティチェロの邸宅の周囲を定期的に散歩し、その習慣を晩年まで続けました。

　偉人たちは、散歩による好影響に気づいていたのでしょう。ヘリオットワット大学の研究では、都市の公園を25分散歩するだけで、欲求不満が減り、気分が向上することが明らかになっています。

11　あたたかいお風呂に入る

　何千年ものあいだ、お風呂は苦痛をやわらげ、リラックスを促し、病気を追い払い、治療するために使われてきました。実際、スパの語源はラテン語で「水を介した健康法」という意味です。古代ローマでは、戦いに疲れた兵士たちのための療法だったのです。

　現代の医学研究で、定期的にあたたかいお風呂につかることは、健康に良く、元気を回復させることが確認されました。

　イギリスのラフバラー大学の研究によると、お湯を張ったバスタブに1時間つかった対象者の血糖値や代謝量を測定すると、1時間自転車に乗ったのと同じくらいの改善が見られました（お湯にエッセンシャルオイルを加えることで、さらなるリラックス効果が期待できます）。

12 メディアの消費量を減らす

　これは誰にとっても驚くに当たらないことでしょうが、研究によると、悪いニュースや、人を恐怖に落とし入れるコンテンツ、自分の死を連想させる恐ろしい出来事などを絶えず浴びるように見聞きしていると、過食になったり浪費傾向になったり、意志力が低下したりする可能性が高くなることがわかっています。

　世界があちこちで崩壊しているように感じるとき、どうして自分の心身の健康を気にかけることができるでしょうか？　恐怖を煽り、悲観的にさせるメディアに触れる時間を減らせば、ストレスをやわらげることができます。

13 定期的に運動する

　日常生活において、運動ほど自制心を向上させるものはないようです。意志力の「即効性」を望むなら、まさにうってつけです。

　いくつかの研究が示すように、定期的な運動は食欲や薬物への渇望を抑え、心拍変動を増やし、ストレスやうつ症状に対する抵抗力を強め、脳機能全体を最適化します。その効果は迅速で、意志力を高めるには、さほどの時間はかかりません。研究によると、精神状態を改善するには、屋外で低強度の運動をたった5分するだけで十分なのです。

　今後、運動する時間がないとか、疲れすぎていてやる気がしないと感じたとき、全体像を思い浮かべてみましょう。散歩や自重トレーニングのような軽い運動であっても、あらゆる種類の運動は、意志力とエネルギーを補填してくれるのです。

　運動は、あなたのゲームでトップの座を維持するための「秘密兵器」だと考えてください。

　たいていの人はストレスをネガティブなものと捉え、何が何でも避けるべきだと考えています。ですが、これは誤った考えかたです。運動と同じように、人の体はストレスに対処するように作られています。実際、研究によれば、急性的なストレスは免疫力を高めるため、ひいては回復過程を早め、感

染への抵抗力を強化することがわかっています。

　さまざまな面で、適度なストレスは人間の健康全般と幸福に寄与しているのです。とはいえ、ストレスが過剰になると健康の問題につながります。なぜなら、体は慢性的なストレスに対処する方法を学んでいないからです。慢性的に過剰なストレスのもとでは、体は常に警戒状態にあるため、老化が早まり、病気にかかりやすくなり、全身の炎症のレベルが増加します。

　しかし、その解決法は、あらゆるストレスから逃げたり、その影響に対して無感覚になったりすることではなく、効果的なストレスへの対処法を学ぶことなのです。休息とリラックスは強力な手段です。適度なストレス同様、休息とリラックスが、炎症やプログラム細胞死、フリーラジカル（遊離基）の中和に伴う遺伝子発現の変化などに与える好影響も、多くの人が考えるよりも大きいものなのです。

　人生の質や寿命は、いかにうまくリラックスできるかにかかっているといっても過言ではないのです。したがって、良いリラックスのしかたを学びましょう。ダイエットや運動と同じように、自分に適したリラックスの習慣を作りましょう。そうすれば、時間をかけなくても幸福度や生産性、感情の安定、健康面において改善が見られることに気づくはずです。

　私は、下記のような習慣を大事にしています。

1. 夜、妻といっしょにお湯を張ったお風呂に入る

　普段はエッセンシャルオイルを加え、軽いクラシック音楽をかける。

2. 週に2〜3回セックスする

　クレイジーな10代の若者みたいに回数を増やすこともできるでしょうが、これが私たち夫婦の間ではちょうどいいのです。実際、研究によると、週1回のセックスが幸福のためのスイートスポット（一番いい状況）であることがわかっています。回数が増えればそれだけ幸福になれるわけではないようですが、逆に頻度が少ないと充実感が乏しくなってしまうそうです。

3. 起床するまで7時間半〜8時間はベッドのなかにいる

　私に必要な睡眠時間は6時間半くらいです。しかし、子どもができてから

は、前のようにぐっすり眠れなくなってしまいました。夜中に1～3回ほど目覚めることを想定して、就寝時間を決めています。

4. 少なくともベッドに入る1時間前は「ブルーライト」を発する電子機器は使わない

　パソコンやタブレット、テレビ、スマホの使用は最小限に抑えます。私はよくスマホで読書をするのですが、就寝前にはブルーライトを出さないKindle の「ペーパーホワイト」を使うことにしています。

5. 毎朝ポット1杯の緑茶を飲む

　私のお気に入りは玄米茶です。

6. 毎日運動する

　現在は月曜から金曜までウエイトリフティング、土日は約30分のサイクリングをしています。

　ストレス管理は意志力やセルフコントロールの「栄養」だと考えましょう。ストレスによる悪影響を最小限に減らすことは、冷静さを健全なレベルに保つだけでなく、規律を通して成長するための扉を開いてくれるのです。

　では、そのためにはどうしたらいいのでしょうか。どうやって運動して、意志を強めていくのでしょうか。引き続き本書をお読みください。

14 使うか失うか
：意志力を鍛える方法

> 私の世代の最大の発見は、心の持ちかたを変えることで、状況を変えられるということだ。
>
> ―――――ウィリアム・ジェームズ（アメリカの哲学者）

「意志力とは筋肉のようなものだ」という言葉を聞いたことがあるかもしれません。意志力はそれだけの強さを持ってはいるものの、「曲げる」たびに少しずつ疲弊し、最後には思いどおりに動かなくなってしまうというのです。もしそれが本当ならば、「意志力のある筋肉」を体の筋肉と同じように鍛えて、疲労への抵抗力を高めることもできるということになります。科学者たちは、この仮説がどれだけ正しいかを確かめるために今も研究を続けていますが、人は誰でも、ある時点で、まるでガソリンが切れたかのようにセルフコントロールを失い、とりわけ誘惑に負けやすくなることがあります。

これを証明した研究では、タスクの種類にかかわらず、自制心の働きは朝がピークで、時間の経過とともに徐々に弱まっていくことがわかりました（この知識を応用するなら、困難で面倒な仕事やトレーニングは、午前中に終わらせればいいということになります）。

定期的に自制心を鍛えることによって、あらゆることに対する意志力を向上させることができる、という証拠がもう1つあります。研究によれば、自制心を鍛えるには、甘いものを控える、支出を書き出す、姿勢を正す、悪態をつかないようにする、握手のときは強く握る、利き手でないほうの手を使う、など、さまざまな方法があります。

ここで本当に鍛えているものは、心理学者が「休止・計画・反応」と呼ぶものです。つまり、行動する前にいったん止まること（休止）、これからしようとすることを意識すること（計画）、賢い選択をすること（反応）です。自制心を鍛えることによって、人生における多くのイライラさせるような瞬間をうまく切り抜けて、順応することができるようになるのです。たとえば、甘いものを食べないと決める、衝動的な感情の高まりをこらえる、誘惑を無視

する、自分を強制的に行動させる、ちょっとした買い物でもよい決断をする、など、そのすべてが体内に蓄えられた意志力に助けられています。

　では、意志力と自制心を、筋肉や心臓を強くするのと同じやりかたで意識的に鍛えるための効果的な方法について解説していきましょう。

■ 衝動と闘うな、波に乗れ

　想像してください。あなたは長くてつらい1日が終わり、ソファに横になってぼんやりしているところです。すると突然、目の前になんともおいしそうなアイスクリームが現れました。よだれが出ます。アイスクリームは絶対だめだ！　アイスクリームのことは考えるな！　頭のなかで理性の声が叫んでいます。ところが、この指令は脳には届きません。冷たくてクリーミーなデザートの幻影を消そうとすればするほど、意識と神経がアイスに集中してしまいます。その欲望を消す方法はただ1つしかありません。ついにあなたはアイスをスプーンですくって、飲み込んだのです。

　このシナリオでの問題点は、アリ地獄にはまって沈んでしまったことにあるのではなくて、むしろ、そこから逃げようと全力で抵抗したことにあります。ならば、いったいどうすればよかったのでしょうか。

　研究によると、実際に行動に移すことなく、考えるままに考え、感じるままに感じようとすることは、気分障害や食物渇望、依存症などといった幅広い問題に対処する効果的な方法なのです。これとは反対に、自己批判や不安、悲しみのような否定的な考えや感情を抑圧しようとすると、より強い不全感や苦悶、うつ、過食を引き起こすことさえあります。言いかえれば、衝動と闘う代わりに、衝動の波に乗り、うねりが静かになるのを待つことができれば、最後には冷静な頭が勝つのです。

　これを実行するのは難しいことではありません。不安を引き起こす考えや欲望を無理やり頭から追い出そうとするのではなく、静かに直視すればいいのです。その意味を考えたり読みとろうとしたりする必要はありません。ただ、そこにあることを受け入れ、まったく不要なものだと認識し、それがまもなく目の前から消えていくことを静かに見守ればいいのです。

　「波に乗る」ことは、特にダイエットに関係があります。研究によると、食

べ物について考えることを抑えようとすればするほど、ますます食べ物への渇望が高まり、暴飲暴食したい気持ちと闘わなくてはならなくなります。

　飢えと欲望に対処する、もっといい方法があります。ワシントン大学の科学者は、対象者の喫煙量を減らすことを試みました。この方法は、まず対象者が望ましくない感情を認め、受け入れることから始まります。次に、欲望をコントロールできなくても、それに対する反応をコントロールすることはいつも可能だということを自分に言い聞かせます。最後に、目に留まったものに耽溺する前に、自分の目標が達成できないという危機に瀕していることを直視し、なぜ自分がその悪癖を絶ちたいと思ったのか、その最初の決心を思い出すのです。この方法を「サーフボード」だと思ってください。渇望と欲望の波を乗り越え、波が砕けて静かになるまで待つのです。

　これを実生活で実行できる簡単な方法があります。それは、すべきでないことをしたいという衝動や欲求と向き合う前に、必ず10分間待つというものです。これはそれほど長い時間ではないように思うかもしれませんが、プリンストン大学の研究によると、その状況をどのように知覚するかで大きな差が生じます。待つことは、単に立ちどまってその事柄について考えるための時間を与えてくれるだけでなく、一時的な快楽への誘惑を色あせたものにしてくれます。ほんの10分間先送りにするだけで、自分の目標を打ち砕こうとする破壊兵器を取り除くことができるのです。この戦略は「くじけない」という自分との闘いに勝つためにも使えます。

　もしあなたが、やる必要があるとわかっていることをはじめられないでいるなら、まず10分間やってみて、それから続けるかどうかを決めればいいのです。たぶん、いったんはじめてしまえば、やりつづけようという気になるはずです。

　映画『夢のチョコレート工場』（1971年公開）で、登場人物のベルーカが「何もかも欲しい／どんなものでも今すぐに／だって欲しいのは今」と歌っていたように、今も注意深く耳をすませば、毎日数百万人の人たちが、静かに声を合わせて同じ歌を歌っていることに気づくはずです。人びとは何もかも欲しいのです。今すぐ欲しいのです。食べ物や娯楽、お金、愛、腹筋、どんなものでも。私たちはお手軽に満足する時代に生きていて、それは、堕落することへの競争のようにも見えます。

利得というものは、待つ時間が長ければ長いほど、その魅力が低下するのです。経済学者は、人が受領までにかかる時間に基づいて利得の価値を下げる程度を「時間選好（率）」と呼んでいます。時間選好率の高い人は未来の価値を大きく下げ、長期にわたる利益や結果よりも目先の満足感を優先します。一方、時間選好率の低い人は正反対の行動をとり、未来の楽しみが大事であり、それを最大限にするために、目先の利得は放棄するのです。

　平均的な人に比べて、さらに著しく未来の価値を下げる人もいます。研究によると、時間選好率が高ければ高いほどセルフコントロールができなくなります。したがって、そのような人は衝動的な行動をとったり、依存症の問題を抱えたりする傾向があるのです。このことから、なぜクレジットカードの負債額が急上昇しているのか、なぜファストフードの店がジムよりはるかに儲けが多いのか、なぜ毎日数百万人もの人たちが喫煙するのかが理解できます。いざというときには、手中の１羽の鳥（もしくはビッグマック）は、藪のなかの２羽より価値があるというわけです。

　人生における肯定的で意味のある多くのことと同様に、フィットネスはまさに時間選好の訓練です。より大きく、よりしなやかで、より力強い体になるために、あなたはどれくらいの不快感に耐えてもかまわないと思っていますか。将来、もっと大きな利得を獲得するために、どれほど多くの目先の快楽を拒否してもかまわないと思っているのでしょうか。目標を見失わないよう、強い意志を保つことができるでしょうか。

　時間選好率を低下させ、長期的な成功のチャンスを増やすための強力な手段は、現在と未来の利得の本質を異なった視点から見ることです。たとえば、私があなたに数か月先の日付が記された200ドルの小切手をあげたとして、その後すぐに100ドルで買い戻そうとしたら、あなたはその取引に応じますか。たぶん応じないはずです。

　では、私が今あなたに100ドルあげたとして、それをその後200ドルの先日付小切手で買い戻そうとしたらどうでしょう。あなたはその取引に応じますか。これにもたぶん応じないでしょうね。なぜだかわかりますか？　答えは簡単です。私たちは、自分が現在持っているものを失いたくないからです。たとえ、あとでもっと価値のあるものが手に入るとしても。

　心理学者はこれを「喪失嫌悪」と呼んでいます。これこそが、特にダイエッ

トしようとする人の多くがかかる罠なのです。ドーナツを食べるかどうか迷っているとき、未来の不確実な時点で少し余分に減量できることよりも、今あるドーナツのほうがずっといいもののように思える瞬間があるはずです。しかし、意志の枠組みを変えることによって、自分の有利になるように心の方向転換を図ることができます。研究によると、まずは未来の報酬が危機に瀕していることを考え、次に目先のことに屈することがどれほどその報酬への進歩を犠牲にするかを考えることで、長期的な最大限の利益を損なうような行動をとる機会を減らすことができるのです。

　たとえば、好きなトッピングをすべてのせた熱々のピザを平らげるチャンスが訪れたときは（しかも今週3度目）、一呼吸おいて自分が理想の体形を作り上げたところを想像してみればいいのです。いきいきと思い描くことができれば、さらに効果的でしょう。見事な腹筋、盛り上がった上腕二頭筋、たくましい胸を「リアルに」想像してください。新しい服がどれほど似合うか、鏡に映った新しい肉体をちらっと見るたびにどれほど誇らしく思えるか、心に思い描いてみるのです。そして、ピザにがっつくことはそのすべてを断念し、たるんだブヨブヨの肉体を見るはめになるのだということについて考えてみるのです。すると、その大きくて油ぎった丸い食べ物が、たちまち食欲を削ぐこと請け合いです。

　先ほど説明したように、ある好ましくない行為にふける前に、必ず10分間待つというルールを課すのも有効です。もし10分待っても（そして危機に瀕している長期的な報酬について考えても）抑制することができないなら、欲望を満たしてもよいですが、それでも、少なくとも10分間は待たなくてはなりません。

　時間選好を変えるもう1つの効果的な方法は、「プリコミットメント」と呼ばれる方法です。コミットメントを強化するために今すぐある行動を起こし、自己破壊的な行為に向かうズルい試みを回避することです。それは、ジェイムズ・ジョイスの名作『ユリシーズ』のなかで主人公が自分を船のマストに縛りつけるように船員たちに命じ、セイレーンの美しい歌の餌食にならないようにしたのと同じことです。つまり、自分の弱い部分から自分自身を守るための予備対策を講じるわけです。

　プリコミットメントの戦略が正しければ、セーフガードが配備されて失敗

しにくくなります。こうしたセーフガードは、今日のうちに実行できること、そして明日考えを変えることが難しく不快になるようなことであれば、何でもＯＫです。先を見越した行動をとることによって、自分の衝動や感情をコントロールし、軌道に乗った状態でいることが容易になるのです。仕事をする代わりにダラダラとインターネットを見てしまうという問題を抱えているなら、「Cold Turkey Blocker」というツールをダウンロードするといいでしょう。これは、特定のWebサイトやアプリをブロックしたり、インターネットを一定時間まったく使えないようにしたりするものです。

　ダイエットを続けることが難しいのなら、ジャンクフードをすべて家から捨て去って2度と買わない、毎日ダイエットに適したヘルシーなランチを準備する、ダイエットに成功すると賞金がもらえる「DietBet」のようなサイトを利用する、といったプリコミットメントの方法があります。定期的な運動にプリコミットメントしたいなら、ジムの料金を月払いではなく年一括払いにする、オンラインのコーチングサービスを申し込む、友人を誘っていっしょにワークアウトする、などが有効です。

「StickK」というWebサイトを利用してもいいでしょう。このサイトでは、数多くの人たちがプリコミットし、あらゆる種類の目標を達成しました。「StickK」では、目標とそれにかかる時間枠と賭け金を設定し、もし失敗したらその掛け金をどうするか決めます（たとえば慈善事業に寄付することもできます。寄付先が自分の嫌いな団体なら、かえって強い刺激になるかもしれません）。また、進捗状況を監視し、報告の真偽を確認するレフリーを指名することもできます。サポーターを招待して応援してもらうことだってできるのです。

■ みんなで太って、いっしょに橋から飛び降りよう

　複数の研究によると、体が必要とする量の基本栄養を含むフルーツや野菜を食べている人は、ほんの10％、心身の健康を維持するために十分な運動をしている人は、たったの20％とのことです。では、他の人はその代わりに何をしているかというと、32％の人は、1週間に少なくとも1〜3回ファストフードを食べ、70％の人は、必要以上に糖分を摂取しています。30％の人は、運動よりも、家事や確定申告の修正、車庫の掃除などに時間

を割いています。

　このような統計データを見れば、多くの人がハッとして自分の行いを反省してもよさそうなものですが、必ずしもそうではなく、逆に安心したり開き直ったりする人もいるのです。「なんだ、みんなも同じようなことをしているじゃないか」と思うわけです。この考えかたは、どのように悪いのでしょうか。

　もし、声に出して開き直ったりしないとしても、潜在意識があなたの行動に影響を与えています。私は人と違う、自分の道は自分で切り開く、他人の考えや行動なんかには影響されない、などと思っても、それは慰めにすぎません。広範囲の研究によれば、他の人の行動は（たとえ他人の行動を"想像する"だけでも）、無意識のうちに自分の考えや行動に強い影響を与えています。観察対象が親しい人の場合は特にそうなのです。私たちはどう考え、どう行動したらいいのかわからないとき、他人がどういうふうに考え行動しているかを見て、それに従う傾向があります。たとえそれが無意識だったとしてもです。人間は本能的に、多数派に従ったほうが安全だという考えに惹かれやすいのです。

　マーケティングの世界では、この効果は「社会的信用」として知られ、消費者に影響を与えるために無数のやりかたで使われています。これが、カスタマーレビューや体験談があらゆるビジネスで必要不可欠になる理由であり（こういう人たちがオススメするなら、それはきっといいはずだ）、セレブの支持を手に入れるために企業が法外な金を払う理由であり（デビッド・ベッカムが気に入っているのだから、それはきっといいはずだ）、メディアで話題になることが強力な理由でもあるのです（『フォーブス』誌が特集を組むのだから、それはきっといいはずだ）。

　日常生活でも同じことがよく起こります。これは他の人もやっていることだし、"普通の"ことだからいいんだと自分に言い聞かせるときはいつも、この社会的信用を使っていることになります。ダートマス大学の研究によると、一時的な解決法から長期的な習慣に至るまで、こういう例はいくらでも見られます。知り合いからも、見ず知らずの他人からも、映画で見たキャラクターからも、影響を受けることがあるのです。

　現実とは物の見かたのことであり、習慣はたいていの人が考えるより、は

るかに伝染しやすいものなのです。例を挙げましょう。

- 太った友人や家族を持つ人は、自分も太りやすい傾向にある
- 生徒は、他の生徒たちがテストでカンニングしていると信じれば信じるほど、悪いとわかっていてもカンニングする傾向がある
- 他人は収入を過少申告していると信じれば信じるほど、自分も税務署をだまそうとする傾向がある
- お酒を飲む人とつき合う機会が多いほど、断酒・禁酒している人が再飲酒する傾向が強くなる
- 禁煙している人が愛煙家とつき合う機会が多いほど、再喫煙する傾向が強くなる
- 孤独だと感じる人といっしょにいることが多ければ、自分も孤独を感じるようになる

　たとえ過食や飲酒や喫煙があなたの問題でなかったとしても、他の人がこのような悪徳にふけるのを見ることは、あなたが自分の衝動に屈する可能性を高めることになりかねません。誰かの浪費を見ることは、無意識的にあなたの過食の引き金を引いてしまうかもしれないのです。誰かが授業をサボった話を聞いたら、トレーニングをサボることを正当化するかもしれません。誰かが浮気したという記事を読んだら、ダイエットをやめることに後ろめたさを感じなくなるしれません。

　よく言われるように、あなたは、最もいっしょに過ごす時間の長い友人5人の平均なのです。数多くの科学的な証拠が示すとおり、これは真実で、程度の差こそあれ、すべての人に当てはまります。たとえ直接的には周囲にいる人の否定的な態度や考え、行動を取り入れないとしても、彼らの存在自体が潜行的に作用し、私たちがやりたいことをやり、なりたい人になることを困難にするのです。

　私もかつて、自分にいい影響を及ばさない人と多くの時間を共有するという間違いをおかしたことがあります。その結果、この苦痛を通じて学んだことは、相手と一時期親しくても、相手が楽しい人物であっても、愉快な時間を共に過ごしても、いっしょにいる価値がないことに気づくときがある、と

いうことです。

　筋トレをはじめるとき、このことを思い出してください。なぜならそういう人たちは、あなたがポジティブなことをやりたいと思うと、何につけ真っ先に批判し、疑念を投げかけてきます。そのような人に対しては強硬路線をとるべきです。つまり、きっぱりと決別することです。もちろん、あなたにはあなたのやりかたがあるでしょう。しかし、そのやりかたがどうであれ、けっしてわが道を譲ってはならないのです。

　幸いなことに、ポジティブな態度や行動も同じように伝染します。もし周囲の人が楽観的で向上心があり、高い意志力と自制心を持った人たちだとしたら、私たちも彼らのプラスの特性に感化されるかもしれません。実際、研究によれば、高いレベルの自制能力を持った人たちのことを考えるだけで、一時的に私たちの意志力を高めることができることがわかっています。したがって、あなたがダイエットやトレーニングに四苦八苦していなくとも、次の３つを実践すれば、人生がもっと楽になるはずです。

1. 意志力が弱くて失敗した例からなるべく遠ざかる

　これは一般的な良いアドバイスですが、失敗例を知ることで、さらにやる気を起こして再び決心を固める人もいます。他人がコントロールを失うのを見ることで、そういう失敗は自分がたどる道ではなく、長期的な目標への脅威と見なすわけです。私もそういうタイプの１人です。他の人の失敗で動揺したり、やる気をなくしたりするのではなく、成功するためにもっと努力しようと思うのです。実際、私はたいていの人が"普通"だと見なすことを、ひどくネガティブで望ましくないことだと考える傾向にあります。そういった傾向があまりに強いので、意思を決定するための信頼できる羅針盤は、まずその状況で"たいていの"人が何をするかを予想して、それとは正反対のことをするメリットを考えることだと信じているのです。

2. 同じ目標に向かって進歩している人を少なくとも１人見つけ、協力しあう

　とはいえ、実際にいっしょに行動する必要はありません。定期的にメールのやりとりをするだけで、お互いの成功の糧になるのには十分なのです。

3. 体を鍛えることに成功した人の話を、読んだり聞いたりする

　私は自分のポッドキャストで、私のプログラムや製品、サービスを利用して体や生活を改善している人たちをインタビューしていますが、これはリスナーのモチベーションを向上させるためです。毎週のようにリスナーから、インタビューが大きな励みになったというフィードバックをもらいます。これらの成功談は、あなたも含めて、誰だって同じようにできるのだという私の約束を裏づける強力な証拠になるのです。

「善い」と「悪い」の罠

　やるべきことを実行したり、くじけずにいられたりしたときに「よくやった」と自分自身をほめ、グズグズしたり衝動的にふるまったりしたときに「私はダメなヤツだ」と自分に言ったことはありませんか？　「善い」行いをしたら、少しくらい「悪い」行いをしてもいいと感じたことはありませんか？

　そういう経験は誰にもあります。もちろん私だってありますし、すべての人にあるはずです。

　これは「モラル・ライセンシング」と呼ばれる心理現象で、人の意志力をひそかに奪うものです。自分のある行動を道徳的だと認識すると、自分をほめたいという欲求が湧き、たとえ長期的な目標をサボったり他人を傷つけていたりしたとしても、自分の悪い行いを正当化する傾向にあります。「善い」ことをしたあとは多少「悪い」ことをしてもいいという免罪符を獲得したかのような錯覚に陥るのです。たとえば、1日のトレーニングをすべてやり遂げ、食事プランも守り、満足感に浸っていると、翌日寝坊して多少食べすぎても、なおも自分が高徳で、無実で、セルフコントロールできていると自負していることがあります。

　興味深いことに、「善行」と、それによって正当化される「悪行」は、必ずしも相関しているわけではありません。研究によれば、買い物を我慢した客は、後ろめたさを感じることなくぜいたくな食事に散財しがちです。自分が行おうとしている善を想像すると、慈善事業に寄付するお金が少なくなる傾向もあります。単に善いことをすると考えるだけで、不道徳あるいは極端な行動をする可能性が増大するのです。

　人は、悪いことをやれたかもしれないのにやらなかったと考えるだけで、自分は有徳だと感じるといった、奇妙な錯覚にも陥ります。チーズケーキをまるごと食べられたかもしれないのに数切れしか食べなかった、トレーニングを４回サボることもできたのに３回しかサボらなかった、2000ドルのスーツを買えたのに700ドルのものを選んだ、等々。

　このモラル・ライセンシングに陥ると、人はどれほど歪んだ考えかたになるのかの好例を挙げましょう。マクドナルドでは、ヘルシーな新商品をメニューに加えたことによって、ビッグマックの売り上げが跳ね上がり、過去最高となりました。その理由がおわかりでしょうか。

　ニューヨーク市立大学バルーク校の研究報告によると、対象者は単に健康的な食事の選択肢を与えられただけで、健康的な食事をしたかのような満足感が得られ、その結果、なんとチーズバーガーを注文しました。つまり人は、目標や基準から逸脱するための道徳的なゴーサインを切望しているとき、すべてが青信号に見えてしまうのです。とはいえ皮肉なのは、こうして「正当化された」有害な行動が、本当に大切なこと——しなやかで強靭な体や心の健康、長寿、安定した家計、プロジェクトの完成など——を達成する妨げになっていることです。

　人はこのように考えるとき、健康やお金、時間、努力、機会を無駄にすることは「ごほうび」であると、そして、あることが良い方向に進んでいれば、少しくらい自己破壊的な行為に及んでも大丈夫だと自分に信じこませているのです。つまり、私たちは己を欺いているにほかなりません。モラル・ライセンシングの罠にはまらないためには、まずはモラルという視点で己の行動を見るのをやめることです。自分をある行動へと導くとき、漠然と「正」か「誤」か、あるいは「善」か「悪」かで判断するのではなく、なぜつらいトレーニングに耐え、食事プランに従い、自己啓発し、予算を守り、人並み以上の時間を費やしているのかを思い出す必要があるのです。

　これらの努力をともなう行動を、「罪」を埋め合わるための「善い」行いとしてではなく、望ましい結果を達成するために必要な、独立したステップとして捉えなければいけません。このためには、最初の目標を思い出しましょう。ただ単に、良いワークアウトや的を絞った食事をすることが目標ではありません。自信を持ってプールやビーチに行くこと、必要のなくなった体重

計を捨てること、しばらく会っていなかった人たちの驚きの顔を見ること、そして、恋愛関係において親密度を深めることが目標だったはずです。

要するに、アイスクリームを食べすぎたりトレーニングをサボったりすることは、「ちょっとやっちゃった」程度のしくじりでも、道徳心によって埋め合わせできるようなことでもありません。むしろ、あなたの大切な目標に対する直接的な脅威なのです。意志力が試される困難に直面したら、このことを思い出してください。

▋ 惑わしの水晶玉

自制心を放棄する人が好むもう1つのやりかたは、未来に計画された美徳で、現在の自分の罪を正当化することです。

単に運動する計画を立てるだけで、ダイエットをサボる可能性が増大することが研究で明らかになっています。別の研究では、1週間に3時間ボランティア活動に参加する計画を立てただけで、デザイナーズブランドのジーンズのようなぜいたく品を、同価格帯の掃除機のような実用品の代わりに買ってしまったりするといいます。さらに別の研究では、学生の家庭教師をすることに同意すると、慈善団体に寄付する金額が減少しました。

この種の心理は、単にモラル・ライセンシングに似ているばかりではなく、別の致命的な欠陥が混じっています。つまり、今日とはいくらか違う決断を将来にするだろうという思い込みです。たとえば、人は「今日はたくさんデザートを食べるけど、明日はしっかりダイエットするぞ」などと言いがちです。あるいは「今日はトレーニングをサボるけど、明日は2倍やればいい」。もしくは「今日はお気に入りのテレビ番組を好きなだけ観るけど、週の残りはもう何も観ないぞ」などと言ってはいないでしょうか。

このような楽観主義は、自分が必ず目的を達成できる人間だと確信していれば、道理にかなっていることでしょう。しかし、実際にはそうではないことはご存じでしょう。その未来がついにやってきたら、気高い、理想どおりの自分はどこにもいないし、新たな重荷が想像以上に重くのしかかっていることに気づきます。そのとき、人はどうするのでしょう。もちろん、また先送りします。今度こそ救世主が助けに来てくれることを期待して。

　私たちは未来の自分に信用を置きすぎています。今の自分ならできないようなことが、何でもできると当てにしているのです。特に根拠もなく、数日後、数週間後、数か月後の自分はもっと情熱的でエネルギッシュ、意志が強くて勤勉、やる気があって勇敢で道徳的にしっかりしていると思い込んでいるわけです。それによって、未来の自分に、途方もない課題と責任を背負わせているのです。

　未来のあなたは抽象的な存在ではなく、現在のあなたと根本的に同じ感情や欲求を持つことを覚えておいてください。そして、今日できなかったことが明日には成せる可能性はゼロに近いということも。

　たいていの場合、未来のあなたは現在の自分とまったく同じ心の状態にあって、まったく同じような反応をすることに気づくはずです。だからこそ、現在の行動を将来の結果と結びつける能力を高めることで、大きな恩恵を受けることができるのです。

　これは「自己の時間的連続性」と呼ばれます。研究が示すように、それがうまくできるようになればなるほど、体を鍛えて健康を維持したり、他にも多くの人生でやりたいこと、創造的で建設的なことがもっと簡単にできたりするようになります。

　ハンブルク大学エッペンドルフメディカルセンター、マクマスター大学、エラスムス大学の研究で実施された次のようなメンタルトレーニングは、未来における時間的連続性を向上させる簡単な方法です。

1. 未来の自分がどう行動するか考えてみる

　将来どう行動するのかを考えて、やるべきことをしたり、やるべきではないことを控えたりすることで、成功する可能性を高めることができます。これは無限に応用ができます。ダイエットの食事プランで悩んでいるなら、自分が別の買い物をして、別の食事をしているところを想像することです。翌日のトレーニングをひどく心配しているなら、どう感じるかにかかわらず、それをやり遂げた自分をイメージするといいでしょう。また、大好きな食べ物に囲まれることになる休日のパーティを心配しているなら、食べすぎることなく楽しい時間を過ごしているところを思い描いてください。

2. 未来の自分に手紙を書く

未来のあなたがどんな気持ちであると思うか、未来のあなたに望むものは何か、未来のあなたのために今、何をしているのか、あとで得る利益は何か、未来のあなたが現在のあなたについて何を言うか、現在失敗したことが未来のあなたにとってどういう意味を持つのか、といったことを手紙に書きましょう。

これをもっと面白くやりたいなら、「FutureMe」というWebサイトを利用してもいいでしょう。自分自身に向けてメールを書いて、未来の受け取り日を選ぶことができます。

3. 未来の自分を細部まで生き生きと思い描く

こうすることで、良きにつけ悪しきにつけ、現在の行動が将来どのような結果をもたらすのかを細かく探ってみるのです。未来の自分はどのように見えるでしょうか。自分でやるべきでないとわかっていることがやめられず、やるべきだとわかっていることをはじめられないとしたら？　身体的、精神的、感情的に将来の自分はどうなっているでしょう。病気がちだったり、後悔や恥ずかしさ、不機嫌、憂うつ、孤独などを感じていたりするでしょうか。ここでは本音をさらけ出しましょう。

そして、もし現在の正しい行動を続けることに加え、自分のやりかたを変えることに成功したらどうでしょうか。その結果、どう見え、どう感じるでしょうか。誇りを持ち、感謝するでしょうか。あなたの人生はどうなるでしょう。可能性を細かく探ってみましょう。

肉体的なトレーニングと同じように、この3つのドリルをやればやるほど、自分の時間的連続性を強め、フィットネス関係だけでなく、あらゆる分野の意志力が必要な課題に、うまく取り組めるようになるはずです。

■ まあ、いいか！　私はどうせ、なまけ者のバカなんだから

人はトレーニングを一度休んだり、甘いものを食べすぎたりといった比較的小さな失敗をしたあと、何をする傾向にあるでしょうか。肩をすくめて気

持ちを切り替えるでしょうか。それとも自分自身を責めながらも開き直って惰性に拍車をかけ、とことんまでやってしまうでしょうか。

　不幸なことに、後者のほうが一般的なのです。多くの人にとって、ヘマや後悔、やけくそを永遠に繰り返すという悪循環（心理学では「どうにでもなれ効果」と呼ばれるもの）は避けがたく、逃れられないように思えるのです。

　ポテトチップスをあと数枚だけのはずが、まるまる１袋食べてしまったり、チョコバーをちょっとひとかじりのつもりが１本全部、グラス１杯のワインがボトル１本、はたまた２本となったりするわけです。このような行いをする人は、挫折に直面するたびに開き直って、「どっちみちヘマしたんだから、あとはどうにでもなれ」と自分に言うのです。あきらめ、そして気分を良くするために本格的に悪徳にふけります。その結果、多くの場合、恥とか後悔といった自己嫌悪から、さらに大きな失敗をおかしてしまうのです。

　しかし、朗報があります。あなたは、自分の目標を達成するまでに必ず間違いをおかすでしょう。パーティで食べすぎることもあるかもしれませんし、たいした理由もなくトレーニングをサボる可能性も十中八九あります。どうしてそれが朗報なのかというと、何も心配することがないからです。人生のほとんどすべてがそうであるように、目標達成のためのゲームに勝つために、完璧に近いレベルまでいく必要はありません。たいていは善いことをしている、というだけで十分なのです。そもそも完璧主義は求められていませんし、望ましいものでもありません。なぜなら、完璧主義というものは、すべてのプロセスを必要以上にストレスに満ちたものにしてしまうからです。だから、ちょっとしくじったくらいで自分を責めないでください。損害はあなたが思うほどひどくはないし、口汚い自己批判の長広舌は事態を悪化させるだけです。

　多くの人が、一度食べすぎたくらいでダイエットを台無しにしてしまったと心配しますが、１日の食事から得られる脂肪の絶対量は、どれほど多くても、１回のズルした食事において無視できる量（100グラム程度）から、宴会で胃が重くなるほど食べた日の量（220グラムから440グラム程度）の範囲に収まることを知らないのです。ヘマをしたときには、友人に示すのと同じ同情と許しを、自分自身に示すことです。

　カールトン大学とデューク大学の研究によれば、挫折や失敗のときのこの

種の反応は、より良い意志力と自制心にポジティブな影響を及ぼします。なぜなら、自分を許すことで、人は行動の責任を受け入れ、失敗に屈せず前に進むことができるからです。

成功ほど失敗の原因になるものはない

　目標を設定したら、一番望むことは何でしょうか。もちろん、ゴールに向かって進歩すること。人はポジティブな変化と前進が見たいのです。それが、進みつづけるのに必要なエネルギーを与えてくれるからです。

　でも、必ずしもそのように事が運ぶとはかぎりません。進歩というのは諸刃の剣だからです。それが生み出す満足感は自己満足、すなわち意志力を弱める強力な触媒になる可能性があります。突破口に突進するために再び自分を活気づけるのではなく、一歩前進して二歩後退する特権を得たと思い込ませることもあるのです。こうした逆説は、多くの研究で証明されています。シカゴ大学の研究によれば、32％以上の人が、減量のゴールが近いと思ったとき、間食にリンゴよりもチョコバーを選んでしまうのです。私は実際にこのような例を何度も見てきました。人は減量の進歩を、まるでダイエットの手綱を緩めるためのチャンスのように使って、さらなる進歩を遅らせてしまうのです。

　このように、ほんの少しの進歩によってペースが落ちる現象を、どうやって防げばいいのでしょうか。

　シカゴ大学の同じチームによる別の研究は、自分の行いに得意になる癖<rb>くせ</rb>をやめるべきであると指摘しています。その代わりに、自分の勝利というものを、ゴールが自分にとってどれほど重要か、そしてゴール到達のためにどれほどの努力を重ねてきたかを示す証拠として見なくてはならないのです。つまり、ペースを落として風景に見とれたりするのではなく、前進しつづける理由を探すべきなのです。

　これが、ジムの内外で成功するための秘訣です。私は、これまでにどれほどの距離を歩いてきたかということよりも、自分や家族が望む未来を実現するためには、この先どれだけの道を歩かなければならないかということに常に焦点を合わせてきました。私はいつも、自分が満足することは許しても、

けっして充足することはありませんでした。こうした結果、確かに人生における ストレス指数は上がりましたが、その見返りは価値あるものでした。金銭面のことを言っているのではありません。お金に換えられない報酬、一言でいえば自己実現が、私にとっては大きな意味を持つのです。

　人間性は矛盾に満ちていて、意志力と自制心も、その例外ではありません。私たちは、目標に到達して得られる長期的な満足感と、一時の快楽から得られる即時的な満足感の両方に惹かれます。人は本質的に誘惑されやすく、その一方で誘惑に抵抗する力も持っています。欲求不満や不安、疑惑を、それと矛盾する感情である喜びや安心、確信と混在させて、まるでお手玉でもするかのように何とかやりくりしているのです。

　意志力を高めることで、根本的に自分を変えられるかもしれないし、変えられないかもしれません。しかし確実に言えるのは、高い意志力はマインドフルネスや自信を高め、効率性や日常生活での要求に打ち勝つ能力を向上させる、ということです。さまざまな点で、フィットネスはこうした美徳のための理想的な場です。なぜなら、その課題や困難は、私たちの日常のあらゆる場面で直面する障害や障壁と本質的に同じだからです。

　もしあなたが、心底やめたいと思った厳しいトレーニングをやり通し、多かれ少なかれ食べ物の誘惑に耐え、食事管理やトレーニングプランにきちんと従うための意志力を向上させることができれば、大切な納期を守ったり、浪費の誘惑に抵抗したり、自己啓発のためのより大きな野心を実現するために欠かせない能力も、同時に手に入れる可能性が高いのです。

15

フィットネスの最大の理由を見つけること

先駆者であれ、孤独であれ。

——— ジニー・ロメッティ（IBM会長）

真っ先に挫折する人は、フィットネスの目標が漠然としていて、非現実的で惰性的だからです。このような人たちは、ひと目で見分けることができます。たまにしかジムに姿を見せず、トレーニング中もダラダラと移動し、ほとんど汗をかいていないからです。うまくいかないのは状況のせいだ（「会社の飲み会があったから」など）と文句を言い、常に流行の、奇跡のようなダイエット法を探しています。

大勢の人が挫折しても自分こそは成功したいと思うなら、これまでの人生で最高の体形を手に入れて健康やフィットネスの模範になりたいなら、前述のような行動や考えかたにならないように、免疫力（ノウハウや抵抗力）をつける必要があります。したがってこの章では、あなたの自己分析をしてみましょう。

なぜ健康的な食事をし、トレーニングをするのか、その理由は人によりさまざまです。ある人は、自分の体を限界まで追い込むのが好きです。異性や同性から好印象を持たれたいからという人もいます。フィットネスにより自信や自尊心を高めたいという人も多いはずです。そして、ほとんどの人は、もっと健康になって幸福でありたいと願っています。

カッコよくなりたい、自信をつけたい、エネルギッシュでありたい、病気への抵抗力をつけたい、寿命を伸ばしたい……。これらはすべて、体を鍛えるためのまっとうな理由です。しかし重要なのは、理由を見極め、明確にすることです。

前章で、未来を視覚化する力について学びました。そうすることが、人生という波を、よりうまく乗り越える能力を強化してくれるのです。さっそく実行しましょう。まずは、たいていの人が最も惹きつけられるポイント、つまり、ビジュアル（見た目）から取りかかることにします。

どのような体が理想なのか

まずは事実を直視しましょう。あなたがこの本を読んでいる理由は、カッコよく見られたいからです。それは悪いことではありません。私の知るかぎり（もちろん他にも動機はあるでしょうが）、みんな、鏡に映った自分の姿を見てやる気を出すのです。私は、健康というものに価値を置いています。ですが、自分の見かけは気にしていないと言ったら嘘になります。普段のエクササイズから得られる恩恵と同じくらい、外見は大事なものなのですから。これを、ナルシシズムと受けとってはなりません。フィットネスには自己陶酔的なゆがみが生じることもありますが、見た目が気分の向上に繋がるなら（事実そうです）、少しばかり虚栄心を持つのは、悪いことではないでしょう。

それでは、あなたのことについて話しましょう。理想はどんな体形ですか？　ありがちな言葉を並べたり、あやふやな夢を思い描いたりするのはもうやめましょう。手本となるような写真を1〜2枚（3〜4枚でも）見つけ、自分の将来のビジュアルを明確化するのです。そして、その写真をどこか手軽に見られる場所に保存しておいてください。スマートフォンでもGoogleドライブでも、Dropboxでもかまいません。

つまり、あなたが本書のプログラムを実行しているときは、絶対に手に入れたい体のためにトレーニングしているんだとリアルに実感してほしいのです。「イケてる」とか「すらっとした」とかいう、漠然とした言葉で理想の体を説明するのではなく、あなたが今読んでいるこのページと同じくらい、具体的でリアルな肉体をイメージしましょう。

理想の体になると、どんな気分になるのか

この質問に答えるために、フィットネスの"隠れた"メリットを詳しく見ていきましょう。

肉体改造をはじめるとき、ほとんどの人はこのことに気づいていないのですが、鍛えていない不健康な体よりも、鍛えられた健康的な体でいるほうが、はるかに快適に過ごせるのです。体を鍛えれば鍛えるほどエネルギーレベルが高くなり、気分が良くなり、注意力が向上し、思考が明確になり、痛

みや苦痛がやわらぎ、質の高い眠りが得られるなど、ちょっと挙げてみても、これほどの利点があります。もっと深いところでもメリットがあります。自信や自尊心が高まる、生産性が向上する、自己実現を果たせる、より親密で良好な人間関係を築くことができる、などです。

では、あなたにとってのメリットは何なのか、今から数分かけて想像してみてください。それから、個人的なアファメーション（断言）のかたちで、すべて書き出しましょう。アファメーションというのは、自分自身に対するポジティブな宣言であり、たとえば「私は一日中、やる気にあふれている」とか「頭の回転が速く、いつも冴えていて、物事に集中している」というように、自分がどのようになりたいかをポジティブに表現することです。

これはちょっと奇妙なやりかたに思えるかもしれませんが、研究が示すように、こうしたアファメーションを書いたり読んだりすることは、多くの面で有益なのです。ペンシルバニア大学の研究で、アファメーションを実践した人のほうが、やらなかった人よりも運動することがわかっています。サセックス大学の研究によると、セルフ・アファメーションの実行は、ワーキングメモリ（作業記憶）と認知能力を向上させます。

完璧を期するために、あなたの健康とフィットネスのアファメーションを、次のように4つの大きなカテゴリーに分類しましょう。

- フィジカル（身体面）
- メンタル（知性面）
- エモーショナル（感情面）
- スピリチュアル（精神面）

フィジカル・アファメーションとは、体の機能やエネルギーレベルに関わるすべてのもので、たとえば、「私は毎日十分に眠り、リフレッシュした状態で起きる」「私の関節はなめらかに動く」「私はいつも健康を維持している」といったものです。

メンタル・アファメーションとは、記憶したり計算したりする知的能力や、現在に集中し「雑音」を消す能力に関わっています。たとえば、「私の記憶力はしっかりしている」「私は自分の思考をコントロールできる」など。

　エモーショナル・アファメーションとは、ポジティブ、あるいはネガティブな感情と関係があります。たとえば、「私はどこに行っても楽しめる」「私は悪いニュースからの立ち直りが早い」「私はオープンに愛を伝え合う」といった表現です。

　スピリチュアル・アファメーションとは、あなたの目的と動機の意味づけを含みます。「私は理想の体を作るためにがんばる」「私は自分が正しい道を歩いているのを感じる」「私は自分が成功することを知っている」などと表現することができます。

　以下は、さらに効果的なアファメーションを書くためのアドバイスです。

■ アファメーションは、処理や記憶がしやすいように短いものにする

■ 注意深く選んだ4〜5個の単語が力を持つこともある

■ 「私は」か「私の」から、アファメーションをはじめること

　アファメーションはすべて自分に関することなので、「私は」からはじめましょう。「私は関節になんの痛みも感じない」のほうが「関節の痛みが消えた」よりずっといいのです。

■ アファメーションを書くときは、未来ではなく、今現在、経験しているように書くこと

　たとえば、「3か月以内に、私はすぐに眠りについて、元気いっぱいの気分で起きられるようになっているだろう」ではなく、「私はすぐに眠りにつき、元気いっぱいの気分で起きる」がベター。

■ 「私は〜したい」とか「私は〜する必要がある」とは書かないこと

　欲求や必要ではなく、現在「そうある」ように書くようにしましょう。

■ あなたのアファメーションがポジティブな発言であることを確かめる

　多くの場合、アファメーションは、ネガティブな行動や思考を捨て去るためであることを理解しましょう。ただし、それを表現に反映させてはいけません。たとえば、「私はもう心配したり不安がったりしない」ではなく、「私は穏やかで、自信があって、満足している」。「私はもう朝寝坊しない」ではなく、「私は毎日決まった時間にさわやかな気分で起きる」と考えましょう。

■ アファメーションに「私は〜（感情）だ」「私は〜と感じる」のように感情を込めること

たとえば、「私は毎日のトレーニングをするのが楽しい」というように表現しましょう。

■ 信じられるようなアファメーションを作ること

もしあなたの表現が実行可能だとは思えないなら、効果的でないことになります。したがって、書いたことを完全に受け入れることができるかどうか確かめてみましょう。アファメーションが特に信じがたいものであれば、次のように修飾語を加えてもいいでしょう。「私は喜んで〜する」「私は〜できると信じる」など。

さあ、アファメーションを書く準備はできましたか？

必要なだけ時間をかけてください。書き終えるまで、ここで待っていますから。

■ あなたの理由は何でしょうか

私がフィットネスで特に好きなのは、少し立ちどまって、こう考える瞬間です。「こんな体を手に入れたなんて、我ながらすごいぞ！」

このように思うだけで、顔がほころび、足どりが軽くなり、ときには幸福感さえ覚えるのです。

これは「コーヒーショップで注目を浴びた」というたぐいのことではありません。どちらかと言うと「かかりつけの医師からフィットネスについてのアドバイスを求められた」とか「もっと成果が上げられるようになった」とか「子どもたちといっしょに走り回っても、ぐったりしなかった」というレベルのことです。このように、ささやかでも意味のある変化が、あなたが正しい軌道に乗っていることの証なのです。

私はここ数年のあいだに何千人もの人たちと仕事をしてきました。彼らは、さまざまなポジティブな変化を私に報告してくれましたが、以下はその一部です。

■ ジムでアドバイスを求められるようになった
■ 異性や同性から注目されるようになった

- ジムのなかでも外でも、自信がつき、自分が有能だと感じられるようになった
- 仕事でも成果が上がった
- 罪悪感なしにデザートが食べられる
- スーツを着ても見栄えがいい
- 子どもたちに良い手本が示せる
- 再びアウトドアが楽しめるようになった
- 体の痛みが消えた
- 登山やサイクリング、ランニングのような、新たなチャレンジができるようになった

　私はこのような成果を知ることが大好きです。リアルで具体的で価値あるものだからです。より真摯で個人的な理由によりシェイプアップを果たした、すばらしい例でもあります。

　さて、あなたはどうでしょうか。なぜ、アファメーションのなかに書いたすべてのことを成し遂げたいのでしょうか。

　もっと自信を持ちたいですか？　スポーツがうまくなりたいですか？　それとも、もっと魅力的になりたいですか？　肉体の限界に打ち勝つのが楽しいからでしょうか。子どもたちともっと活発に遊びたいからでしょうか。病気にならないため、定年まで活動的でいるため、それともアンチエイジングのためでしょうか。あるいは、腕相撲で友人に勝つためですか？

　シェイプアップの理由をブレインストーミングして、もう十分だと感じるまで書き出し、行動に移る準備をしましょう。ここで説明したことすべてを実現するため、次のパートでは本書プログラムの使いかたを学びます。

....

　自分を元気づける刺激剤が欲しくなったら、ここでやったことを思い出してください。そうすれば、最後までやり抜く力が再び湧くでしょう。あまりに疲れすぎていてトレーニングできないとき、友人たちがあなたの目の前でごちそうを平らげるのをただ眺めているとき、スイーツに誘惑されそうなと

き、朝ベッドから這い出さなければならないときには、これを思い出してください。

　定期的に保存した写真を見ること。アファメーションを読むこと。そして、書き出した「なぜ」を再検討してみること。そうすれば、いつも帆に風を感じて、究極の理想の体に近づくように進んでいくはずです。そして、ここで作ったすべてを成し遂げたら、またプロセスを繰り返して、フィットネスと人生の次の段階に向けて、さらにエキサイティングなコースを描きましょう。

　そこにできるかぎり早く到達するために、今は再び「アウターゲーム」に戻らなくてはなりません。さあ、あなたの体と心を変えるための食事やトレーニング、サプリメントの利用方法を、これからいっしょにしっかり学んでいきましょう。

最後に必要な
ダイエットのアドバイス

16 フレキシブルダイエットの すばらしい世界へようこそ

> もちろんトレーニングばかりが人生じゃないが、トレーニングは人生に新た
> な価値を付加する。
>
> ――――― ブルックス・キュービック（元ベンチプレス全米チャンピオン）

あなたがダイエットを恐れているとしたら、それは無理もないことです。
ほとんどのダイエットは、自己啓発というよりも、自己否定に近い気分にな
るからです。多くのダイエットは、代謝の仕組みや効果的な手段を教える代
わりに、威嚇したり、不安を煽ったり、食事制限を強いたりします。一般的
に知られているダイエット法は、こうです――脂肪を落としたいなら、贅肉
のない筋肉が欲しいなら、大好物にきっぱりと別れを告げること。穀物やグ
ルテン、糖分、血糖値が上昇しやすい炭水化物や赤身の肉、加工食品、乳製
品、カロリーの高い飲料はいっさい摂らないこと――つまり、お楽しみはご
法度（はっと）というわけです。このような規制があると、「そんなダイエットは自分
には無理」「自分は意志が弱いのかな、それともやる気に欠けるのかな」「そ
んなことをしてまでカッコいい水着姿になりたいとは思わない」などと、た
とえダイエットしたいと思っていても躊躇（ちゅうちょ）することが多いでしょう。

本書は、そのようなたぐいのプログラムではありません。ここで声を大に
して言います。あなたにも可能である、あなたにも間違いなく素質がある、
もっと健康的で美しい体を手に入れるということは想像以上にすばらしいこ
とである、と。そのことを証明するため、この世で一番簡単で効果的なアプ
ローチ、「フレキシブル（融通の利く）ダイエット」を紹介しましょう。そのやり
かたも説明します。

フレキシブルダイエットとは、1週間に7日（つまり毎日）好きなものを食
べて、それでいて劇的に変身する方法です。やるべきことは、いくつかの簡
単なアドバイスに従うだけ。飢餓感に悩むことも、自分らしさを失うことも
ありません。もっといいことに、一度フレキシブルダイエットをやりはじめ
ると、不安感に駆られたり挫折したりすることがなくなります。他の人は行

き詰まっていても、あなたは自分のやっていることに自信を持ち、前向きで健全な食との関係を築き上げていけるのです。

ダイエットを大局的に把握しよう

　健康面やフィットネス面での目標を達成する上で、ダイエットはどれほど重要なものでしょうか。健康的なダイエットは人生そのもの、と答える人もいれば、エクササイズや遺伝子、他の要因ほど重要ではないという人もいます。人によってダイエットの重要度は70%、80%、あるいは90%と異なります。

　私にとって、ダイエットは100%重要なものです。では、筋トレで着実に成果を上げることはどうでしょうか。もちろんそれも100%大事です。確固とした意志と前向きな姿勢。これも100%。十分な休息と睡眠をとることも忘れてはなりません。これも重要度100%ですから（合計400%）。

　私が言いたいことは、こうです。すばらしい体を作り上げることは、パズルのピースを合わせていくというより、むしろ数々の支柱を建てていくようなものだということです。もし1本が弱いとなると、全体の構造が崩れてしまいます。適切な栄養を摂取しないと、精力的なトレーニングに必要な体力も精神力も養われません。トレーニングを正しくやらないと、筋肉も力も強化できません。前向きで適切な態度でいないと、進歩も遅くなります。常に健全で良い睡眠をとっていなければ、ワークアウトでの成果にも悪影響を与えます。

　ですから、ゴールに達成するためには、すべてが大切になるのです。本書のプログラムでは、あなたはすべてに100%の力を注ぎ、100%可能なかぎりの成果を上げることになります。他の人が60%のトレーニングや30%のダイエットをしていても、ほんの20%のやる気しか注ぎ込んでいなくても、それはあなたとは関係のないことです。あなたは、そういう人たちとは違って、はるかに進歩をとげることになるのですから。

　ここでは、フィットネスにおいて食事がどれほど重要かということに関する、実践的な答えを紹介します。「ダイエットはあなたにとって良くも悪くもあり、トレーニングの最終的な成果を倍増させるか半減させるかは、ダ

イエットの取り組みかたしだい」ということです。どれほどジムで正しいトレーニングをしても、正しい食事管理ができなければ、完全に満足のいく成果は得られません。多くの人が多くの時間をエクササイズに費やしているにもかかわらず、まるでバーベルやエアロバイクを見たことも触ったこともないような体形をしているのは、これが理由なのです。

　脂肪減少と筋力増加というゴールに向かうハイウェイがあるとすると、ダイエットはその上り線にある数々の料金所のようなものだとイメージしてみてください。トレーニングをすることで前進するわけですが、ときおり止まって支払うべきものを支払わなければ、先へ進むことはできません。また、ダイエット、トレーニング、そして体格形成の３者の関係において、ダイエットは主に脂肪を減らし、理想の脂肪率を維持し、筋肉の増強を助長する方法であり、トレーニングは筋肉量を増やして維持する方法であると捉えるとよいでしょう。

　多くの人はこのことを混同していて、ワークアウトは主にカロリーと脂肪を燃焼する手段だと思っています。だから、食事から摂取したカロリーを消費するために過酷なエクササイズに励み、まったく成果が見られなくて落胆する、といった負のサイクルに陥ってしまうわけです。ですが、このフレキシブルダイエットで、ダイエットとエクササイズへの、まったく新しいアプローチを体験することになるでしょう。より簡単に脂肪を燃焼させ、筋肉を増やし、健康になることができます。今までずっと探していた答えを、ようやく見つけることになるのです。

フレキシブルダイエットの４原則

　規制が少ないのに効果のあるダイエットなど、あるはずがない。

　毎日大量の炭水化物を食べていて、いったいどうやって脂肪を減らすことができるのか。

　自尊心の高い「ダイエッター」なら、罪悪感なしにお菓子やファストフードを食べることなど不可能。

　これらは、よく耳にするフレキシブルダイエットへの批判です。人それぞれで物事の捉えかたが違うので、このような論議が生じるのです。

　そこで、行動を徹底するためにも、本書流フレキシブルダイエットの概要を見ていきましょう。

1. 何を食べるのかよりも、どのくらい食べるのかが重要である
2. 好きなものを食べるべきだ
3. 摂取カロリーの大半は栄養価の高いものであるべきだ
4. 自分にあったスケジュールで食事を摂ることが大切だ

　私のフレキシブルダイエットへの基本的なアプローチは、体に必要なエネルギーと栄養素を与え、それを楽しむことができる食事療法にしていくことです。応急処置としてのダイエットではなく、ライフスタイルに組み込むのです。
　それぞれの原則を詳しく見ていきましょう。

1 何を食べるのかよりも、どのくらい食べるのかが重要である

　要するに、エネルギーのバランス（カロリー）と主要栄養素（タンパク質、炭水化物、食物脂肪）のバランスが重要だということです。何を食べるかという選択（これについてはあとで触れます）も大事ですが、多くのダイエットプログラムが挙げる理由からではありません。
　簡潔に言うと、次の2点がこの原則のポイントです。

1. 希望どおりに体重を減らしたり維持したりするため、あるいは増やすためにも、カロリー摂取量をコントロールする
2. 体組成の最適化のため、タンパク質、炭水化物、および脂質の摂取量をコントロールする

　上記の2つをうまくこなせるようになると、体形を自在にコントロールできるようになります。

2 好きなものを食べるべきだ

　完璧なダイエット法が目の前にあっても、やり遂げることができなけれ

ば、なんの意味もありません。だから、多くの人がフレキシブルダイエットに賛同するのです。嗜好品を含め、本当に好きなものを食べることができれば、ダイエットをしていることなど忘れてしまうでしょう。自分の欲望を徹底的に抑えたとしても、数か月後に挫折してドカ食いをはじめるのではなく、気が狂いそうになる状態を阻止して、そのダイエットのプロセスを楽しむことができるのです。

　ときどき、目標カロリーに応じた好ましい量よりも、多く食べてしまったり少なく食べてしまったりするかもしれません。しかし、ほとんどの経験者が語るように、全体的に見ると、フレキシブルダイエットは簡単で負担の少ない方法です。そして、しだいに食事制限という「ダイエット」の言葉の意味も当てはまらなくなっていくことでしょう。

　ソーシャルメディアのフィットネスコミュニティでは、フレキシブルダイエットは腹筋を維持しつつジャンクフードを好きなだけ食べてもいい、と思われがちです。ですが、これは間違っています。できるからといって、12歳の子どものように何でも食べていいことにはなりませんし、体脂肪が少ない人や鍛え上げた二頭筋を持っている人が健康であるとは限らないからです。食べ物には、カロリーと主要栄養素だけでなく、体が必要とする数多くの微量栄養素が含まれており、われわれを健康で幸福にし、ベストを尽くす力を与えてくれます。

　だからこそ、次の第3の原則が大事なのです。

3 摂取カロリーの大半は栄養価の高いものであるべきだ

　長期的に見ると、たまにピザやファストフードを食べたり、高糖分や高カロリーで栄養のないものを食べたりするのは害になるでしょうか。いや、そんなことはありません。しかし、1日の必要摂取カロリーのうち大半が栄養価の低いジャンクフードだったらどうでしょう。これは問題です。そのままだと、少しずつではありますが確実に栄養失調となり、その結果、いろいろな健康障害が生じ、精神および身体機能を損なうことになるでしょう。ワークアウトにおいても、体は運動から回復するのにエネルギーを消費しなければならないので、筋肉の成長が鈍ることになります。

　その点では、クリーンイーティング（体に優しい食事法）は、とても優れて

います。実践する人たちは、脂肪を落とすことや筋肉を増強することがなぜそれほど難しいのか理解してなくても、栄養源の大切さをよくわかっているからです。

　したがって、フレキシブルダイエットにおける３つめの原則はこうです。少なくとも１日の必要摂取カロリーの80％を、栄養価の高い、未加工の食品から摂ること。簡単に言うと、食べるものは自然食品で、自分で洗浄し、カットし、調理したものということです。自然食品は、脂質の少ないタンパク質、果物、野菜、全粒の穀物、豆類、ナッツ類、種子類、油脂類などの栄養群から構成されたものをいいます。どうしても欲しければ、１日の必要摂取カロリー量の隙間を好きな食べ物で埋めてもかまいません。

　自然食品が体にいい理由は、十分な食物繊維を摂取できるからです。食物繊維は消化されにくいタイプの炭水化物であり、多くの植物性食物に含まれています。食物繊維は次の２つに分類されます。

1. 水溶性食物繊維
2. 不溶性食物繊維

　水溶性食物繊維は水に溶け、消化器官内で食べ物の移動を遅らせます。研究によると、水溶性食物繊維は大腸内の細菌によって代謝され、腸内の善玉菌と脂肪酸を増やし、便通を促進します。このため、水溶性食物繊維は大腸の重要なエネルギー源なのです。水溶性食物繊維を多く含む食品は、豆、オート麦、プラム、バナナ、リンゴ、ブロッコリー、サツマイモ、ニンジンなどです。不溶性食物繊維は水に溶けず、腸内で水分を吸収して膨張すると腸壁を刺激し、蠕動運動を活発にします。このプロセスで細胞の再生力が高められ、それにより腸内の環境が整えられることが研究で報告されています。不溶性食物繊維を多く含む食品は、玄米、大麦、ふすまのような全粒の穀物、豆類、インゲン、カリフラワー、数種類の果物（プラム、ブドウ、キウイ、トマト）の皮などです。

　食生活における食物繊維の重要性は、古くから知られています。古代ギリシャの医師であったヒポクラテスは「汝の食事を薬とし、汝の薬を食事とせよ」と説き、腸の働きを活発にするために全粒粉パンを食べるよう患者に勧

めました。近代医学では、食物繊維にはよりいっそうの効果があることが証明されています。食物繊維を十分に摂ることで、心疾患、呼吸器系疾患、ガン、感染症、2型糖尿病など、数多くの病気の発症リスクが減少し、比較的長く健康に生きることができることが明らかになっています。

　これをもとに、米国の栄養と食事のアカデミーは、子どもも成人も食事1000キロカロリーごとに14グラムの食物繊維を摂取することを推奨しています。フレキシブルダイエット法に従えば、これを実行するのはとても簡単なことです。実際、そのためにわざわざ努力をする必要はありません。毎日たくさん食べるべき栄養価の高い植物性食品は、食物繊維を多く含んでいるからです。

４ 自分にあったスケジュールで食事を摂ることが大事だ

　意外に思われるかもしれませんが、いつ食事を摂るべきか、ということはあまり重要ではありません。全体的に見て日々の規定カロリー数値を維持してさえいれば、食事のタイミングがずれたとしても、大きな違いが生じることはありません。

　ワークアウトの前、ワークアウトの後、そして就寝前に、特定の栄養素を摂ることで得られるメリットもあります（これについてはあとで説明します）。しかし、基本的には、1日に3食でも8食でも、朝食を大量に食べても抜かしても、夜食が少量でも大量でも、好きなようにスケジュールを組んで、理想の体形を手に入れることができるのです。

「ダイエットの効果なし」という見出しを新聞や雑誌で目にしたり、そのような主張をラジオやテレビで聞いたりしたことがあるかもしれません。「どんなダイエット法（あるいは「ダイエット」と名のつくもの）でも、劇的に体重を落とし、それを長期間維持するのは非常に難しい」などと、専門家や研究者が言っているのを聞いたことがあるでしょう。

　そんなことを他人から言われなくても、自分の体験から学んだという人も多いはずです。本当の問題は、ダイエットに効力がないのではなく、ダイ

エット自体が最悪だということです。

　カロリー摂取量があまりにも少ないと気分が落ち込みます。タンパク質を摂らないと、筋力が著しく衰えます。食べるものを極端に制限することは実現困難で、私たちをイライラさせます。そしてほとんどのダイエットが通常の食事にスムーズに戻る手段を教えないので、せっかく落とした脂肪がまた増えることになるのです。だから、ダイエットへの新しいアプローチが必要なのです。やる気が出て、身体的、精神的にサポートし、目標達成に向かって導いてくれるような方法がなくてはなりません。その新しいアプローチこそ、本書のフレキシブルダイエット法です。これを一度味わってしまうと、あなたはもう振り返ることがなくなるでしょう。

17 カロリーと主要栄養素を計算する最も簡単な方法

これだけデタラメが出回っていれば、警戒するのは当然だ。私の言うことも慎重に聞いてほしい。私だって間違うことがあるのだから。あなたは自分で証拠や理屈のすべてを見きわめて、何を信じるべきか決めるべきだ。

―――マーク・リッペトー（トレーニングコーチ）

　ガソリン補給に気をもむことなく、車で国を横断してみたいと誰かが言ったとします。いつでもどこでも停めたい場所で車を停め、どのくらいガソリンを補給するかは気分しだい。これをどう思いますか。その人の頭は私の財布よりもすっからかん、とでも思うでしょうか。

　そんな意見を聞いたら、その人はこう言い返すかもしれません。「いつも燃料計を見なきゃいけないなんて、もううんざりだ。給油なんか気にしないで、走りたいだけ走る」。あるいはこう言うかもしれません。「他にいい方法があるはずだ。そうだ、いつも誰かが、ガソリン残量を確認してくれればいいのさ」。あるいは「本で読んだんだが、オーガニックでグルテンフリー、低炭水化物、そして遺伝子組み換えでないガソリンを使えばガス欠しないんだって」などと言うでしょうか。これを聞いてどう思いますか。そんな人の相手をしていては時間の無駄だと思いますよね。

　私が言いたいことは、こうです。もし誰がが「カロリーを気にせずに体重を減らしたい（増やしたい）」と言ったら、あるいは「どれだけカロリーを摂取したか、どれだけカロリーを消費したか、それは体重の増減とはまったく関係ないこと」と言ったら、それは車の例と同じように、まったく理にかなっていません。

　カロリーを気にせず減量することはできますか？　イエス。それでは、それを長期間やりつづけることができるでしょうか。答えはノーです。そのようなやりかたなら、どのくらいのカロリーを摂取しているのか、それを消費するにはどれくらいの運動が必要なのか、ということを体が直感的に認識する必要があります。まして、贅肉が落ちて、自然の原理に従って体が食べ物

をもっと求めるようになると、そのようなハイレベルな直感でやっていくの
は難しくなるでしょう。

　ですから、毎日のカロリーの許容摂取量を計算する方法を知っておく必要
があります。そうすれば、確実に脂肪を減らして筋肉を増やすための食事プ
ランを、簡単に作ることができます。

　毎日どのくらいのカロリーを摂取すべきなのかを知るには、次の3つのス
テップを踏みます。

1. 基礎代謝率を計算する
2. 1日の総エネルギー消費量を計算する
3. 目標とする1日のカロリー摂取量を計算する

　では、ステップ1から見ていきましょう。

1 │ 基礎代謝率を計算する

　基礎代謝率は、体をまったく動かさず（横になっている状態で）何も食べない
ときに、体が消費するエネルギー量です。つまり、24時間呼吸するために、
最低どれだけのエネルギー量が必要か、ということがわかります。ＢＭＲ
(Basal Metabolic Rate) とも呼ばれていますが、Ｂは「基礎」を意味します。あ
なたがよほどアクティブでないかぎり、消費エネルギーの大半が基礎代謝率
になります。脳だけでも1時間でおよそ10キロカロリーを消費しています。
したがって、あなたの代謝機能を最善の状態にキープすることは、体重を減
らしたり維持したりするために重要なのです。

　私は34歳（執筆当時）で体重が88キロ、基礎代謝率はおよそ2100キロカロ
リーだとわかっています。「およそ」というのは、研究所でテストを受けな
いかぎり、正確な消費カロリーを知ることができないからです。幸いにも、
あなたのゴールを達成するために、わざわざ研究機関で計測してもらう必要
はありません。いくつかの簡単な計算式を用いるだけで、ほぼ正しい数値を
知ることができます。

　基礎代謝率を計算するための数式はいくつかあります。ここでの目的にか

なうのは、ミフリン－セントジョー(Mifflin-St Jeor)方式と呼ばれるものです。1990年にネバダ大学の研究者らによって、以前導入されていたハリス－ベネディクト方式の欠点を改善する方法として紹介されました。

　以下が男性用のミフリン－セントジョー方式です。

ＢＭＲ＝10×体重 (キログラム) ＋6.25×身長 (センチメートル) － 5 ×年齢 (年) ＋ 5

　ちんぷんかんぷん？　でも大丈夫。次の手順に従って解いていくだけでいいのです。

1. あなたの体重 (キログラム) に10を掛けてください
2. あなたの身長 (センチメートル) に6.25を掛けてください
3. 1と2を合計してください
4. あなたの年齢に5を掛けてください
5. 3で得た数値から4の数値を引いてください
6. 5の結果に5を足してください

　例として、体重91キロ、身長180センチ、41歳の男性で計算してみましょう。

　体重に10を掛けると、91×10＝910となります。

　次に身長に6.25を掛けます。つまり、180×6.25＝1125です。

　そのあと、体重と身長から得られた数値を足します。すると、910＋1125＝2035になります。

　次に、年齢に5を掛けて、41×5＝205とし、それを先ほどの数値から引きます。すると、2035－205＝1830となります。

　最後に、5を足して、1830＋5＝1835が得られます。

　したがって、この男性の基礎代謝率は約1800キロカロリーとなります。

　さあ、あなたも基礎代謝率を計算してみましょう。その数値はすぐに必要になります。

2 ｜1日の総エネルギー消費量を計算する

　1日の総エネルギー消費量（TDEE：Total Daily Energy Expenditure）は、24時間ごとにあなたが消費するエネルギーの総量のことです。

　TDEEに含まれるのは、基礎代謝と運動および食物の消化によって消費されたエネルギーです。

「食物の消化によって消費されたエネルギーとはなに？」と不思議に思う人もいるかもしれません。食物を消化し、処理し、そして吸収するためにも、エネルギーが使われているのです。そして食物によっては、他よりも多くのエネルギーを必要とするものもあります。専門用語では、これを「食事誘導性熱産生（TEE）」、あるいは「熱産生」といいます。研究によると、これはTDEEの約1割とされています。

　このようにして、食べることで代謝は加速するのです。また、その度合いは下記の要因によって異なります。

■ 摂取する食物の種類

　タンパク質は消化と吸収に最もエネルギーを必要とします。次に炭水化物、その次が食物脂肪となります。

　また、加工度の高い食品の熱産生は、自然食品に比べて大幅に低いという研究報告もあります。これが、肥満が蔓延する要因の1つです。食事のほとんどが加工食品の場合、食品のエネルギー消費量は自然食品よりもはるかに少なく、うっかり食べすぎてしまうからです。

■ 1回の食事量

　食事量が少ないとエネルギー消費量の増加は小幅、食事量が多いと大幅になります。

■ 遺伝

　遺伝のおかげで他の人よりも代謝がいい人もいます（うらやましいですね）。脂肪を最大限に減少させるには、高タンパク質ダイエットおよび高炭水化物ダイエットが最適である、という多くの研究報告がありますが、その理由は

上記の要因を見ると理解しやすいでしょう。

　それでは、どのようにTDEEを計算するのでしょうか？
　まずは、自分の基礎代謝率を知る必要がありますが、この計算方法はもう説明しました。次に、運動で消費するエネルギー量を知らなくてはなりません。これには、もう少し手間がかかります。
　エクササイズやその他の運動で消費するエネルギー量を計算する方法は何通りかあります。たとえば、アクティブトラッカーやエクササイズマシン、そして数学的手法などです。これから、これら3通りを1つずつ見ていきましょう。

アクティブトラッカーは正確か

　アクティブトラッカーの人気が上がってきているのは、非常に巧みなセールストークのおかげです。「スタイリッシュなリストバンド！　これをつけてエクササイズすれば、毎日のカロリー燃焼量が一目でわかる！」といった具合です。ですが、残念ながら、アクティブトラッカーは宣伝文句よりも、ずっと精度が低いことが研究で明らかになっています。
　これらの機器には、運動の速度を感知する加速度センサーがついています。あなたが一歩足を踏み出すごとに加速度計が揺れ、生データをアルゴリズムを介して集計し、どれだけのカロリーがその動きで消費されたのかを推定します。この問題点は明らかです。この原始的な仕組みでは、それぞれの異なったタイプの動作を区別することができないからです。このため、ほとんどのアクティブトラッカーは、ある特定の動作を測定できても、その他の活動では不正確なデータを生成することになるのです。
　歩数計が消費カロリーをきちんと測定できるのは、ある特定のペースで歩行したときだけです。ゆっくり歩いたり、少し早めに歩いたりすると、値は不正確になります。そして、アクティブトラッカーはランニングではさらに精度が低くなり、ウエイトリフティングになるとまったく使いものになりません（ヘビーなスクワットはかなりのエネルギーを必要としますが、大きな動作ではありません）。
　高機能と言われるフィットネストラッカーも同様です。ノースカロライナ

大学の研究者は、Fitbit と Jawbone を調査しました。その結果、両方とも歩数を少なく見積もり、多数のタイプの運動における消費カロリーを過少あるいは過多に見積もり、総睡眠時間を過多に見積もりました。

では、スマートフォン用のアプリはどうでしょうか。専用フィットネストラッカーよりもずっと正確で実用的だと宣伝されていますが、研究データはその逆のことを示しています。多くのアプリから得られた測定値は30〜50％の誤差がある、との報告があります。

大きくて重いストラップで胸に巻きつけるタイプが一番正確なトラッキング機器だと言われていますが、それもあまり当てになりません。手首の脈を測るリストタイプは、全体的に見て、かなり劣った結果を出しています。もし、歩数を測るため、あるいはワークアウトや他の運動でどれだけカロリーを消費したか、おおざっぱに知るためにアクティブトラッカーを使ってみたい、というのであれば、ご自由にどうぞ。ですが、そのデータを利用して、カロリー摂取量を算出すべきではありません。そうすると、大きな誤算が生じるからです。

エクササイズマシンは正確か

カロリーの消費を目的に有酸素運動をする多くの人は、エクササイズマシンが示す数値に頼っています。それらのマシンの多くがカロリー消費量を多めに見積もっているとは、まったく知らずに。そして、その誤差は、実はかなり大きいのです。

例を挙げましょう。カリフォルニア大学サンフランシスコ校の研究者らの分析によれば、その平均的な結果は次のとおりです。

- エアロバイクはカロリー消費量を 7 ％多く見積もった
- ステアクライマーは12％多く見積もった
- トレッドミルは13％多く見積もった
- エリプティカルマシンは42％過大に計算した

こうした誤差が生じる原因はいくつかあります。

カロリー消費量を概算する手順は製造者によって異なり、比較的誤差が少

ないものもあれば多いものもあります。そして、エクササイズ中にどれだけのカロリーが消費されたかは、その人の体重、年齢、およびフィットネスレベルによって変わります。体重の重い人は軽い人よりも多くカロリーを消費し、フィットネス度が高い人は低い人ほどカロリーを消費しません。

　ほとんどのマシンは個人情報を入力するように作られておらず（一部の情報だけ入力するものもありますが）、一定のデータをもとに値を算出します。それらのマシンの摩耗具合もエラーの原因です。トレッドミルなどのマシンのベルトは経年劣化で滑りやすくなり、上からの重みや力への抵抗が衰えます。マシンは使いやすくなりますが、実際に体が消費するエネルギー量は少なくなってしまうのです。

　使用者にも落ち度があります。一般的なケースは、ステアクライマーやエリプティカルマシン、トレッドミル（特に傾斜がある場合）を使用するとき、手すりに寄りかかったり、手すりで体のバランスを支えたりすることです。これにより筋肉にかかる負荷が少なくなり、結果として実際に消費されるエネルギーも少なくなるのです。

　マシンの使用法においては、他にも問題があります。エリプティカルマシンでは上半身が不活発になることです。腕を使った前後運動を前提としているので、もし、ユーザーが何気なく体を動かしているだけであれば、表示される値も不正確になります。

数学的手法は正確か

　消去法でこれが最後に残ったので、答えは想像できるでしょう。お察しのとおり。数学的手法こそが1日の総エネルギー消費量を計算する最適な手段です。この手法であれば、日々のカロリー消費量をほぼ正確に計算できるので、余裕を持って食事プランを立てることができ、体もうまく適応できるに違いありません。

　数多くの計算法がありますが、なかにはかなり複雑なものもあります。「代謝当量」あるいは「METs（メッツ）」という方法を耳にしたことがあるかもしれません。メッツはカロリーのようなものだと考えてください。ですが、1キロの水を1℃熱するために必要なエネルギーではなく、平均的な人が1分間静かに座っている状態で消費するエネルギー量のことです。

　活動によってメッツスコアは異なります。１分間のゆっくりとした歩行は、座位安静時の２倍のエネルギー量を消費するので、メッツ値は２です。とある表を見ると、掃除機をかける動作にはもっと負荷がかかるので、3.5メッツとなっています。さまざまなスコアを方程式に当てはめ、１日の総エネルギー消費量を計算することができるのですが、まずはそれぞれの活動や動作におけるエネルギー消費量を求め、そして基礎代謝率や運動レベルを考慮しなければなりません。この方法は正しいですが、ちょっと大変かもしれません。まずは、表からスコアを１つひとつ拾い出すことからはじめなければならないのですから。

　数字や細かいことにのめり込める人もいますが、ほとんどの人は手早く簡単な方法を好むでしょう。ありがたいことに、そのような方法があるのです。「キャッチ・マカドール式」と呼ばれる計算方式です。この方程式は、基礎代謝率（BMR）、そして運動レベルを基にして総エネルギー消費量（TDEE）を概算するためのBMR乗数も含まれています。つまり、TDEEを概算するためにすることは、BMRに１つの数字を乗算することだけです。

　とはいえ、この方程式にも１つだけ問題があります。乗数は、実際に消費したエネルギー量を超過する可能性があります。それを証明する研究結果があるわけではありませんが、私は仕事で数えきれないほどの人たちと関わってきた経験からそう言うのです。熟練したボディビルダーのあいだでもよく知られている事実です。なので、TDEEを計算するとき、運動レベルに次のような修正を少し加えることをお勧めします。

BMR×1.15＝座位安静時（ごくわずかの動き、あるいは運動ゼロ）
BMR×1.2〜1.35＝軽い運動（週１〜３時間のエクササイズや運動）
BMR×1.4〜1.55＝ややアクティブな運動（週４〜６時間のエクササイズや運動）
BMR×1.6〜1.75＝アクティブな運動（週７〜９時間のエクササイズや運動）
BMR×1.8〜1.95＝非常にアクティブな運動（週10時間以上のエクササイズや運動）

　これらの計算では、もちろんある特定の日にどのくらいのカロリーを消費したかはわかりません。それを知るには先述のメッツを使う必要があります。しかし、これらの方式は、１日の平均エネルギー消費量をあなたの運動

量をもとにして推計します。そして幸いなことに、確実な脂肪の燃焼と筋肉の増強のために必要なのは1日の平均エネルギー消費量の概算だけなのです。また、TDEEがわかれば食事プランの作成も順調に進み、長期間のプログラムを成功させる鍵となります。

では、この方式で私のTDEEを計算してみましょう。

先ほどの計算で、私のBMRが2100キロカロリーであることはわかっています。そして、私は週に4時間から6時間のエクササイズをします。これらの数値を上記の式に当てはめて、私のTDEEは、プラスマイナス100キロカロリーほどの誤差を考慮しつつ、およそ2800キロカロリーと設定します。経験上、この数値は正確です。私の日々の食事プランが合計2800キロカロリーなので、現在の体形を維持するには完璧なのです。意識的にこの数値よりも少なく食べると脂肪が減りますし、意識的に多く食べると脂肪が増えるというわけです。

次はあなたの番です。ここで数分ほど時間を割いて、平均TDEEを計算してみましょう。

私のWebサイト（www.biggerleanerstronger.com/calculator）でも基礎代謝率（BMR）と1日の総エネルギー消費量（TDEE）を簡単に求めることができます。

3 | 目標とする1日のカロリー摂取量を計算する

自分の平均TDEEがわかったら、次は1日にどのくらいのカロリーを摂るべきかを算出します。まず、あなたは自分の体形をどう変えたいか考えてみましょう。

- 脂肪を減らしたいのであれば、エネルギー消費量よりも少ないカロリーを摂取する。これを「カッティング（減量）」といいます
- 現在の体重と体格をキープしたいなら、エネルギー消費量よりも少ない、あるいは多いカロリーを摂取する。これを「メンテナンス（維持）」といいます
- 筋肉をすみやかに増強したいのであれば、エネルギー消費量よりも、やや多めのカロリーを摂取する。これを「リーンバルキング（太らずに増量）」と

いいます

この3点を詳しく説明しましょう。

脂肪を減らすためにどのくらいのカロリーを摂取すればよいか

　ご存じのように、脂肪を減らすには、摂取カロリーがエネルギー消費量に対して不足している必要がありますが、どれほど不足していればいいのでしょうか。10％？　20％？　あるいはそれ以上でしょうか。言いかえれば、1日に消費する総カロリー量の90％ほどの量を食べればいいのでしょうか。それとも80％、あるいはそれ以下でしょうか。

　フィットネスコミュニティのなかには、「スローカッティング」というアプローチを推奨する人たちがいます。スローカッティングは、カロリー不足の差を少なくし、ほどほどのスケジュールでワークアウトをして、何か月もかけて少しずつ脂肪を減らしていく方法です。この利点としては、筋力低下が少なく、ワークアウトを楽しむことができて、空腹や食欲をコントロールしやすいことが挙げられています。確かにそれは一理あるように思えます。

　スローカッティングはある意味では、強硬なアプローチと比べると、楽で寛大な方法だと言えるでしょう。しかし実は、こうした利点は、ほとんどの人にとってはさほど重要でないばかりか、代償が大きいのです。代償とは「時間」のことです。つまり、スローカッティングはその名のとおりスローであり、ダイエットをする人にとっては、そのスローさは毎日の食事を制限するよりも、ずっとつらいことなのです。

　すべての条件が同じだとすると、カロリー不足の差を20％から10％に減らすことにより、毎週の脂肪燃焼量は半分に減り、目標を達成するまでの減量期間も倍に延びます。これは、ほとんどの人にとって問題となります。というのは、カロリー不足の状態が多かれ少なかれ、減量期間が長くなればなるほど、不安定な日常生活、ダイエットの間違い、スケジュールミスなどによって、挫折する可能性が高くなるからです。また、自分がやっていることに確信があれば、たとえ摂取カロリーを大幅に減らしたとしても、まだ我慢できるというものです。その結果、筋肉が減少することも、ジムの厳しいワークアウトに苦しむことも、代謝を上げるために格闘することもなく、急

速に脂肪を落とすことが可能です。そして、これにより摂取カロリー以外に断念するものは何もなく、早く効果を上げることができるため、結果として余った時間を他のもっと楽しいこと（メンテナンスとリーンバルキングなど）に費やすことができるでしょう。

これらの理由から、私がお勧めするのは、摂取カロリー量を消費カロリーに対して25％減らす、少し強硬ですが無謀ではないカッティングです。わかりやすく言うと、カッティング中は、平均TDEEの75％に当たる量を食事から摂取するということです。これは、ほとんどの男性においては、体重1ポンド（約450グラム）につき1日10〜12キロカロリーに相当します。私のTDEEは2800キロカロリーと先ほど設定したので、減量する場合は、食事からの摂取をおよそ2100キロカロリー（2800×0.75）まで減らすことになります。そして、まさしくこれが、私が減量の必要性を感じたときに従う値なのです。これで、筋力の低下もさほどなく、引き締まった体を手に入れられるのは、すでに体験ずみです。

この25％という数値を何気なく選んだのではありません。筋力トレーニングと高タンパク質ダイエットと併せて行った場合、脂肪燃焼と筋力維持に高い効果がある、と研究報告にあるからです。フィンランドのユヴァスキュラ大学による研究を例に挙げましょう。研究者らは体脂肪率の低い（10％あるいはそれ以下の）全国および国際レベルの陸上競技の選手を次の2グループに分けました。

1. グループ1は300キロカロリーの不足を維持した（TDEEより約12％少ない）
2. グループ2は750キロカロリーの不足を維持した（TDEEより約25％少ない）

4週間後、グループ1の対象者の脂肪と筋力はほとんど減らず、グループ2は平均して約1.8キロの脂肪が減ったものの、筋力は減りませんでした。両グループにおいて、目立ったマイナスの副作用はありませんでした。

私が推薦するアプローチの効果を証明する研究は他にもあります。ブリガム・アンド・ウィメンズ・ホスピタルの研究者らは、肥満気味の男性38人を対象に調査を実施しました。12週間、TDEEより20％少ないカロリー不足を維持する、週に2時間のウエイトリフティングをする、そして高タンパ

ク質食品を摂る、という減量方法を試したところ、対象者は平均して脂肪を5キロ落とし、筋肉を3キロ増やしました。

もっと極端なケースもあります。ネブラスカ大学の研究者は、肥満気味の中年女性21人に90日間毎日800キロカロリーだけの食事を摂ってもらい、週90分のウエイトリフティングをしてもらったところ、平均約10キロの体重が減り、筋肉量が著しく増加したことがわかりました。

これらの研究結果は、私が仕事で関わった数千人の方々の経験と一致します。高タンパク質ダイエットと強度のワークアウトスケジュールとを併せて行った場合、TDEEより25％摂取カロリーを少なくすると、脂肪は急速に落ち、深刻な副作用もなく、筋肉が大幅に増えます。

減量のための主要栄養素の計算方法

減量するカロリーがわかれば、主要栄養素の1日の目標摂取量を決めるのは簡単です。

- 総摂取カロリーの40％をタンパク質から摂る
- 総摂取カロリーの40％を炭水化物から摂る
- 総摂取カロリーの20％を食物脂肪から摂る

タンパク質と炭水化物は1グラムにつき約4キロカロリー、食物脂肪は1グラムにつき約9キロカロリーあります。したがって、あなたの主要栄養素を計算することは簡単で、ただ下記に従うだけです。

1. 目標とする1日のタンパク質摂取量（グラム）を求める場合、目標とする1日の総カロリー摂取量に0.4を掛け、その結果を4で割る

2. 目標とする1日の炭水化物摂取量（グラム）を求める場合、目標とする1日の総カロリー摂取量に0.4を掛け、その結果を4で割る

3. 目標とする1日の食物脂肪摂取量（グラム）を求める場合、目標とする1日の総カロリー摂取量に0.2を掛け、その結果を9で割る

ほとんどの人にとって、これは体重1ポンド（約450グラム）につき、タンパク質と炭水化物は1日に1.1グラム、そして食物脂肪は1日に0.25グラムに相当します。減量をはじめたばかりで計算を省きたいのであれば、このような簡単な数値を用いて計算し、そして次のステップ（食事プラン）に進んでもかまわないでしょう。ただし、もしあなたが過度の肥満であれば、そのような「近道」はお勧めできません。なぜなら、この近道の方法だと、必要量をはるかに超えたタンパク質を摂取するからです。このような場合、先ほどの40-40-20法を用いてください。

　さあ、私の場合はどうなるのか、見てみましょう。減量中だと仮定すると、目標とする1日のカロリー摂取量は2100キロカロリー。なので、結果は以下のようになります。

1. 2100×0.4＝840 そして 840÷4＝210（1日のタンパク質摂取量は210グラム）
2. 2100×0.4＝840 そして 840÷4＝210（1日の炭水化物摂取量は210グラム）
3. 2100×0.2＝420 そして 420÷9＝47（1日の食物脂肪摂取量は47グラム）

　簡潔な計算法では下記のとおりです。

1. 195（体重＝ポンド）×1.1＝215（1日のタンパク質摂取量は215グラム）
2. 195（ポンド）×1.1＝215（1日の炭水化物摂取量は215グラム）
3. 195（ポンド）×0.25＝49（1日の炭水化物摂取量は49グラム）

筋肉を増やすにはどのくらいのカロリーを摂取すればよいか

　第10章で学んだように、余ったカロリーは筋肉増大を促します。したがって、筋肉を増大する簡単な方法は、日々の消費カロリーよりも意図的に少し多く食べることです。余ったカロリーはタンパク質合成を促進させ、タンパク同化ホルモンを増やして異化ホルモンを減らし、ワークアウトでの成果を上げることが、数々の研究により明らかになっています。これらのすべてが合わさると、結果として筋肉量と筋力の増強につながります。

　とはいえ、消費カロリーよりも、大幅に食べすぎるのは良くありません。

食事による摂取量が多くなっていくと、そのうちに筋肉の成長を促せなくなり、その代わりに体脂肪が増えることになります。体脂肪が増加すると、あなたの自尊心が傷つく以上に、体がダメージを受けます。体脂肪レベルが上がると、インスリン感受性が低下するため、さらに脂肪の貯蓄量が増し、筋肉の成長を妨げるのです。体がインスリンからのシグナルにうまく対応できようになると、筋肉を増やしたり、脂肪増加を阻止したりと、より多くのことを行う力がつきます。インスリン感受性が低下すると、脂肪の燃焼力も低下し、体重が増えやすくなり、タンパク質合成率も低下します。

　それでは、脂肪の増加を最低限に抑え、筋肉を最大限に増やすためには、余剰カロリーはどのくらいであるべきなのでしょうか。残念ながら、この答えになるような研究結果を見つけることはできませんでした。

　しかし、私はナチュラルボディビルディング業界に長くいますし、大勢の人といっしょに仕事をしてきた経験から出した答えはこうです。閾値は、あなたの平均TDEEの110％前後です。つまり、平均TDEEの110％ほどのカロリー量を摂取して、120％あるいは130％ほどのカロリー量を摂取したときと同じくらいに筋肉を増やすことができますが、体脂肪はさほど増加しない、ということです。

　もう一度言います。平均TDEEの約110％を食事から摂取すること。これがリーンバルキングのお勧めです。ほどんどの男性だと、これは体重450グラムにつき1日16〜18％のカロリーになります。私の場合は、1日に3100キロカロリーを食べることになります（2800×1.1）。そして、私がリーンバルキング（太らずに増量）をしたいときには、実際にこれに従います。そうすると、ゆっくりではありますが確実に筋肉を増やし、脂肪の増加を最低限に抑えることができます。

リーンバルキングのための主要栄養素計算方法
　リーンバルキング中に摂取する主要栄養素は次のとおりです。

- 総摂取カロリーの25％をタンパク質から摂る
- 総摂取カロリーの55％を炭水化物から摂る
- 総摂取カロリーの20％を食物脂肪から摂る

これを計算するためには、次の方法があります。

1. 目標とする1日のタンパク質摂取量 (グラム) を求める場合、目標とする1日の総カロリー摂取量に0.25を掛け、その結果を4で割る

2. 目標とする1日の炭水化物摂取量 (グラム) を求める場合、目標とする1日の総カロリー摂取量に0.55を掛け、その結果を4で割る

3. 目標とする1日の食物脂肪摂取量 (グラム) を求める場合、目標とする1日の総カロリー摂取量に0.2を掛け、その結果を9で割る

　ほとんどの人は、体重1ポンド (約450グラム) につき、1日およそ1グラムのタンパク質、2.2グラムの炭水化物、そして0.35グラムの食物脂肪に相当します。先ほどと同様に、もし計算を省きたいのであれば、増量をはじめたばかりのときは、このような簡単な計算法だけを用いて、そして次のステップ (食事プラン) に進んでもかまいません。
　これを私に当てはめてみましょう。私がリーンバルキングを行うとすると、私の目標とする1日の摂取量は3100キロカロリーなので

1. $3100 \times 0.25 = 775$ そして $775 \div 4 = 194$ (1日のタンパク質摂取量は194グラム)
2. $3100 \times 0.55 = 1705$ そして $1705 \div 4 = 426$ (1日の炭水化物摂取量は426グラム)
3. $3100 \times 0.2 = 620$ そして $620 \div 9 = 69$ (1日の食物脂肪摂取量は69グラム)

簡単な計算法では下記のとおり。

1. 195 (体重＝ポンド) $\times 1 = 195$ (1日のタンパク質摂取量は195グラム)
2. 195 (ポンド) $\times 2.2 = 429$ (1日の炭水化物摂取量は429グラム)
3. 195 (ポンド) $\times 0.35 = 68$ (1日の炭水化物摂取量は68グラム)

体重を維持するためにどのくらいのカロリーを摂取すればよいか

　この答えが必要になるのは、カッティングとリーンバルキング期間を何度か終えて、自分の目標とする体形をある程度手に入れてからでしょう。リーンバルキングの期間は筋肉を増強することに集中し、カッティングの期間では脂肪を削り落とすことに専念します。そしてそのプロセス中に、理想に近づくまでにあとどのくらいの道のりがあるのか、たびたび自分の体形を評価しなければなりません。そのうち、贅肉を落として、体脂肪率がぐんと減ると、鏡に映る自分の姿を見るのが楽しくなってくるでしょう。フィットネスのプロセスのなかで、これが最も満足感の得られる経験です。その先にも見返りがあります。そこから先は労力そのものよりも、その成果を楽しむようになるのですから。

　言いかたを変えると、理想の体形を創り上げるまでが、その後の維持よりも長く、険しい道のりなのです。「維持するべき体」を得ることができたなら、以前ほどたくさんワークアウトする必要はありません。他のタイプの筋力トレーニングを試してみたければ、ウエイトリフティングを少なくすればいいですし、食生活においても、もっと余裕が出てきます。うっかり栄養価の低いものを食べたとしても、いい意味で、表面に出ることはないでしょう。これらのことを念頭に置いて、本書のプログラムを推し進めてください。あきらめずにやりつづければ、いつかはゴールにたどり着くのですから。単に時間の問題なのです。

　この、メンテナンス時のカロリーを計算するのは簡単です。やりかたには2通りあります。

1. 毎日、同じ量を食べる

　これはあなたの平均TDEEと同量で、ほとんどの男性の場合、体重1ポンド（約450グラム）ごとに1日およそ14〜16キロカロリーです。実際は、日によって摂取カロリーがTDEEを少し下回るときもあれば上回るときもあるわけですが、それでも大丈夫です。お望みとあれば、それから数週間、数か月、数年するうちに、均衡がとれ、体重が増えることも減ることもなくなります。

2. 通常よりも活動が多い日には多く食べ、活動が少ない日には少なく食べる

　これを実行するには、1日の総エネルギー消費量を推計し、それを基にカロリーを摂取する必要があります。私は簡単な1番目の方法が好きですが、ある特定の日にとてもアクティブで、その他の日は静かに過ごすという人には、2番目が向いているかもしれません。あなたがそのタイプであれば（あるいは、単に2番目を試してみたいのであれば）、身体活動レベルに合わせて摂取カロリーを算出する簡単な方法を教えましょう。

BMR（基礎代謝率）×1.15＝安静日

　エクササイズをしない日や体をあまり動かさない日は、BMRの115％の量を食べます。これは、体重1ポンド（450グラム）につき約12キロカロリーに相当します。

BMR×1.2～1.35＝ややアクティブな日

　30～45分程度の精力的なエクササイズあるいは同等の運動（または60～90分の軽い運動）をする日は、BMRの120～135％の量を食べます。これは、体重1ポンド当たり約13キロカロリーに相当します。

BMR×1.4～1.55＝アクティブな日

　45～60分程度の精力的なエクササイズ（あるいは90～120分の軽い運動）をする日は、BMRの140～155％の量を食べます。これは、体重1ポンド当たり約15キロカロリーに相当します。

BMR×1.6～1.75＝とてもアクティブな日

　60～90分の精力的なエクササイズ（または120～180分の軽い運動）をする日は、BMRの160～175％の量を食べます。これは、体重1ポンド当たり17キロカロリーに相当します。

BMR×1.8～1.95＝スーパーアクティブな日

　90分以上の精力的なエクササイズ（または180分以上の軽い運動）をする日は、BMRの180～195％の量を食べます。これは体重1ポンド当たり19キロカ

ロリーに相当し、活動の度合いによって、最高24キロカロリーまで上げる
ことができます。

メンテナンスのための主要栄養素計算方法

　メンテナンス中の主要栄養素のカロリーは次のようになります。

- カロリーの30％はタンパク質から摂取する
- カロリーの45％は炭水化物から摂取する
- カロリーの25％は食物脂肪から摂取する

　あとは主要栄養素のカロリー数を算出するだけです。その方法は次のとお
りです。

1. 目標とする１日のタンパク質摂取量を求める場合、目標とする１日の総カ
ロリー摂取量に0.3を掛けて、その結果を４で割る

2. 目標とする１日の炭水化物摂取量を求める場合、目標とする１日の総カロ
リー摂取量に0.45を掛けて、その結果を４で割る

3. 目標とする１日の食物脂肪摂取量を求める場合、目標とする１日の総カロ
リー摂取量に0.25を掛けて、その結果を９で割る

　ほとんどの人において、これは体重１ポンドにつき１グラムのタンパク
質、1.6グラムの炭水化物、0.4グラムの食物脂肪に相当します。先ほどと同
様に、メンテナンスをはじめたばかりのとき、計算を省きたいのであればこ
のような簡単な計算法だけを用いて、そして次のステップ（食事プラン）に進
んでもかまいません。

　私を例にして計算してみましょう。今の体形を維持したい場合、私の１日
の総カロリー摂取量は2800キロカロリーなので、次のようになります。

1. 2800×0.3＝840 そして 840÷4＝210（１日のタンパク質摂取量は210グラム）

2. $2800 \times 0.45 = 1260$ そして $1260 \div 4 = 315$（1日の炭水化物摂取量は315グラム）

3. $2800 \times 0.25 = 700$ そして $700 \div 9 = 78$（1日の食物脂肪摂取量は78グラム）

あるいは簡単な計算法を用いると、次のようになります。

1. 195（体重＝ポンド）$\times 1 = 195$（1日のタンパク質摂取量は195グラム）

2. 195（ポンド）$\times 1.6 = 312$（1日の炭水化物摂取量は312グラム）

3. 195（ポンド）$\times 0.4 = 78$（1日の食物脂肪摂取量は78グラム）

なぜタンパク質がそれほど必要なのか

タンパク質の理想の摂取量について、さまざまな相反するアドバイスを耳にしたことがあるでしょう。体重1ポンド当たり1日に2グラム以上という、とてつもなく高い値を推奨する人（特にボディビルダー）もいれば、1日に0.8グラム以上はまったく必要ないと主張する人もいます。運動をするアクティブな人はどれだけのタンパク質が必要なのか。それを大々的に調べた研究のすばらしい要約が、友人のエリック・ヘルムズ博士による共著にあります。以下は抜粋です。

> エネルギー必要量、あるいはそれ以上のエネルギーを消費するアスリートがトレーニングに適応するために必須なタンパク質は、体重1キロ当たり1日1.2〜2.2グラムが十分な量であると、審査員のあいだで意見が一致した。

つまり、今の体形を維持するとき、あるいは脂肪を増やさず筋肉を増大したいときのタンパク質摂取量は、体重1キロ当たり1日1.2〜2.2グラムが適切なのです（体重1ポンドあたりなら0.55〜1グラム）。

お察しのとおり、私はこの摂取枠で最大値を摂ります。というのは、タンパク質を十分に摂らないときのリスク（筋力の増加が少ない、満腹感がない、骨密度が低下するなど）のほうが、タンパク質を必要量（ほとんどの場合、炭水化物や脂肪に比べるとやや少なめ）より少し多めにとったときのリスクよりも大きいからです。

　それでは、カッティング中のタンパク質の必要摂取量は？　これについて
も、当該研究の要約で述べられています。

　　フィリップスとヴァンルーンの報告書によると、低カロリーダイエット
　を行うアスリートのタンパク質摂取量は、１キロ当たり１日およそ1.8〜
　2.7グラムが適切だ。

　つまり、アスリートが脂肪を落とすために食事カロリーを制限していると
きは、メンテナンスおよびリーンバルキングの際に摂取する量よりも、さら
に多くのタンパク質（体重１キロ当たり１日1.8〜2.7グラム。ポンドなら0.8〜1.2グ
ラム）を摂らなくてならない、ということです。

そんなに炭水化物を食べて、体脂肪を減らせるのか

　すべてを学んだあと、それでもまだ炭水化物を摂取することに抵抗があり
ますか？　その気持ちはわかります。
　自称ダイエット専門家を含むほとんどの人は、中華料理とチョコレートプ
リンのように、炭水化物と体脂肪の減少は、どう考えても合わないものだと
信じています。しかし、減量に関する多くの研究では、炭水化物の摂取量
は、脂肪減少に影響を及ばさないと報告されています。
　ハーバード大学の研究者による報告を例に挙げましょう。

　　カロリー制限ダイエットは、どの主要栄養素を重視するかにかかわら
　ず、臨床的にかなりの体重の減少をもたらす。

　また、ステレンボス大学、ケープタウン大学、リバプール熱帯医学大学な
どが行った、減量に関する共同研究19件に対する審査報告書は以下のよう
に述べています。

　　これらの研究は、低炭水化物ダイエットであるか、あるいはバランスを
　維持したダイエットであるかに関係なく、短期間で体重が減少することを
　示す。２型糖尿病を持つ過体重で肥満の成人と、病気を持たない過体重で

肥満の成人に、低炭水化物ダイエットまたは等エネルギー減量ダイエット（カロリーは同等）というタスクを無作為に配分して行ってもらったところ、体重の減少においても、その後2年間の心血管系リスクの変化においても、まったく、またはほとんど違いが見られなかった。

おそらく、これ以上の研究報告を見る必要はないでしょう。ともかく、今はまだ少し疑いが残るとしても、これからの4週間はそれを保留にしておいてください。というのは、本書のプログラムをやると、4週間後に自分の目で成果を確認することができるからです。高炭水化物ダイエットでも、簡単に、急速に、脂肪を落とすことはできるのです。

もっと食物脂肪を摂るべきではないか

食物脂肪は重要な主要栄養素です。体のどの部分を改善したいのか、ジムで何をするのかにかかわらず、食物脂肪をしっかり摂ることはいろいろな面で得なのです。体脂肪の減少、活力、性欲、筋肉量および筋力の増加、これらすべてを、この「風変わりなダイエットのトリック」に従えば手に入れることができます。

これはマーケティングにもってこいのフレーズです。なぜなら、シンプルで意外性のある考えかただし、さらに多くの人の欲望（油っこくておいしいものを食べること）のための合理的な言い訳となるのですから。それで、高脂肪ダイエット、高脂肪レシピ本、高脂肪食品、そしてサプリメントなどの人気が高まっているのです。ご存じのとおり、高脂肪ダイエット商品が消費者の心理を突くキャッチフレーズ（「急速に脂肪を燃焼！」など）は科学的に言って、デタラメです。もし効果が見られたとしても、それは単に、総カロリー摂取量を大幅に減らしてTDEEとのカロリー差を大きくしたからであって、奇跡的に代謝が高まったのではありません。

もう1つの罠はホルモンです。特に、高脂肪ダイエットはホルモンレベルを最適化し、それによって身体面および精神面のすべてが向上する、と説く人がいます。男性が注目するのは通常、テストステロンとそれが体形にもたらす効果です。女性なら、生殖ホルモンとその受胎能力、そして月経への影響に関心があります。脂肪の摂取を減らすとホルモンの産生に負の影響をも

たらし、摂取を増やすと改善するというのは事実ですが、その影響は多くの人が思うよりも、ずっと少ないものなのです。さらに、適度な脂肪を摂取するダイエット法（脂肪摂取量が総カロリーの20％）と高脂肪ダイエット（脂肪摂取量が2倍）の生理学的差異は、ごく少量です。

　アメリカの国立ガン研究所が行った研究では、食物脂肪摂取量が異なる2通りのダイエットを行った男性対象者43人のホルモンレベルが分析されました。

　研究者らは対象者を2つのグループに分けました。

1. グループ1は総カロリーの19％を脂肪から摂った
2. グループ2は総カロリーの41％を脂肪から摂った

　5か月半後、高脂肪グループの対象者のテストステロン値は、低脂肪グループの対象者に比べて13％だけ高いことがわかりました。その差は少なく、身体の力と筋肉の増強への影響がないほどです。

　私の推奨する食事法は「低脂肪」あるいは「スーパー低脂肪」だと思う人もいるかもしれませんが、それは現在の食事がかなり高脂肪であるためにそう見えるだけでしょう。私の主要栄養素のガイドラインは、一般的な健康とパフォーマンスのために適切な脂肪量を提供するだけではなく、タンパク質や炭水化物のために十分な余地を残しています。しかも、それは科学的根拠に基づいているのです。

18 ワークアウト前とワークアウト後の食事の真実

> わたしはサッカーに情熱を燃やしている。だから毎日トレーニングして、エネルギーを供給する。そして、絶好のタイミングで闘志に火を灯すの。
>
> ─────── ミア・ハム (アメリカの女子サッカー選手)

以前、私にとってワークアウト前と後の食事は神聖なものであり、逸脱してはならない非常に大切な儀式のようなものだったのです。プロテインシェイクをワークアウト前と後に飲むことは必須でした。特に、ワークアウト直後の、アナボリックウィンドウ時 (筋細胞のタンパク同化能力がピークのとき) にプロテインシェイクを飲むと、筋肉量と筋力の増強を最大限に促進できると信じていたからです。

同じようなことを聞いたことのある人はきっと多いでしょう。長年、ボディビルダーや筋肉オタクたちは口を揃えて、ワークアウト後の栄養補給の重要性を説いています。しかし、実際どれほどこれが重要なのでしょうか。ワークアウトの前後に食べることで、どれほどの違いがあるのでしょうか。

結論から言いましょう。ワークアウト前後の食事は、不可欠というわけではありません。とはいえ、まったくメリットがないかというと、そうでもありません。

この章では、なぜワークアウト前後の栄養補給が当たり前のようになっているのか、ワークアウト前後の理想の食事とは何か、そして「アナボリックウィンドウ」とはいったい何なのか、に焦点を当てていきます。

まずは、ワークアウトの前の栄養補給について見てみましょう。

ワークアウトの前にタンパク質源を摂るべきか

ワークアウトの3〜4時間前にまったくタンパク質を摂っていないとしたら、30〜40グラムほどをトレーニングの前に摂るといいでしょう。数時間前にタンパク質を摂取していたら、トレーニングが終わるまで摂る必要はあ

りません。このアドバイスはある理由に基づいていますが、ワークアウト前の栄養補給について、さらに栄養素と筋肉増強の関係について理解を深めるため、その理由をここで簡単に説明しておきます。

ご存じのとおり、タンパク質は筋肉を増強するために大きな役割を担っていますが、その効果は次の2つに分けられます。

1. 筋タンパク質の合成率を上昇させ、筋タンパク質の分解率を抑える
2. 筋肉細胞を作るために必要な原材料（アミノ酸）を供給する

上記の理由により、筋肉の増強を促したければ、毎日適度のタンパク質を摂取する必要があるのです。

筋力トレーニングの前にタンパク質を補給することで、タンパク質の合成を促進できることは研究で証明されていますが、その効果が、ワークアウト前にタンパク質を補給しなかった場合と比べて格段に優れているという主張を裏づけるほど十分ではありません。むしろ、ワークアウト前のタンパク質を補給するかしないかは、食事全体を見て決めるべきなのです。

ワークアウトの3〜4時間前にタンパク質を摂っていない場合、筋肉のタンパク質合成率は最低レベルにあり、体の筋肉製造マシンは動いておらず、稼動再開するために次のタンパク摂取補給を待っている状態なのです。つまり、この休止状態は生産ロスの時間となります。正しい刺激と供給がないため、体は筋肉を製造することができません。したがって、筋肉細胞のタンパク質合成率が最低値に落ち込んだら、すぐにタンパク質を補給するのが理想的です。そうすることにより、体内のマシンが稼働しているあいだ、タンパク質合成による効果を維持することができるからです（また、就寝前にタンパク質を摂取すると、寝ているあいだに合成が促進されます）。

食べて4時間以上もたってからワークアウトをする場合は、筋肉製造マシンの休止状態をさらに長引かせることになります。そしてワークアウト後までタンパク質を摂取しないとなると、筋肉のタンパク分解率が上がります。そしてそれが合成率を超えてしまうと、結果として筋肉が減少することになるのです。

トレーニングの数時間前までにタンパク質を摂取すべきなのは、これが理

由です。それにより、体は筋肉細胞を成長させ、トレーニングによるアナボリック（同化）状態をさらに高めるために準備をするのです。しかし、ワークアウトの1〜2時間前にすでにタンパク質を摂取した場合、アミノ酸はまだ血液中に存在するため、インスリンレベルは上昇したままで、筋肉のタンパク合成もまだ活発な状態です。したがって、さらにタンパク質を摂取する必要はありません。

これは研究でも明らかになっています。タルトゥ大学による研究では、通常の食事の他にプロテインシェイクをワークアウトの前後に飲んだボディビルダーを調査したところ、ワークアウトの5時間以上前および5時間以上あとにプロテインシェイクを飲んだボディビルダーと比べて、著しい筋肉の発達は確認されませんでした。

■ ワークアウト前は炭水化物を摂取するべきか

ワークアウト前に炭水化物を摂取するとパフォーマンスが向上することは研究結果でも明らかです。特に、ワークアウトの15〜60分前に炭水化物を摂取すると、トレーニングで力をさらに発揮でき、ワークアウト後の回復と筋肉の発達を促してくれます。

トレーニング前に炭水化物を摂ることで、体に十分なグルコース（ブドウ糖）が供給され、それが吸収されてエネルギー源となります。グルコースの働きには次の3つがあります。

1. 筋肉のエネルギー源となるグルコースが多ければ多いほど、ワークアウトの成果が上がる（特にワークアウト時間が長い場合）

2. 血糖値が上がると、体は運動で使われるエネルギーを筋グリコーゲンから大量に引き出す必要がないために、筋肉組織内のグリコーゲン貯蔵量が維持される。これにより、トレーニングの成果が上がる

3. 筋グリコーゲンの貯蓄量が高まると、筋肉の発達を促す細胞内シグナルの伝達が良くなる

　だから、トレーニング前に炭水化物を摂取すると、ワークアウトでもっと力を発揮できて、さらには重量やセット回数も上がり、その結果、より早い成果を手にすることができるのです。また、これにより、筋肉を増やす身体能力を向上させることもできるでしょう。しかし、ワークアウト前の炭水化物摂取は、筋肉の増加には直接つながりません。残念ながら、炭水化物はタンパク質のような同化作用はないからです。

　では、どのくらいの量、そしてどのようなタイプの炭水化物をワークアウト前に摂取すればよいのでしょうか。研究によると、30〜40グラムの炭水化物をワークアウトの30分ほど前に摂ると効果があるとされています。果物やデンプン、単糖などが最適です。そこから一番好きな、自分の胃に合ったものを選んで摂取しましょう。プレワークアウト用の高価な炭水化物サプリメントを購入する必要はありません。これらは、マルトデキストリンやデキストロースなどの糖類が大量に入っており、ワークアウト前の炭水化物の摂取源としては悪くはありませんが、かといって特別大きなメリットがないからです。私のお気に入りは、オートミール、バナナ、ナツメヤシ、イチジク、メロン、ジャガイモ、白米、レーズン、サツマイモなどの、栄養価の高い自然食品です。

■ ワークアウト前に食物脂肪を摂取するべきか

　食物脂肪は摂取してもいいですが、必要はありません。ワークアウト前に脂肪を摂取すると、ワークアウトの効果が増すとの説は数多いですが、それを否定する科学論文も多いのが実際です。

　これまでの研究のなかでもすばらしいのは、ディーキン大学の研究者らによるものです。以下が結論からの抜粋です。

　よって、そのような方法（ワークアウト前に脂肪を摂取すること）はエクササイズの代謝に著しい影響を及ぼす一方（炭水化物利用を減らすなど）、エクササイズでの成果を上げるような効果は見られない。

これはまたしても、高脂肪ダイエットや低炭水化物ダイエットを否定する
ものです。

ワークアウト後にタンパク質を摂取すべきか

タンパク質は摂るべきです。ワークアウト終了後1～2時間以内に30～
40グラムのタンパク質を摂取するのはいいことです。ご存じのとおり、ト
レーニング後は筋肉中のタンパク質分解率が上昇し、タンパク質の合成率
を上回ります。筋肉の発達を促すには、これが逆転しないとなりません（合
成率が分解率を上回る）。そのために、食事によるタンパク質の摂取は大事なの
です。タンパク質の摂取は次の作用をもたらします。

1. タンパク質の合成を促すアミノ酸ロイシンを産生する
2. 筋肉中のタンパク質分解を抑制するインスリンの産生を促す

また、ワークアウト後にタンパク質を摂取すると、摂取しないときに比べ
て、タンパク質合成率が著しく高まるという研究報告もあります。

ワークアウト後に炭水化物を摂取するべきか

おそらく、炭水化物を摂るべきなのでしょう。ワークアウト後に炭水化物
を摂取すると、いろいろな形で筋肉の増強を助長するインスリン値が急増す
ると聞いたことがあるでしょう。ただ残念ながら、数々の研究はこの説を否
定しています。ワークアウト後に炭水化物を摂取しても、筋肉増加が加速す
ることはないのです。
ほんの少しインスリンが増加するだけで、筋肉中のタンパク質分解を抑え
ることができますし、これは適度にタンパク質を摂取していれば簡単に果た
すことができます。とはいえ、ワークアウト後の食事に炭水化物を加える
と、長時間にわたりインスリン値を高く保つことができ、それは筋肉発達の
観点から考えると好ましい状態です。先ほど述べたとおり、インスリンが筋
肉中のタンパク分解を抑制してくれるのですから。これが理由で、高炭水化

物ダイエットが低炭水化物ダイエットよりも筋肉増量に向いているとされる
のです。研究によると、高炭水化物ダイエットは、インスリン値を高め、筋
肉中のタンパク質分解を抑制して、結果としてより多くの筋肉を形成すると
明らかになっています。

　ワークアウト後に炭水化物を摂取するもう1つのメリットは、筋細胞中に
グリコーゲンを補給することです。体全体に筋グリコーゲンが貯えられる
と、ワークアウト後に力を回復し、気分も高揚します。しかし、同じ日に再
びトレーニングをしないかぎり、ワークアウトでの著しい成果は望めませ
ん。また、これも重要なことですが、体はグリコーゲンが補給されるまで、
脂肪のように炭水化物を貯蓄するということはありません。ワークアウト直
後に炭水化物を多く含んだ食事を摂るとよい、とよく耳にするのはこのため
です。体形づくりにこれが大きなメリットとなるのか、という点については
議論の余地がありますが、害にならないのは確かでしょう。

■ ワークアウト後に食物脂肪を摂取するべきか

　望むなら脂肪を摂ってもかまわないでしょう。ワークアウト後の脂肪摂取
を勧めない人もいます。その理由としては、脂肪は消化プロセスを遅らせ、
ワークアウト後に体が渇望しているタンパク質や炭水化物を吸収してしまう
ことが挙げられます。

　確かに、高タンパク質および高炭水化物の食事に脂肪を加えると、胃の消
化活動を弱めることになります。しかし、これにより脂肪はワークアウト後
の栄養素として効果が少ない、と考えるのは正しくはありません。食事に含
まれる脂肪はグリコーゲン補充にまったく影響を及ぼさない、また全乳は低
脂肪牛乳よりももっと同化作用がある、ということが多くの研究で明らかに
なっています。

■ 「アナボリックウィンドウ」とは何か

　アナボリックウィンドウについて触れないことには、ワークアウト後の食
事の話は終われません。一般的によく言われるのは、筋肉を最大限に増やす

には、ワークアウトを終えてから特定の時間以内（30〜60分以内）に食事を摂るべきである、そうしないとワークアウトの筋肉への効果が少なくなる、ということです。これは本当でしょうか。この答えは、最後にタンパク質を摂ったのはいつか、ということにかかっています。

　もしワークアウト3〜4時間前にタンパク質を摂取していなかったら、筋肉中のタンパク質の合成率は最低レベルになるでしょう。そうすると当然、ジムでワークアウトを終えた直後にタンパク質を補給するべきだということになります。さもないと、筋肉増加のスペシャルチャンスを逃すばかりか、次の食事まで体の筋肉製造マシンは稼働しないからです。

　ワークアウトをはじめる数時間前にタンパク質を摂取していたら、ワークアウト後の食事をいつ摂るかはさほど重要ではありません。体は食べたものをまだ消化しているので、ワークアウト直後に食べてもいいですし、次の食事まで3〜4時間ほど待ってもかまいません。

　ワークアウト前後の食事は、1日の食事のなかで一番大切であると言われています。しかし、これは正しくありません。あなたの食事プランが全体的に正しく設定されていることが最も重要であり、1日の特定の食事が他よりも優先されるべきことはないのです。つまり、日々の摂取カロリーや栄養素に気を配っていれば、食事のタイミングは結果に大きく影響を及ぼす要因ではありません。とはいえ、ワークアウト前後の正しい栄養補給は、長期的に見るとメリットがあります。なので、あらゆる機会を活用するのもいいことでしょう。

19 効果的な食事プランの作りかた

> 何を達成したかではなく、君の能力で何を達成すべきだったかによって、自分を評価しなさい。
>
> ―――――ジョン・ウッデン（元バスケットボール選手）

　筋肉を増やして脂肪を減らし、健康と身体能力を向上させるために、代謝がどのように働き、食事がどのような役割を果たすかということを、これまでに説明しました。ダイエットに失敗して、肥満で、不健康で、気分が落ち込んだままの人が星の数ほどいますが、あなたはそのようなダイエットの落とし穴を回避する知識を持ったことになります。それでもまだ少し気遅れしているとしても、それは無理のないことです。成功までの狭き道を勇敢に進んできた人は少ないですし、たいてい、そのような人は有名人や一流アスリートたちのために働く熟練したトレーナーや食事療法士、そして栄養士なのですから。しかし、あなたも同様のワールドクラス級の手段で、まもなく人生を変えることができます。

　この章では、効果的な食事プランの作りかたについて説明します。つまり、これからあなたは、順調に脂肪を落として筋肉を増大させるために、目標摂取カロリーと栄養素を各食事に正しく取り入れる方法を学ぶことになります。すべての食事を本書の方法で計画する必要はないのですが、カッティング、リーンバルキング、あるいはメンテナンスで効果が見られるまでは、「MyFitnessPal」などの、その場ですぐに計算できるアプリを使用したり、気分しだいで食べたりしないでください。

　これには2つの理由があります。

1. 食事プランは、これまでに学んだことを実践するための最も簡単で効果的な方法である。計算を間違えず、プランどおりに実行すれば、あなたの体形は確実に変わる

2. 食事プランを作ることで、さまざまな好物のカロリーや栄養素をより良く理解し、カロリー摂取量が変わると体がどう感じるか、エネルギーバランスの変化に体がどう反応するかを把握することができる

　私がこの数年間ともに仕事をしたなかで、直感的に体にベストな食事を摂っている人は、マスター級の食事プランナーと言えるでしょう。また、私を含めた多くの人が、知識を身につけて、もっと自発的に食べる選択ができるとしても、依然として食事プランに従っていることも言っておきます。食事プランは実際、楽な方法なのです。

　食事プランがあれば、何をいつ食べるべきか、1日の摂取量のうち、どのくらいのカロリーや栄養素が残っているか、どの食事にどれだけの時間やカロリーを費やすべきなのか、ということを考える時間やエネルギーを節約できるからです。このことは一考に値します。研究によれば、平均的な人は食事に関して1日200もの選択をしています。これは、心理学で「決断疲れ」と呼ばれる現象を引き起こします。

　忘れないでいただきたいのは、やる気は筋肉と同様、力尽きる前に利用することで効果が得られる、ということです。毎日さまざまなことで決断を迫られると、その重要度に関係なく、気力が失われていきます。そして、食べ物に費やす努力やエネルギーを他のもっと生産的で楽しいタスクに使うべきなのです。食事のプランを立てることは、そのような感情的・精神的なエネルギーを再生する、最も簡単な方法です。

　さあ、食事プランの価値がわかったところで、その作成方法について見ていきましょう。

■ 簡単に食事プランを立てる方法

　多くの人は、「フレキシブルダイエット」と聞くと、その簡単そうな響きに目を輝かせます。1日のタンパク質、炭水化物、そして脂肪摂取量の目標があり、それらの合計数値を1日の全食事カロリーに合わせるだけです。ところが、いざじっくりこれをやろうとすると、多くの問題で頭を悩ませることになります。

　さまざまな食事のカロリーや主要栄養素をどうやって知ることができるのか？　レシピと付き合うベストな方法とは？　外食してもいいのか？　アルコールを摂っても大丈夫か？　どの食事から計画すればいいのか？　もっといろんなものを食べたいとしたら？　──すべて、とてもいい質問です。そしてその答えはシンプルです。

食品に含まれるものを計算する方法

　すばらしい食事プランを作るためにまず知っておくことは、各食品の栄養成分表示の見かたを知ることです。パッケージに梱包された物であれば、そこに表示されている数値を読むことができます。とはいえ、ほとんどの食材は包装されておらず、食事の多くは、自分自身で切って調理する未加工品が多いはずです。それらの未加工品、あるいは栄養成分表示のない食品については、次のサイト（英語）がとても役に立ちます。

- CalorieKing (www.calorieking.com)
- SELF Nutrition Data (nutritiondata.self.com)
- USDA Food Composition Database (fdc.nal.usda.gov)

※訳注：日本にも同様のサイトがあります。
- 文部科学省・食品成分データベース (https://fooddb.mext.go.jp/search.html)

　私が上記のデータベースをよく利用する理由の１つは、各ブランドの商品も検索できるからです（クエーカーのオートミールなど）。たとえば、「CalorieKing」には、すべてのブランドの平均カロリーや主要栄養素に関する情報なども含まれています。
　食品に関する情報を上記のサイトで検索する方法は簡単です。

1. 食品名で検索する。特定のブランドや商品の情報が記載されていれば、それを入力する
2. 特定のブランドや商品の記載がなければ、「すべてのブランドの平均」を使用する

3. 上記2つが記載されていない場合、いろいろなキーワードで検索をして、おおよそを判断する。数値の幅があれば、中間の数値を使う

　食事プランに「Uncle Ben's」の米1カップを組み込みたいとすると、「CalorieKing」でこの商品の数値を見つけることができます。ブランドが特定できない米1カップを使う場合、米のタイプで検索し、全ブランドからの平均値を見ればいいでしょう。

　とにかく、食事計算を正しく行うことが、ここでのポイントです。だから、食べるものすべてを調理する前に量って、それぞれのカロリーや主要栄養素を明確にする必要があります。また、何食分もまとめて作る場合は、調理後にもういちど重さを量り、1食分の数値が正しいかを確認します。たとえば、450グラムの鶏肉を使って4食分を作るとします。そのために、まず450グラムの生肉を量り、調理し、そして4食分を均等に分けて量ります（このとき、調理後は鶏肉の重さが変わっているので、調理前の450グラムを単純に4で割ることはできません）。

　調理をしなくてもいい食品は、そのままの重さを食べる前に量るだけでいいでしょう。しかし、次の点に気をつけてください。重量ではなく容量で計るとき（計量カップやスプーンなどを用いるとき）、各値がほんの少しずれるだけで全体の値に大きく影響を与えます。小さじで山盛り1杯のピーナツバターでは、すりきり1杯と一見さほど変わらないように感じますが、50〜100キロカロリーを多く摂取することになります。

　また、食べるものをすべて残さず食事プランに書き込まなければなりません。すべてというのは、野菜、果物、調味料、ひと塗りのオイルやバター、そしてごく少量の食料品など、毎日あなたの口に入るものすべてです。

　本書の初版を読んだ読者の方々から、ごく一般的な食品のカロリーや栄養素の早見表があれば便利なのに、と貴重なご意見をいただきました。ですので、別表のようなリストを作りました。

タンパク質（100グラム当たり）				
食品	カロリー（kcal）	タンパク質	炭水化物	脂肪
鶏の胸肉（皮なし）	120	23	0	3
鶏のもも肉（皮なし）	121	20	0	4
牛ひき肉（赤身93：脂肪7）	152	21	0	7
七面鳥ひき肉（赤身93：脂肪7）	150	19	0	8
低脂肪ギリシャヨーグルト	59	10	4	0
脂肪を取り除いた牛サーロイン	127	22	0	4
低脂肪カッテージチーズ	72	12	3	1
スキムミルク	34	3	5	0
ホエイプロテイン アイソレート	345	76	10	0
全卵	143	13	1	10

炭水化物（100グラム当たり）				
食品	カロリー（kcal）	タンパク質	炭水化物	脂肪
サツマイモ	86	2	20	0
ジャガイモ	69	2	16	0
パスタ（精製されたもの）	371	13	75	2
白米	365	7	80	1
玄米	367	8	76	3
パン（精製されたもの）	266	9	49	3
大麦（精製されたもの）	352	10	78	1
オートミール	379	13	68	7
キヌア	368	14	64	6
レンズ豆	352	25	63	1

脂肪（100グラム当たり）				
食品	カロリー (kcal)	タンパク質	炭水化物	脂肪
アボカド	160	2	9	15
アーモンド	579	21	22	50
クルミ	619	24	10	59
ダークチョコレート	598	8	46	43
ピーナッツバター	598	22	22	51
オリーブオイル	884	0	0	100
キャノーラ油	884	0	0	100
バター	717	1	0	81
ハーフアンドハーフ	131	3	4	12
チェダーチーズ	403	23	3	33

フルーツ（100グラム当たり）				
食品	カロリー (kcal)	タンパク質	炭水化物	脂肪
バナナ	89	1	23	0
ブドウ	69	1	18	0
イチゴ	32	1	8	0
スイカ	30	1	8	0
オレンジ	47	1	12	0
ナシ	57	0	15	0
ブルーベリー	57	1	15	0
リンゴ	52	0	14	0
ラズベリー	52	1	12	0
マスクメロン	34	1	8	0

野菜（100グラム当たり）				
食品	カロリー (kcal)	タンパク質	炭水化物	脂肪
ブロッコリー	34	3	7	0
ズッキーニ	17	1	3	0
ニンジン	41	1	10	0
芽キャベツ	43	3	9	0
レタス	17	1	3	0
トマト	18	1	4	0
インゲン豆	31	2	0	0
タマネギ	40	1	9	0
マッシュルーム	22	3	3	0
アスパラガス	20	2	4	0

調味料（100グラム当たり）				
食品	カロリー (kcal)	タンパク質	炭水化物	脂肪
マヨネーズ	680	1	1	75
ケチャップ	101	1	27	0
バーベキューソース	172	1	41	1
ペストソース	418	10	10	38
マスタード	60	4	6	3
ホースラディッシュ	48	1	11	1
バルサミコ酢	88	0	17	0
醤油	60	11	6	0
タバスコ	12	1	1	1
チリソース	93	2	19	1

レシピのカロリーを計算する方法

　あるレシピからの料理を食事プランに加える場合、それぞれの材料のカロリーと栄養素を調べて、すべてを足し算し、その合計を食事の数で割る、というやりかたが一番安全で間違いがありません。レシピが外国の料理であったり入手困難な材料を使っていたりするなど、カロリーを調べることができない場合、そのレシピはあきらめたほうがいいでしょう。計量や計算が簡単なものが無難です。この観点から、レシピが簡単であればあるほど、食事プランを立てる作業が楽になり、失敗が少なくなると言えるでしょう。なので、時間と手間とお金のかかるレシピには手を出さないこと。そのようなレシピは、温め直すこともできないですし、計量するのも難しいのです。

　これは大事な点ですが、調理をするとき、たくさん（多くの材料、複雑な調理方法、長い調理時間）イコール良い食事とはかぎりません。いつでも、よく考え抜かれたシンプルなレシピが、凝っているだけで下手くそな食事より優れているのです。したがって、ここでいうベストなレシピは、簡単で早く、多くの材料を使わず、シンプルな調理器具と最低限の作業で、たくさん作れるものです。

　これらの条件に適ったレシピは、私のレシピ本『The Shredded Chef』やWebサイト『Muscle for Life』『Legion Athletics』で、たくさん見つけることができます。

　好みのレシピが高カロリーの場合は、カロリーを抑える方法がいくつかあります。

1. 焼いたりするものでなければ、使用するバターやオイルの量を減らす（可能であれば、いっさい使用しない）

2. 砂糖をノンカロリー甘味料に変える

　私の好みは、焼くにもいい、ステビア甘味料のトルビアです。オーブン料理で純ステビアエキスと卵白をいっしょに使うのもいい方法です。

3. 乳製品を、全脂肪から低脂肪に代える

　全乳をスキムミルク、全脂肪プレーンヨーグルトを０％あるいは２％のギ

リシャヨーグルト、生クリームをハーフアンドハーフ（牛乳と生クリームのミックス）に代えてみてください。

4. 油脂の多い肉を少ないものに代える（あるいは鶏肉に代える）

外食してもいいか

　一般的には、外食が少なければ少ないほど、ダイエットの成果は大きくなります。その理由は明らかです。外食ではカロリーコントロールができないからです。

　外食では、手のひらサイズの肉でも、通常たくさんのオイルやバターを吸収しているので、予想よりも120から150キロカロリー以上は高くなってしまいます。プレーンのパスタやポテト1カップは180～200キロカロリーほどですが、ソースや他の油脂が加わっていると、それだけで倍のカロリーになります。簡単な野菜料理でさえ、バターやオイル、チーズなど高脂肪の「隠れたカロリー」を多く含んでいます（野菜がおいしいと、その分よけいなカロリーを多く含むものです）。デザートに関して言えば、経験上、小さじ1杯で25～50キロカロリーはあるでしょう。

　したがって、外食するときは、特に大食いの人の場合、何を注文するのかよく気をつけなくてはなりません。もしも腹を満たそうとするなら、1回で少なくとも200グラムの油脂、そして2000～3000キロカロリーほどを食べることになるでしょう。

　熟練した「外食家」（そんな言葉があればですが）になる最初の一歩は、まずレストランで好んで食べるものの栄養素とカロリーをよく把握しておくことです。「CalorieKing」などのWebサイトで検索すれば、ほぼどんなタイプの食事でも数値を確認することができます。チェーンのレストランで食事する場合、メニューに関する情報も得られるはずです。

　なお、食べたい料理のカロリーをネットで見つけたら、それに20キロカロリーを加算することをお勧めします。レストランは実際のカロリーよりも少なめに報告していることが多いからです。該当する料理の正確なカロリーを見つけられない場合、「CalorieKing」で「全ブランドの平均」を見てみて、その数値に20キロカロリーを足してみてください。全ブランドを見ても平

均値が得られないときは、いろいろなキーワードで検索し、得られた数値に幅があれば、その中間の数値をとって、そこに20キロカロリーを加えます。これを繰り返すと、外食時のカロリーや栄養素を見積もるのがうまくなっていきます。そしてそのうち、一目見ただけで、どれを食べてもいいのか、どれを避けるべきなのかが判断できるようになります。それでもやはり、外食の頻度が増せば増すほど、1日の総カロリー摂取量をコントロールするのが難しくなるのは事実です。

アルコールを摂ってもいいのか

　アルコールに関しては、少量をごくたまに飲むだけでも、体重を落とすのが難しくなると断言する人がいます。しかしこれは、ちょっと奇妙な話です。実際、適度の飲酒は、重い体重ではなく、軽い体重と関連しているからです。

　また、研究によると、アルコールのカロリーは、他の食品のように体脂肪に影響を及ぼしません。サンパウロ大学が18〜74歳までの1944人を対象に行った研究では、研究者らも驚く結果が明らかになりました。アルコールの摂取カロリーが高まっても、他の高カロリー食品を摂取するときのように、体重は増えなかったのです。実際、定期的に飲酒する人は、飲酒しない人よりも平均16キロカロリー多く摂取し、ほぼ同等の運動をした結果、アルコールフリーの対象者と比べても体脂肪率は変わりませんでした。まるで、アルコールからのカロリーは摂取カロリーとは別枠のようです。

　似たような結果は、ホーエンハイム大学が減量中の肥満女性を対象に行った研究でも示されています。研究者らは、対象者を以下の2つのグループに分けました。

1. グループAは、1日の総カロリーのおよそ10%を白ワインから摂取した
2. グループBは、1日の総カロリーのおよそ10%をグレープジュースから摂取した

　2か月後の計測では、白ワインを摂取したグループAの対象者は、グレープジュースのグループBよりも、約900グラム体重が減っていました。

　この結果の要因として考えられるのは、次の2つです。第1に、アルコールは食欲を抑える可能性がある。それにより体重が減少し、インスリンの抵抗性が改善されて脂肪の分解を促します。第2に、そして、より重要なのは、体は摂取したアルコールをそのまま体脂肪に変える手段を持っていない、ということです。つまり、エタノール（アルコール）によるカロリーは、他の食品のカロリーのように、直接的に脂肪を増やすことができないのです。

　一方、第7章で述べたように、アルコールは脂肪の酸化を鈍くして、炭水化物が脂肪に変わるのを促進します。体脂肪はアルコールの摂取によって、このような間接的な方法で増えるのです。そのため、アルコールを飲み、なおかつ脂肪を減少させたいのであれば、次の3つに従うとよいでしょう。

1. 1週間に1日だけアルコールを摂取する
2. アルコールを摂取した日は、炭水化物と食物脂肪の摂取量を少なくする（タンパク質の摂取量は通常よりも多くする）
3. アルコールを飲みながら食べないこと。また、ビールやフルーツ味のものなど、炭水化物を含む飲料はいっさい飲まないこと（ドライワインとスピリッツのみに限定する）

最初の食事プランの作成方法

　さあ、基礎知識は十分なので今度は実践です。最初のステップは、あなたの好みのタンパク質源、炭水化物源、脂肪源を特定することです。これは、好みの野菜、果物、全粒穀物（「好みの炭水化物」のリストをまだ完成していない場合）、試してみたいレシピ、大好物の嗜好品などです。

　たとえば、私のリストはこんな感じです。

■ タンパク質：チキン、ポーク、ターキー（七面鳥）、卵、脂身の少ないビーフ、乳製品、プロテインパウダー

■ 炭水化物：イチゴ、バナナ、ブルーベリー、ジャガイモ、サツマイモ、パスタ、イングリッシュマフィン、米、オートミール、豆類

- 食物脂肪：オリーブオイル、チーズ、バター、アボカド、ナッツ類、肉類、乳製品、フィッシュオイル（サプリメント）

- 野菜：タマネギ、ニンニク、ブロッコリー、マッシュルーム、パプリカ、ニンジン、カリフラワー、サヤマメ、エンドウ、芽キャベツ

- レシピ：クリーミーブルーベリーバナナスムージー、カレーチキン、チキンとブロッコリーの炒めもの（もちろんすべて著書『The Shredded Chef』に収録したレシピです）

- 嗜好品：ダークチョコレート、菓子パン、低脂肪アイスクリーム、シリアル

　お気に入りリスト、あるいはこの章で使うリストを作成する一番簡単な方法は、Googleスプレッドシートやエクセルシートを使うことです。巻頭に掲載した本書のボーナス資料サイトにも、食事プランの簡単なテンプレートがあります。これをダウンロードして手を加えるのもいいかもしれません。

　では次に、あなたが選んだお気に入りの栄養成分を「CalorieKing」や「SELF Nutrition Data」、あるいは「USDA Food Composition Database」で確認しましょう。この作業で、いくつかの食品やレシピは非常に高カロリーである、あるいは目標達成のためには栄養素に欠けるということに気づくかもしれません。その場合、その食品をリストから除外してください。
　これで、あなたの食事プランで使われる可能性のある食品やレシピのリストができあがりました。そうしたら、次はプランを組み立てる作業に移ります。以下はお勧めの方法です。

1. 最初にワークアウト前後の食事プランを立てる
2. 他の食事にタンパク質源を加える
3. 果物と野菜を加える
4. デザートや嗜好品以外の炭水化物と、カロリー含有飲料を加える

5. 必要に応じてタンパク質摂取量を調整する

6. 必要に応じて脂肪を加える

7. 好みと必要に応じて嗜好品を加える

　食事プランを作成する際、カッティングであれば、目標摂取量の50キロカロリー以内、リーンバルキングあるいはメンテナンス中であれば、目標摂取量の100キロカロリー以内にとどめてください。

　では、上記のステップを個別に見ていきましょう。

1 ワークアウト前後の食事プランを立てる

　ここからはじめるのは、これらの食事がシンプルで簡単なのと、1日の総タンパク質と炭水化物摂取量のうち、かなりを占めているからです。

2 他の食事にタンパク質源を加える

　ここでやるべきなのは、あなたが必要とするほとんど（80％以上）のタンパク質をお好みのタンパク質源（肉類、魚類、卵、高タンパク質乳製品、大豆、プロテインパウダーなど）に適合させることです。

　今はまだタンパク質の総摂取量を100％にする必要はありません。炭水化物にもタンパク質が含まれるからです。

　また、タンパク質を加えるとき、飽和脂肪の摂取量に気をつけましょう（これは総カロリーの10％未満でなくてはなりません）。

3 果物と野菜を加える

　ビタミン、ミネラル、食物繊維など、体に十分な栄養素を与えるために、さまざまな果物や野菜を毎日摂取しなければなりません。このステップでのあなたの目標は、少なくとも1〜2カップ分の果物、2〜3カップ分の繊維質の豊富な野菜を食事プランに加えることです。

　繊維質の豊富な野菜には、次のようなものがあります。

　ルッコラ、ニンニク、アスパラガス、サヤマメ、チンゲンサイ、ケール、ブロッコリー、長ネギ、芽キャベツ、レタス、キャベツ、マッシュルーム、

ニンジン、タマネギ、カリフラワー、ラディッシュ、セロリ、ホウレンソウ、キュウリ、ナス、ズッキーニ

　食材によって栄養価が異なるので、その他のいろいろな種類の野菜や果物（特にカラフルなもの）も摂取しましょう。

４ デザートや嗜好品以外の炭水化物と、カロリー含有飲料を加える

　次は、あなたの食事に栄養価の高い炭水化物を追加していきます。全粒穀物（パン、玄米、オート麦、パスタ）、豆類（サヤマメ、インゲン）、塊茎植物（ジャガイモやその他の根菜）などです。そして、そこにフルーツジュース、牛乳、スポーツドリンク、アルコールなどの、栄養価のあるカロリー含有飲料も加えましょう。

　減量中（カッティング）の場合は、他の食品ほど満腹感の得られない、カロリーを含む飲料は食事プランから省きましょう。そのようなものを1000キロカロリー飲んでも１時間後には空腹になりますが、タンパク質や繊維を多く含む食品を1000キロカロリー分食べると、おなかは数時間満たされたままになります。カロリーを含むものを飲む人は、飲まない人に比べると過食になりがち、というのは研究報告にもあります。また、成人も子どもでも同様に、糖質を多く含む飲料を多く摂取することと体重の増加は明らかに関連があることがわかっています。

５ 必要に応じてタンパク質摂取量を調整する

　栄養価の高い炭水化物を加えたあとで、まだタンパク質が少ないようであれば、ここで加えましょう。簡単な方法は、好みのタンパク質源から１〜２食分を増やすことです。

６ 必要に応じて脂肪を加える

　次は、あなたの好きな（ヘルシーで）脂質の高い食品などで脂肪を補充する番です。バター、チーズ、オイル、ナッツ類、タネ類、アボカド（私のお気に入り）などです。ここで、飽和脂肪の摂取量が多くなりすぎないように注意してください。このステップを終了するときは、必要なタンパク質と栄養素

のすべて、そして炭水化物と脂肪のほとんどがプランに組み込まれているはずです。また、あなたのTDEEがよほど高くないかぎり、総カロリー摂取量の80〜90％になるようにしましょう。

残ったカロリーや主要栄養素をどうするかですが、すべての栄養価のある食品を少しずつ追加してもいいですし、あるいは以下のような方法もよいでしょう。

７ 好みと必要に応じて嗜好品を加える

ここで残されたカロリーは"任意"で摂るものです。つまりお好みで摂ってもいいですし、摂らなくてもいいものです。

すべてを1つにまとめる

食事プランの作成は、ジグゾーパズルを組み立てるのに似ています。ピースを山に積み上げ、なんとか作業を進めていく人もいれば、角からはじめる、凹凸や空白や色彩でグループ分けするなど、もっと規則正しくシンプルな方法をとる人もいるでしょう。

別表は、カッティング中、リーンバルキング中、メンテナンス中の、効果的で精密に作られた食事プランの例です。これらは本書のボーナス資料にも含まれています（巻頭のアドレスを参照）。

食事	食品	量（グラム）	カロリー（kcal）	タンパク質	炭水化物	脂肪
ワークアウト前の食事	低脂肪ギリシャヨーグルト	240	142	24	9	1
	バナナ	136	121	1	31	0
合計			263	25	40	1
ワークアウト						
朝食	低脂肪ギリシャヨーグルト	240	142	24	9	1
	無糖アーモンドミルク	300	45	1	4	3
	ブルーベリー	150	86	1	22	1
合計			273	26	35	5
昼食	鶏の胸肉（皮なし）	200	240	45	0	5
	ロースト・ガーリック・ポテト	1皿	242	6	43	6
	バター	10	72	0	0	8
合計			554	51	43	19
夕食	鶏の胸肉（皮なし）	200	240	45	0	5
	サツマイモ	300	258	5	60	0
	ブロッコリー	300	102	8	20	1
	バター	10	72	0	0	8
合計			672	58	80	14
夜食	低脂肪カッテージチーズ	360	259	45	10	4
合計			259	45	10	4
1日の合計			2021	207	207	43
1日の目標			2000	200	200	44

カッティング中の食事プラン（体重90キロの男性用）

食事	食品	量（グラム）	カロリー（kcal）	タンパク質	炭水化物	脂肪
			リーンバルキング中の食事プラン（体重66キロの男性用）			
朝食	卵白	120	62	13	1	0
	全卵	150	215	19	1	14
	全粒粉のパン	40	101	5	17	1
	ジャム	20	56	0	14	0
	バター	5	36	0	0	4
	合計		470	37	33	29
ワークアウト						
ワーク アウト後の シェイク	低脂肪ギリシャ ヨーグルト	340	201	35	12	1
	バナナ	136	121	1	31	0
	ブルーベリー	150	86	1	22	1
	オーツ麦	80	303	11	54	5
	スキムミルク	240	82	8	12	0
	合計		793	56	131	7
昼食	チキン・ペスト・ パスタ	1皿	412	31	38	17
	合計		412	31	38	17
おやつ	リンゴ	182	95	0	25	0
	合計		95	0	25	0
夕食	脂肪を 取り除いた 牛サーロイン	140	216	30	0	10
	玄米	120	434	9	91	3
	カレー味の ポテトと カリフラワー	1皿	230	12	47	1
	ダーク チョコレート	20	120	2	9	9
	合計		1000	53	147	23
	1日の合計		2770	177	375	76
	1日の目標		2700	169	371	75

メンテナンス中の食事プラン（体重80キロの男性用）						
食事	食品	量（グラム）	カロリー（kcal）	タンパク質	炭水化物	脂肪
朝食	卵白	150	78	16	1	0
	全卵	150	215	19	1	14
	オートミール	50	152	5	27	3
	無糖アーモンドミルク	240	36	1	3	2
	イチゴ	140	45	1	11	0
合計			526	42	43	19
ワークアウト						
ワークアウト後の食事	低脂肪ギリシャヨーグルト	340	201	35	12	1
	バナナ	136	121	1	31	0
	パン（精製されたもの）	28	74	2	14	1
	アボカド	60	96	1	5	9
合計			492	39	62	11
昼食	七面鳥のもも肉ロースト	250	395	65	0	15
	ニンジン	100	41	1	10	0
	エンドウ豆	100	81	5	14	0
	ジャガイモ	200	138	3	31	0
合計			655	74	55	15
おやつ	リンゴ	182	95	0	25	0
合計			95	0	25	0
夕食	サーモン	220	458	45	0	30
	玄米	170	615	13	129	5
	ブロッコリー	150	51	4	10	1
合計			1124	62	139	36
1日の合計			2892	217	325	81
1日の目標			2900	218	326	81

　もし、まだ最初の食事プランを作っていないなら、今すぐはじめましょう。時間がかかったとしても大丈夫です。ほとんどの人は、最初の食事プランの作成で30〜40分ほど必要ですが、それからは必要な時間がかなり短くなっていきます。できることなら、まずは最初の食事プランを仕上げてから、この先を読んでください。

■ バラエティに富んだ食事プランを作る方法

　あなたが本書の手法による食事プランに慣れていないのなら、しばらく後回しにしてもかまいません。しかし、毎日毎食同じものを食べていると、うっかり食べすぎたり、食べる量が少なすぎたりという危険性はだんだん少なくなっていきます。

　同じものを毎日繰り返し食べることを想像して、味覚が麻痺することを恐れる人も、実際にやってみると驚くほど簡単であることに気づくでしょう。自分の好きなものを食べているので、思うほど苦にならないものなのです。さらに、現在の食事を見直してみると、実は同じタイプの食事を定期的に繰り返し食べていることに気づくはずです。たいていの人は、朝食、昼食、夕食、そして間食の主要品目を順に回って食べているのです。食事プランを作ることは、単にあなたの目標に向かって習慣をシステム化するだけです。

　それでももし、食事プランのなかに多様な食品を盛り込みたいとか、もう少しハードルを上げてみたいなどの希望があれば、それぞれの食事（朝食、昼食、夕食など）の代替オプションを作ってみてもいいでしょう。

　要点は、代わりの食品を制限カロリーおよび主要栄養素の範囲内に収めることです。あなたの朝食が現在、30グラムのタンパク質、50グラムの炭水化物、そして15グラムの脂肪を含んでいるとすると、それらの数値を保ったまま、代替えの食品で朝食を作るのです。この方法であれば、それぞれの代替えオプションに合わせてプラン全体を修正する必要はありません。

　さあ、これで「ミラクルを起こす食事プラン」──必要なカロリー量、微

量栄養素量、主要栄養素量を正確に組み込み、好きなものを食べ、ライフスタイルに合ったプラン――の作成法がわかったわけです。もしもこの章まで読むのをやめたとしても、あなたはすでにダイエットを成功させるための知識を身につけました。とはいえ、伝授すべき重要なトピックがもう1つ残っています。それは「チート＝ズルをする」ことです。

　ここでのチートは、ダイエット中に効果を損なわない程度にズルをすることを言います。さあ、次の章に進みましょう。

20 ダイエットを台無しにせずに チートする方法

> 並はずれた努力を重ねるのではなく、毎日おきまりのワークアウトをこなし
> てチャンピオンになる人がほとんどさ。
>
> ─────**ダン・ジョン**（トレーニングコーチ）

　たまには、途中で投げ出すのも気持ちがいいかもしれません。がむしゃら
にすべてをコントロールしようとするのをやめて、ただ衝動に身を任せるこ
とができたら……。

　つまり、ときどき "普通の人間になる" ということです。これをダイエッ
トに当てはめると、食事プランを無視してチート、すなわちズルをすること
になります。カロリーを計算しなくてもいい。主要栄養素がどのくらいかなん
て頭を悩ませなくてもいい。自分が何を食べているのか、何を食べるべき
なのか、気にすることもありません。

　そうしたズルをするには、いくつかの方法があります。ほんの少しでもダ
イエットプランから外れてしまうとゴールに到達できなくなると信じる人も
いれば、禁じられた食品に手をつけなければそれでよしとする人もいます。
1週間に1回はカロリーのことを完全に忘れて、なんでもかんでも胃に入る
だけむさぼるという人もいます。ですが、そうした方法は正しくありませ
ん。確かに、成果を台無しにすることなく、そしてリストにある「認められ
た」食品を食べながら、ズルをすることは可能です。とはいえ、毎週なんの
代償も払わず、何も考えずに食べることはできないのです。正しい方法でズ
ルすることで、決めたプランを続行することも、ゴールに近づくことも楽に
なりますが、間違った方法で行うと、かなりのトラブルに巻き込まれること
になるでしょう。

　この章では、ズルをしながら目標を達成する方法を紹介します。そしてそ
れに伴う危険性を抑えながら、ズルを最大限に楽しむ方法についても説明し
ます。

「ズルをする」っていったいどういうことなのか

　ダイエットでズルをするということは、砂糖や乳製品、ダイエット産業が声高に非難する"汚れた"食品を食べることではありません。私たちが注目すべきことは、カロリー、主要栄養素、そして微量栄養素のみです。

　もし、あなたが何を食べるかよく考えずに、計画よりもカロリーの高いものを食べてしまったら、それはズルです。そして、栄養素の高い食事を栄養素のない食事にごっそり変えてしまったら、それもまたズルです。言いかえれば、ズルとは、高カロリーのものを食べること、あるいは普段の食事よりもずっと栄養価の低いものを食べることを指すわけです。

　当然ですが、ズルには欠点があります。高カロリーのものを頻繁に食べると、自分が望むように体重を減らすことはできません（むしろ体重が急増する可能性があります）。頻繁に栄養素を無視すると、栄養失調になるリスクが増します。だからといって、食事プランからまったく外れてはいけない、と言っているのではありません。それどころか、そうしたければ、するべきだと言っているのです。ただし、生産性を考えてズルをする必要があります。

　まずは、ダイエットでズルをするときの、回避すべき一般的な5つの過ちから解説します。

ズルによる5つの大失敗

　ズル自体は、過ちでも後ろめたさを感じるべきものでもありません。ときどき肩の荷を下ろすことは、全体的に見れば、あなたのダイエットをもっと楽しいものにしてくれるし、ダイエットに取り組む姿勢を改善して長期的な成果をもたらしてくれるからです。しかし、問題は、どのようにズルをするのかです。下記の5つのうち、1つでもおかしてしまうと、あとで痛い目に合います。

1. ズルを頻繁にやりすぎる
2. ズルい食事で食べすぎる
3. 1食分ではなく1日分のズルをする

4. 脂肪を摂りすぎる

5. アルコールを飲む

さあ、1つひとつを見ていきましょう。

1　ズルを頻繁にやりすぎる

　これは一目瞭然でしょう。頻繁に食べすぎると、体の総カロリー消費量との差のほとんど、あるいは全部を使い切ってしまい、脂肪の減少を鈍化させる（または妨げる）のです。リーンバルキング中の場合、カロリーの余剰分を膨らませて、あまりにも早く脂肪を増やすことになります。栄養面についても、栄養価を軽視しすぎると、健康を損ない、骨粗鬆症や不安症、物忘れ、疲労、筋力の低下など、数々の問題に直面することになります。

2　ズルい食事で食べすぎる

　多くの人は、ズルい食事を摂るときに、実際にどのくらいのカロリーを摂っているのかを認識していません。特にレストランで食べるときはそうです。結局のところ、プロのシェフの仕事はカロリーを意識した食事作りではなく、味覚に訴えるものを作ることなのですから。美味しいものには、バターやオイル、砂糖がつきものです。

　その好例を挙げましょう。タフツ大学の研究者らは、2011年から2014年にわたり、サンフランシスコ、ボストン、リトル・ロックの123の非チェーンレストランの360のディナーメニューを調査しました。研究の結果、レストランの食事は平均して約1200キロカロリーであることがわかりました。アメリカ料理やイタリア料理、中華料理のレストランはもっと悪くて、1食平均約1500キロカロリーになることがわかりました。

　もっと目に余る結果は、公益科学センター（アメリカの消費者保護団体）による研究で明らかになりました。チーズケーキファクトリーを例に挙げると、ブリュレ風フレンチトーストとベーコンのつけあわせは2780キロカロリー、飽和脂肪は93グラム、小さじ24杯分の糖分を含んでいます。また、チキンとローストガーリックのクリーミーファルファッレは、ちょっと軽めで2410キロカロリー、飽和脂肪を63グラム含んでいました。念のために言っ

ておきますが、それらの数値は1皿分です。ですので、ほとんどの人にとってはズルな食事はこれで終わりません。これにパンや前菜、デザートが加えられると、数値は恐ろしいほど膨らんでいきます。

　こうした数値を見たあとでは、次の研究報告に驚くことはないでしょう。イリノイ大学アーバナ・シャンペーン校による研究では、カロリー面から見ると、ファストフードもレストランで給仕される食事も、ほとんど差がないことがわかっています。要するに、私が言いたいのはこういうことです。食事でズルするとき、摂取するカロリーに気をつけないと、それまでの努力が水の泡になってしまうのです。

❸ 1食分ではなく1日分のズルをする

　たった1回レストランへ足を運ぶだけで、どれだけのカロリーマイレージを貯めるのかが、よくわかったと思います。これを1日分やってしまうと、どれほどの深みにはまることになるのか、もうおわかりでしょう。

　一例ですが、みんなが大好きな食品の、おおよそのカロリーを挙げておきます。

- ディープディッシュピザ：1切れ480キロカロリー
- アイスクリーム：1/2カップ270キロカロリー
- ベーコンチーズバーガー：1個595キロカロリー
- チーズケーキ：1切れ400キロカロリー
- フライドポテト：Lサイズ498キロカロリー
- チョコチップクッキー：大1個220キロカロリー
- クリームパスタ：1カップ593キロカロリー
- 具だくさんナチョス：1皿1590キロカロリー
- ペカンパイ：1切れ541キロカロリー

　ここからいくつかを選んで食べると、摂取カロリーは成層圏まで達してしまうほどになります。

4 脂肪を摂りすぎる

　炭水化物をたくさん食べると太ると思っている人は多いですが、これは間違っています。ズルをするときでも同様です。太るのは、脂肪をたくさん摂るからです。なぜそうなのかを理解するために、炭水化物と脂肪を摂取したときに体に何が起こるのかを確認しておきましょう。

　化学的にいうと、ブドウ糖は脂質を構成する分子とは性質が異なります。このため、ブドウ糖は脂肪として貯蔵される前に体に多く吸収されます。この炭水化物から脂質に変換するプロセスは、脂質生成（DNL）と呼ばれています。驚くことに、脂質生成は通常の食事では起こらないことが研究で報告されています。また、脂肪の増加には、炭水化物の摂取量が非常に高くなければならない（1日700～900グラムを数日間）ことが研究で明らかになっています。純粋なブドウ糖を大量に投与する場合や、高インスリン血症の（血中のインスリン値が一般の人よりも高い）人などは例外ですが、通常の食事を摂る健康な人だと、炭水化物が脂質に変換されることは、ほとんどありません。

　これがエネルギーバランスにどう当てはまるかを説明しましょう。もちろん、脂質生成によって脂質が増えないからといって、炭水化物を食べても脂肪が増えないということにはなりません。このことは誰しも経験済みでしょう。炭水化物を摂取すると、脂肪の酸化量が減少します。その結果、炭水化物といっしょに摂取した食物脂肪のほとんどが体脂肪として貯蓄されることになるのです。

　それでは、食物脂肪はどうなるのでしょう。炭水化物と比べて、どのように代謝されるのでしょうか。先ほども述べたように、食物脂肪の代謝はそれとは異なり、体脂肪として貯えられやすいのです。これが理由で、高脂肪の食事は高炭水化物の食事よりも脂肪の増加につながることが研究で報告されています。また、これらの結果は、低脂肪ダイエットは低炭水化物ダイエットよりも効果が高いというアメリカ国立衛生研究所の研究報告を裏づけています。その他の研究でも、高脂肪を摂る人は過食になりやすいこと、そして低脂肪を摂取する人より高脂肪の食品を多く食べる人に肥満が多いことが明らかになっています。

　それならば、非常に高カロリーの炭水化物と非常に低カロリーの食物脂肪を摂れば、代謝システムをハッキングできるだろうと思っている方、そのア

イデアは賞賛に値しますが、とてもお勧めできません。そのような試みは健康に良くないだけではなく、脂肪摂取が少なすぎると、脂質生成が高まり、脂質貯蔵量も増えることになるからです。

5 アルコールを飲む

第7章で説明したとおり、アルコールは脂肪酸化量を減らし、脂質生成を促進します。このダブルパンチと過食を同時に行うと――特にアルコールにはつきものの、油っこい、脂肪の多いものを食べると――脂肪は最大限に増加します。1週間に大きなグラス1〜2杯だけでも、アルコールをズルな食事といっしょに摂取すると、それまでに落とした脂肪が体に戻ることになり、それを再び落とすのは容易ではありません。

■ ダイエットを台無しにしないでズルをする方法

やってはいけないことがわかったところで、次は正しいズルのやりかたについて説明します。

1. ズルは週に1回だけにする
2. カッティング中の場合、ズルな食事でのカロリーを平均ＴＤＥＥ未満に抑える
3. リーンバルキング中の場合、ズルな食事でのカロリーを平均ＴＤＥＥの130％未満に抑える
4. その日の食物脂肪の摂取量は100グラム未満にする
5. 賢くアルコールを摂取する

これらのポイントを1つひとつ見ていきましょう。

ズルは週に1回だけにする

カッティングやリーンバルキング、メンテナンスなど、ダイエットの目的に関係なく、ズルは週に1回だけにします。1回の食事でズルしてもいいですし、ズルの量を1日の食事に均等に分けるやりかたでもかまいません。そ

うすることで、リラックスして、何も気にせずに楽しむことができるように
なります。

② カッティング中の場合、ズルな食事でのカロリーを平均TDEE以下に抑える

　ズルな食事からの過剰カロリーすべてを１食あるいは２食分の食事とすることで、減量中のときには無理だったものでも食べることができます。１食でたくさん食べたければ、その日の他のところでタンパク質だけ摂るなどして、摂取カロリーを"節約"してもいいでしょう。私のように１食分の大きいズルをしたい人には、この方法が向いています。たとえば、私のズルい食事は、ほぼ毎回、夕食です。その日は数時間ごとに１品目のタンパク質を摂りますが、通常の量の炭水化物と脂肪は摂取しません。このようにすると、夕食では、炭水化物や脂肪のカロリー枠に余裕があり、その日の平均ＴＤＥＥとの差も、まだ大きいままキープできます。

　朝食をズルするときでも手法は同じです。その日の分の炭水化物および脂肪カロリーのほとんどを摂取し、そのあとの食事では、ほぼタンパク質のみを摂取するようにします。

③ リーンバルキング中の場合、ズルな食事でのカロリーを平均TDEEの130％以下に抑える

　カロリー摂取量が消費量を上回ると、体は筋肉と体脂肪の両方を増すための準備態勢を整えます。なので、リーンバルキング中にズルをすると、あっというまに体脂肪を増やしてしまうのです。カロリー摂取を急上昇させると、想像以上に急速に、ウエストのくびれは消えていくでしょう。

　したがって、リーンバルキング中にズルをするときは、カロリー摂取量を増やしてもいいですが、調子にのってやりすぎてはいけません。実のところ、私がリーンバルキングでズルをするときは、先ほどのカロリー節約法を使って、１日の許容摂取量（ＴＤＥＥ）を上回らないように心がけています。

④ その日の食物脂肪の摂取量は100グラム未満にする

　これは、カロリーをしっかりコントロールするばかりでなく、脂肪の増加

を最小限に抑えるための方法です（ご存じのように、1グラムの食物脂肪は9キロカロリーです）。したがって、ズルをするときでも、大好物の脂質の多い食事をむさぼるのではなく、高炭水化物の食品を摂るようにしましょう。そうすることで、体の脂肪貯蓄がすぐに増えることもなく、カッティング中でも他のメリットを手に入れることができます。カロリーを抑えるダイエットでの欠点の1つは、全身の脂肪細胞から放出されるレプチンというホルモンの値を低下させることにあります。

　わかりやすく言うと、レプチンは脳に体内のエネルギーが余っていることを伝え、体がもっとエネルギーを消費し、いつもと同じ量を食べ、いつもと同じ量の運動ができるようにします。しかし、脂肪を減らすためにカロリー制限をすると、レプチン値が低下し、エネルギー補充のために消費量を減らしてエネルギー摂取量を増やすように脳に指令が出ます。これは、基礎代謝率を下げたり、身体運動レベルを減らしたり、食欲を促したりするなどの身体メカニズムを介して実行されます。レプチン値を上昇させると、これとは逆の作用が起こります。カロリー制限をやめると気分が良くなり、食欲が元に戻るのはこのためです。

　カッティングによって低下するレプチン値を逆転するには、カロリー不足の状態から抜け出さなくてはなりません。緊急に1～2日ほどカロリー摂取量を増やすことで、一時的にレプチンの産生を高めればよいのです。そうすることで代謝を回復させることができます。このためにとりわけ効果的なのは、炭水化物を大量に摂取する（体重1ポンドにつき2グラム以上）ことが研究でわかっています。これは「リフィーディング」と呼ばれ、2つのメリットがあります。炭水化物を含む大好物を食べることができ、そのおかげで身体的・精神的な活力が再び湧いてくるのを感じることができるのです。

5　賢くアルコールを摂取する
　前章でも述べたように、賢いアルコールの摂取法は以下の通りです。

1. 1週間に1日だけアルコールを摂取する
2. アルコールを摂取した日は、炭水化物と食物脂肪の摂取量を少なくする
   （タンパク質の摂取量を通常よりも多くする）

3. アルコールを飲みながら食べないこと。また、ビールやフルーツ味のもの
   など、炭水化物を含む飲料をいっさい飲まないこと（ドライワインとスピリッ
   ツのみに限定する）

　手っ取り早く言うと、飲みすぎない、ズルな食事といっしょに飲まない、
ということです。

....

　多くの人が"何をしても"不思議なことに"体重を減らせない"とか、
けっこう健康的な食生活を送っているはずなのに"奇妙にも"体の調子が悪
い、というのは、ズルな食事を間違った方法で摂っているために起こる現象
です。そのような人たちは、丸1週間の飢餓状態を自分に強いて、一度は落
ちた脂肪を週末に取り戻していることに気づいていないのです。また、とき
どき果物や野菜をわずかに食べるだけでは、体が必要とする栄養素が摂れて
いないこともわかっていません。

　しかし、正しくズルをやれば、この世で最高のものを手に入れることがで
きるのです。

　定期的に自分を甘やかしても、過度に脂肪を増やすことなく、健康を害す
ることもありません。そして、そこから得られる満足感は大きいものになる
でしょう。いずれ目標を達成したときの、たくましく、しなやかな体を鏡で
見る喜び、その充実感が格別であるのは言うまでもありません。

最後に必要な
トレーニングのアドバイス

究極のワークアウトプラン
―筋力トレーニング

> 汝はその技に熟練している人を見たか。その者は王の前に立つであろう。
>
> ―――旧約聖書「箴言」22章29節

　あなたが平均的な男性であれば、どんな体形が理想であるのか、かなり具体的な希望があるでしょう。筋肉質でアスリートのような体になりたい。腹筋や全身に筋肉が欲しい。シャツがはち切れんばかりの胸や背中、腕が欲しい。筋肉質の上半身につり合う、とはいえジーンズが履けるくらいの、力強くしなやかな脚が欲しい。

　もちろん、こうしたことをかなえることは可能です。トップクラスのトレーニングに生涯を費やさなくとも、魅力的になることができるのです。肝心なのは、自分が何の目的のために何をしているのかを把握していなければならない、ということです。炭水化物抜きダイエット、あるいはファンクショナルトレーニング（機能訓練）をしたからといって、ギリシャ神話の神々のような体にはなれないからです。そのためには、ジムで他の男性とは違ったアプローチをしなければなりません。実は、信じられないかもしれませんが、もっと健康的で楽しい、おまけに継続しやすい方法があるのです。

　この章では、そのアプローチを分解して説明しましょう。これは、次のような簡単な方式で表すことができます。

2-3 | 4-6 | 9-15 | 2-4 | 3-5 | 1-2 | 8-10

　残念ながら、これは秘密の暗号ではないので、解読は不要です。ですが、ここにあなたがずっと夢見ていた体を作る「秘密」が隠されています。ご存じのとおり、本書のプログラムは、賢く効率的なウエイトリフティングを核にしているわけですが、この方式はそれに従う手順を示しています。

　世の中には非常に多様なウエイトリフティングのプランが出回っていて、中には優れているものもあります。しかし、あなたがごく普通の男性で、先

述のような目標を達成したいのであれば、この方式しかありません。これが最もシンプルでわかりやすく、短期間で周囲が振り向くようなボディを手に入れることができる方法だからです。最高の体形を手に入れたあと、次のレベルまで自分の体力とフィットネスを高めたいなら、効果的なトレーニング法について学ぶことはたくさんありますが、それについてはまた別の機会に譲りましょう。

　ここでは、プロセスをできるだけ実行しやすくして、確実に、早く、目覚ましい成果を上げていただきたいと思っています。だからこそ、上記のような数値化されたレシピに沿った、非常に具体的なトレーニング方法をお伝えします。

　さあ、1つひとつに目を通していきましょう。その後に、進行やエクササイズのテンポなど、その他のいくつか重要なトレーニング要素が続きます。

■ 2-3：各ワークアウトで2〜3の主要筋群を鍛える

　ワークアウトを体系化するには、さまざまな異なった方法があります。たとえば、1週間に何回も全身を鍛える（フルボディスプリット）、上半身と下半身を日替わりで鍛える（上半身・下半身スプリット）、あるいは、異なった主要筋群を日替わりで鍛える（ボディパーツスプリット）という方法です。本書では、「プッシュ・プル・レッグ」あるいは「ＰＰＬ」と一般的に呼ばれている、1回のワークアウトで2〜3の主要筋群を鍛える方法を採用しています。

　このタイプのルーティンが長いあいだ支持されてきたのには、以下のような理由があります。

- すべての主要筋群を鍛えることができる
- 回復するまでに十分な時間がとれる
- いろいろなトレーニング目的、スケジュール、トレーニング歴に合わせてデザインすることが可能

　また、「プッシュ・プル・レッグ」のルーティンはわかりやすく、基本的には、次のように主要筋群を3つのワークアウトに分けて鍛えます。

1. 胸、肩、三頭筋 (プッシュ)
2. 背中、二頭筋 (プル)
3. 脚 (レッグ。通常、ふくらはぎを含む)

　そして、このルーティン頻度は1週間に3回〜6回ですが、それは、あなたにどれほどの体力があるのか、あなたが何を目指して、またジムでどのくらいの時間を費やすことができるのかによって決まります。

■ 4-6：各ハードセットで4〜6をレップ

　まずは、あらためて用語について説明しましょう。

「レップ (rep)」は、レピティション (repetition) を短くした言葉で、ウエイトを1回、上げて下げる反復のことを言います。たとえば、ダンベルで二頭筋カールをしているとすると、ウエイトを体に沿って上に持ち上げ、そして再び元の位置に下げたら、1レップと数えます。

「セット」とは、特定のエクササイズにおいて、あらかじめ決められたレップの回数を言います。二頭筋カールで6レップやり終えたとすると、6レップを1セットしたことになります。

「ハードセット」は、ハードな筋力作りのセットのことで、テクニカルな失敗をおかす (つまり正しいフォームでレップができなくなる) 直前の限界状態までレップをします。本書のワークアウトでやってもらうのは、4〜6レップです。つまり、ほとんどのハードセットを、少なくとも4レップはするが、6レップ以上しなくてもよい、という意味です。

　ほとんどの男性の場合、1レップマックス (最大重量) の80〜85％のウエイトを用いたワークアウトをすることになります。なぜ、このレップ回数なのかというと、その理由は2つあります。

1. 研究によると、筋力向上において、一番効果的である
2. きついですが、ほどほどのきつさで、ウエイトをきちんとコントロールできる強度である

　おそらく本書では、あなたが慣れているよりも、もっと重いウエイトを上げることになるでしょう。ですが、それがまさしく本書の狙いなのです。多くの男性向けウエイトリフティングのプログラムは、軽めのウエイトを多くのレップ回数でリフティングするように組んであります。確かに筋肉肥大はできますが、研究によれば、重いウエイトと少ないレップ回数のほうが、ずっと効果的なことがわかっています。

　レーマン大学とヴィクトリア大学によるメタ分析（数種類の研究の解析）は、重いウエイト（1レップマックスの60％以上）で少ないレップ数のトレーニングと、軽いウエイト（1レップマックスの60％以下）で多いレップ数のトレーニングを比較したケース21件を検証しました。研究者は、両方のトレーニングで筋肉量の発達を確認しましたが、重いウエイトでのトレーニングのほうが、より筋力を強化することを突き止めました。

　その研究者の1人、ジェームズ・クリーガーは作家で私の友人でもあるのですが、私のポッドキャスト（www.muscleforlifepodcast.com）でのインタビューで、軽めのウエイトでのトレーニングでは、筋不全（ウエイトを動かすことができなくなる）まで、あるいはそれに近い状態になったときのみ、筋肉が増大するという結果を報告しました。

　そのようなトレーニングをやることはもちろん可能ですが、非常に困難です。もしそれを試したいなら、1セット20レップのバーベルスクワットをしてみてください。最後の1～2レップほどになると筋肉がギブアップ寸前となりフォームが崩れてくるはずです。それをもう1～2セットやって、さらに2日後に再びやらないとならないとすると、どうでしょうか。つまり、多いレップ回数は筋肉量の増大には効果的かもしれませんが、それにはかなりのマッチョ精神が必要となります。そして、ほとんどの人は、そんなことをやりたいとは思わないはずです。

　幸運なことに、そんなことをやる必要はありません。重めのウエイトでトレーニングをすればいいのですから。それが筋肉量を増やすのには同様かそれ以上の効果があり、さほど苦しまなくてもいい方法なのです。先ほど私は、ほとんどのハードセットを4～6レップと言いました。すべてというわけではありません。これについてはのちほど詳しく説明しますが、結論だけ

言うと、最終的にはあなたはすべてにおいて4〜6レップをこなすことになります。ただし、いくつかのアイソレーション・エクササイズ、たとえば、ダンベルサイドレイズやリアレイズ（肩）、ケーブルフライ（胸）、そしてケーブルクランチ（腹筋）などでは、重いウエイトを使うことはありません。

9-15：ワークアウトにつき9〜15のハードセットを行う

　本書のワークアウトでは、ウォーミングアップのあと、9〜15のハードセットを行います。世の中には他にもミニマリスト的プログラムはありますが、私の提示する回数は、たいていのプログラムよりもはるかに少ないはずです。試しに雑誌やWebサイトを見ると、25〜30セットのワークアウトが次から次へと見つかるでしょう。

　私は、たくさんのセットを要求するつもりはありません。というのは、重いウエイトをテクニックの質が落ちる寸前の限界まで上げるときにこそ、筋肉増強につながる強い刺激を得ることができるからです。つまり、逆効果になる前にできることは限られているのです。

2-4：新しいハードセットをはじめる前に2〜4分の休憩を入れる

　ほとんどの人はジムで体を動かして汗をかいているわけで、セットのあいだにただ座っているのが時間の無駄づかいのように思えるかもしれません。だから、多くの人が休憩をなるべく短くするか、人によっては常に体を動かしていたいため、まったく休憩をとらない傾向にあります。

　筋力トレーニングは筋肉を限界まで追い込むことが重要です。したがって、セット間で十分な休憩をとることは、筋肉が力を最大限に発揮できるように準備することなので、このプロセスで欠かすことができないのです。

　このことは、数々の研究ではっきりと実証されています。ブラジルのパラナ連邦大学の研究では、対象者がベンチプレスとスクワットを2分間の休憩を挟んで行ったところ、休憩が15秒ずつ短くなったとき（1分45秒、1分30秒、1分15秒など）と比べ、1回のワークアウト当たりのレップ数が有意に多くなることが発見されました。これは重要なポイントです。というのは、レップ

数の総量が筋肉増強において大きく貢献していることを意味するからです。

　また、リオデジャネイロ州立大学の科学者による広範なウエイトリフティングの研究では、次のことがわかっています。

　　急性反応における最も重要な知見は、負荷が1レップの最大負荷50％〜90％でトレーニングした場合、セット間に3〜5分の休憩をとることで、複数のセットにおいて、より多くのレップが可能になったということだ。さらに、慢性適応に関しては、セット間で3〜5分の休憩を入れることでトレーニングの強度やボリュームが増すために、絶対的な筋力の増加が大きくなった。また同様に、セット間で3〜5分間の休憩をとった場合のほうが、1分の休憩をとった場合よりも、さらに高レベルの筋力が確認できた。

　イースタンイリノイ大学の研究者による同様の研究でも、結果は次のとおりです。

　　本研究では、セット間で最低2分の休憩をとり入れたスクワットにおいて、著しい筋力の増強が確認され、セット間4分の休憩の場合は、さらなる向上が見られた。

　同様の研究をもっと挙げることはできますが、休憩の効果はすでに明らかでしょう。筋肉量と筋力を増強するために重いウエイトでトレーニングする場合、各ハードセットのあいだに3分ほどの休憩は不可欠というわけです。

　ここでの方式を3ではなく「2−4」とした理由は、二頭筋、三頭筋、そして肩などの小筋肉群のハードセットのあいだは、少し少なめに休憩してもいいからです。逆に、背中や脚などの大筋肉群のハードセットで、心拍数が下がりきっていなかったり、次のハードセットで最大パフォーマンスを発揮するためにもう少し休憩が必要だと感じたりした場合は、少し長め（4分）の休憩を入れるようにします。

　あなたが世間で主流となっているウエイトリフティングのプログラムに慣れているなら、こうした方法はとても奇妙に感じるでしょう。ワークアウト

よりも長い時間休憩することで、後ろめたささえ感じるかもしれません。でも、それは普通の反応なのです。このタイプのトレーニングに体がどのように反応するかわかってくると、その不安は消えて、休憩を楽しむことすらできるようになります。私は休憩時にはタブレットで電子書籍を読むことにしています。

3−5：ほとんどの主要筋群を3〜5日おきに鍛える

　多くの人は、頻繁にトレーニングしないと筋肉が鍛えられないと思っています。それぞれの主要筋群を週に2〜3回しっかり鍛えないと、成果が得られないと信じて疑わないわけです。このような主張がTwitterやYouTubeなどでよく語られていますが、彼らは細部にとらわれて全体を見ていません。どのくらいの頻度で各々の主要筋群をトレーニングできるのか、そしてやるべきなのかは、次のことを考慮に入れる必要があります。

- ワークアウトのスケジュール
- 目指している体形
- ワークアウトの強度（重量）
- ワークアウトのボリューム（ハードセットの回数）

　あなたが週に3回ウエイトリフティングができて、下半身よりも上半身を強化したいとすると、毎週3回全身のワークアウトをするのは意味がないことになります。その代わり、時間と労力の大半を上半身に集中したいと思うはずです。

　トレーニングの強度やボリューム、頻度の関係はかなり複雑で、ワークアウトルーティンを作るにはさまざまな方法がありますが、ここで挙げるのは、たった1つのルールです。結果を左右する、絶対に曲げることができない包括的なルールです。それは、

「強度とボリュームを増やすごとに、頻度を減らす」

　というものです。つまり、スクワットやベンチプレスを週に3回してもかまわないが、ワークアウトごとに10回のハードセットはできない、という

ことです。

　さらに、そしてこれはもっと重視すべきポイントですが、筋肉量と筋力を増強するには、研究でも明らかになっているように、トレーニングの頻度よりも、ウエイトがどれほど重いか、そしてどれくらいのハードセットを毎週実行できるかが鍵となります。言い換えれば、重いウエイトを使ったトレーニングにおいては、頻度というものは、週の各主要筋群を鍛えるハードセットの目標を達成するのに利用する調整ツールでしかないのです。1回のトレーニングで目標のボリュームに到達するのか、それとも3回に分けるのかは、筋肉への効果を考えるとたいした違いがないということに、多くの人は気づいていません。

　このあとの章でも解説していきますが、本書では下半身よりも上半身に重点をおいてトレーニングします。平均的な男性であれば、脚や臀部よりも、胸や肩、腕を鍛えるほうが大変だからです。

　でも心配はご無用です。下半身のトレーニングがおろそかになったり、下半身が貧弱に見えたりはしません。腰から下すべての筋肉を十分に発達させるために、下半身用のボリュームは十分に考慮されているのですから。

■ 1−2：1週間で1〜2日の休みをとる

　Twitterで「#nodaysoff」(休みなし)とハッシュタグをつけて検索すると、尽きることのない献身や決意を自慢げに語っている人たちをたくさん見ることができるでしょう。彼らの努力は賞賛に値します。しかし実際には、週7日もトレーニングすると(特に減量中)、体力も気力も消滅する「燃え尽き症候群」への一途をたどります。重たいウエイトリフティングは時に、かなり過酷に感じることもあるはずです。ハードセットはきついのです。筋肉に鞭を打つわけですから、関節や腱が痛むし、神経系では危険ランプが定期的に点滅することになります。

　ハードセットは筋肉を強化し、筋肉美を生むための健康的かつ必然的な適応プロセスです。とはいえ、筋肉以外の疲労も体に蓄積され、それはスピードやパワー、テクニカルな動作やエクササイズの能力の低下を引き起こします。平たく言えば、激しいトレーニングで消耗してしまうわけです。それ

は、どちらかというと純粋な体力の問題ではなく、感覚や感情的なものであるという研究もありますが、強度の高いトレーニングは間違いなく過酷です。したがって、それとどう向き合うべきか、対処法を知っておく必要があるのです。それを無視して続けると、オーバートレーニングによって、次のような症状が現れることもあります。

- 休養しても回復しない苦痛や疲労、衰弱
- 不眠
- 食欲不振、意図せぬ体重の減少
- 過敏症、不安感、イライラ、情緒不安定
- 心拍数の不規則な上昇または下降
- 集中力の欠如
- うつ状態

　そのため、私は週に6日以上の本格的な運動（レジスタンストレーニングと強度の高い有酸素運動）をしないことをお勧めします。その際に、激しい身体活動のない日を1日設けます（ただし、強度のかなり低い有酸素運動やスポーツ、水泳やウォーキングやゴルフは問題ありません）。

　また、カロリー不足の場合は、週に2日、レジスタンストレーニングをやめるのもお勧めです。

■ 8-10：8～10週間ごとに控えめなトレーニングをする

　オーバートレーニングによる健康被害を防ぐには、他にも効果的な方法があります。それは、ワークアウトにときどき休養をとることです。簡単なやりかたとしては、次の2通りです。

1. 定期的にワークアウト強度やボリュームを減らす（デロード）
2. 定期的に5～7日、ウエイトリフティングを休む

　本書では、上記の2通りを実践してもらって、どちらがあなたに合ってい

るかを見るつもりです。でも、ウエイトリフティングを１週間休んでも、太ることも筋肉が衰えることもないので、ご心配なく。

　さあ、章のはじめで述べたすべての方式の説明を終えたので、本書トレーニングの他の重要な面も見てみましょう。

ダブルプログレッション

　第10章で学んだように、ウエイトリフティングの最も重要な側面の１つは「漸進性（プログレッション）」です。頻度や強度、ボリューム、そしてワークアウトの成果を左右する他の要因についてどれほど考えをめぐらせても、正しいステップアップ法を理解していないと著しい向上は望めません。これは、筋トレの長いプロセスで起こる停滞期を回避し、その状態を抜け出すためのポイントでもあります。

　ウエイトリフティングのワークアウトを進める数々の方法のなかで、特に私が気に入っているのは、ダブルプログレッション（２段階の漸進）です。ダブルプログレッションでは、既定のウエイトおよびレップレンジでワークアウトをし、特定数のハードセット（通常１〜２、あるいは３）のレップ最高数を終えたら、ウエイトを重くします。そして、重量アップしたあとの最初のハードセットで、まずはレップレンジの最低値である１レップ、あるいは２レップができたら、引き続きその重量で、レップレンジの最高回数に達するまでワークアウトを続けます。

　しかし、重量アップ後にレップレンジの最低レップ数やその１つ上のレップ数まで達することができない場合は、選択肢が２つあります。それについては、本書の後半で説明することにしましょう。このモデルでは、レップ数を上げるためにワークアウトをし、ウエイトを上げるために漸進性をうまく利用するという方法をとっています。だから「ダブル（２段階）プログレッション」というわけです。

　実際の例を見てみましょう。仮にあなたがスクワットをレップ数４〜６のレンジで行うとします。まずは１回目（あるいは２回目）のハードセットで102キロ・６レップを完了します。

　本書では、１ハードセットで６レップに達したら、レベルを上げる、つま

りウエイトを上げることを推奨しています。そうしてバーに4キロを付加し、2～3分休憩し、次のハードセットで4レップを行います。

1つステップアップに成功しました。今度はこの106キロで、1ハードセットを6レップできるまでワークアウトします。ここで6レップに達したら、またウエイトを上げる、といった具合に続いていきます。

では、ここで次の重要な問題に移りましょう。ハードセットはどのくらいハードであるべきなのでしょうか？　もし、ダブルプログレッションの効果を最大にしたいなら、それぞれのハードセットで1～2レップをテクニックの質が落ちる直前、つまり正しいフォームを保つことができなくなる直前の限界までやるべきです。要するに、ハードセットはかなりハードにやる、ということです。

それでは、筋肉がまったく動かなくなるまでセットをこなす、というのはどうでしょうか。それは、筋肉量と筋力の増強にはさほど意味がなく、たいていの場合、フォームが崩れることになり、ケガの危険度も増すだけです。筋肉が疲労してくると、人は自分の体で何をしているのか把握する能力を失い、実際は適切なフォームを維持していないのに、そうしていると錯覚してしまいます。比較的簡単なアイソレーション・エクササイズよりも、テクニカルスキルを必要とするデッドリフトやスクワット、ベンチプレスなどのコンパウンド・エクササイズにおいては、とりわけその傾向が強くなります。

漸進については第29章でもっと詳しく解説します。ウエイトを上げて4レップができなかったら、あるいは他の障害に突き当たったらどうすればいいのか、ということも、そこで説明します。

■ 正しいレップテンポ

「レップテンポ」とは、どのくらい速くウエイトを上げ下げするかという意味で、2つの基本的なテンポがあります。

1. レップをかなり速くする
2. レップをかなりゆっくりする

　スローテンポ派の人は「筋肉が知っているのはウエイトではなくテンションだ」とよく言います。テンションをかければかけるほど、筋肉はそれに応じて増強される、というわけです。彼らは、ゆっくりとレップをこなすことで、筋肉にテンションがかかっている状態が長くなり、その結果、速いレップよりも筋肉が増強すると信じているわけです。

　スローレップでテンション状態が長くなることは事実ですが、それだけでは注目に値しません。第1の理由としては、既定のウエイトでエクササイズをゆっくりやると、こなせるレップ数が少なくなります。遅さの度合いにもよりますが、速いテンポの場合の半分あるいは半分以下のレップ数しかこなせないかもしれません。これは重要なポイントです。なぜかというと、先にも述べたように、既定の筋肉群を使ったワークアウトの総レップ数は、筋肉増強で一番の要だからです。

　確かに、スローレップは普通のテンポよりも難しく感じるでしょう。しかし、研究によれば、生産性は低くなり、結果として筋肉量と筋力が増強する可能性は少なくなってしまうのです。スローレップでのトレーニングは多くの研究で検証され、普通のテンポと比較して劣っていることが報告されています。いくつかの事例を挙げましょう。

■ シドニー大学の研究によると、対象者が速いトレーニングテンポでベンチプレスを行ったところ、スロートレーニングよりも筋力が増強された

■ ウィスコンシン大学の研究では、トレーニング経験のない対象者にスクワットしてもらったところ、従来のトレーニングのテンポで強度を向上させることがわかった

■ オクラホマ大学の研究によると、4週間の従来のレジスタンストレーニングは、スロートレーニングよりも、筋力増強において、より効果的であることがわかった

　したがって、すべてのウエイトリフティングのエクササイズを、従来の「1-1-1」レップテンポで行うことをお勧めします。各レップの最初の部

分（伸張性あるいは伸張段階、または場合によっては、同心あるいは収縮段階）にはおよそ１秒かけ、次は１秒（あるいはそれよりも短く）動きを停止し、レップの最後の部分にも同様におよそ１秒かける、というのが最適です。たとえば、スクワットだと、正しい位置に体を下げるまで１秒、そして１秒停止したあと、すばやく上体を起こす、という具合です。

■ ワークアウトのためのウォーミングアップ

多くの人たちがやっているウォーミングアップはあまり意味がありません。たとえば、20分のトレッドミル、そのあとのラバーバンドを使用したツイスト、ホッピング、ベンディングなどのウォーミングアップのことです。

もっと効果的にウォーミングアップする方法はたくさんあります。ウォーミングアップをすれば、ワークアウトのときに肉離れをしないで済むとか、筋肉細胞の温度を上げると損傷しにくくなるなどと思っている人は多いはずです。動物実験では、確かにそうなのです。ウサギの場合、筋肉と腱の温度が上がると、肉離れせず、もっと強い力に耐えることができることが実証されています。しかし、私たちはウサギではないので、動物の研究結果をそのまま人間に適用することはできません。

ワークアウトで徐々にウエイトを上げていくとき、体は壊れるまで機械的に動いているわけではありません。人間の体には複雑なシステムがあり、筋肉の収縮を管理し、筋肉温度以上のさまざまなことに関与しているのです。つまり、ウエイトを持ち上げる前に筋肉細胞をウォーミングアップすることで本当にケガを防げるかどうか、決定的な証拠はまだないのです。

ウォーミングアップをすれば損傷しにくくなるという研究報告もあれば、そうでないと逆を唱える研究もあります。全体的に見れば、前者の知見に傾いているようですが、大局的な見地からすると、それはさほど重要ではありません。

ただし、ウォーミングアップはケガのリスクを低減できないと言っているわけではありません。ウォーミングアップを正しく行ったとしても、筋繊維への急性損傷を防ぐことはできないかもしれませんが、それでも全体としてはケガを防ぐのに役立つことは確かでしょう。その理由は簡単です。ウォー

ミングアップはテクニックの向上に一役買っているからです。今までコンパウンド・ウエイトリフティングをしたことがあれば、テクニカルな失敗をおかす直前の、筋力の限界状態に近づくにつれて正しいフォームを維持することがどれほど難しいか、おわかりでしょう。

　スクワットをしているときに膝が崩れる、ベンチプレスをしているときに手首がねじれる、デッドリフトのときに腰が曲がってしまう、という経験は誰しもあるのではないでしょうか。それらのテクニカルな失敗を防ぐ最善の方法の１つは、ハードセットの前にウォーミングアップセットをすることです。そうすればフォームを修正して、正しい型に戻すことができるようになります。

　練習にウォーミングアップセットをすることは、もちろん、何においても上達への近道になります。スクワットやベンチプレス、そしてデッドリフトを正しく何度も繰り返し行うことで、それらの基本型が定着するのです。これは特に初心者にとって重要なことです。ウエイトリフティングをはじめたばかりのときは、深刻な損傷を招くほどの強い力を持っていないので、テクニックが未熟でも許されます。スクワットで体重の半分のウエイトで10レップやるだけなら、ケガをする可能性は低いですから。

　しかし、力がつくにつれて、すべて変わっていきます。ウエイトが重たくなっていくと、間違ったフォームはかなり危険です。また、短いウォーミングアップルーティンはパフォーマンスレベルを著しく向上させ、その結果、筋肉量と筋力が増強されるという研究結果も出ています。筋肉細胞は体温で影響される化学反応によって動いていますが、体温が通常よりも少し上昇すると、筋肉が収縮する力も上がります。ウォーミングアップすれば筋肉への血流も良くなります。それによって、エネルギー作りに必要な酸素や栄養素を体に送り込むことができるのです。

　それでは、どのようにウォーミングアップすればいいのでしょうか？　本書でも、ワークアウトで鍛えようとしている各主要筋群を温めたり、ワークアウトでいい成果を出す準備を整えたりするために、それぞれの主要筋群のエクササイズの前に、いくつかのウォーミングアップセットをやってもらうことになります。

　下半身強化のために、スクワットやレッグプレス、レッグカールと、順番

にトレーニングするとします。まずは、スクワットのためにウォーミングアップをし、それからハードセットに入ります。次はレッグプレスですが、そのための主要筋群はスクワットの場合と同じなので、ウォーミングアップを省いてもかまいません。同様のことがレッグカールでも言えます。スクワットとレッグプレスを終えたあとは、ハムストリングスは十分に温まっています。このように、スクワットのウォーミングアップセットは、ワークアウトすべてのウォーミングアップセットになるわけです。

　次の例は、全身ワークアウトで、スクワットやベンチプレス、ショルダープレスを順番にこなす場合です。この場合、まずスクワットのウォーミングアップをしてからハードセットに入り、そのあとベンチプレスでウォーミングアップしてからハードセットを行います。スクワットはプッシュ系の筋肉を含まないからです。その後、肩はベンチプレスで主要な役割を果たすので、そのあとはすぐにショルダープレスのハードセットに進めます。

　このことをはっきりさせるために、もう1つ例を挙げましょう。デッドリフトやバーベルローイング、二頭筋カールの順でプル系のワークアウトを行う場合、先ほどの例から、どのようにワークアウトをすべきでしょうか。

　そうです。まずはデッドリフトのウォーミングアップセットをしてからハードセットを行うのです。そのあとの2種のハードセットのためのウォーミングアップは、同じ筋肉をすでにデッドリフトで鍛えたので、必要ありません。

　最後の質問は、それではどのような方法で、それぞれのエクササイズに合ったウォーミングアップをすればいいのか、です。ここで簡単で効果的なルーティンを伝授しましょう。これで、ハードセットのパフォーマンスに支障をきたさない程度のウォーミングアップが可能となります。

1. ハードセットの50%ほどのウエイトで10レップし、1分の休憩をとる
2. テンポを上げて同じウエイトで10レップを行い、1分の休憩をとる
3. ハードセットの70%ほどのウエイトで4レップし、1分の休憩をとる

　以上です。これでハードセットのための準備は万端です。

2つの秘密兵器：強度とフォーカス

　すばらしいワークアウトをしているときは、どんな気分か想像できますか。力がみなぎり、やっていることに完全に集中できる。ウエイトが軽く感じられ、思った以上に自分の力を出せる。ジムを出るときには充実感を覚え、生気に満ちあふれている。ほとんどの人は、すばらしいワークアウトができるか否かは物理的要因によると思っているようですが、これは間違っています。正しい食事と十分な睡眠、ストレスを溜めないことなども大事ですが、精神的なものも、大きな要素なのです。

　そのなかでも大きな2つのポイントは、トレーニングにおける強度とフォーカスです。うなり声や気合の入った大声を発しながらハードセットをこなせと言っているのではありません。ヘッドフォンでデスメタルをガンガン鳴らしながらやることも、スクワットラックに入る前に周囲に強さを見せつけるような演技をする必要もありません。私が言う強度とは、ワークアウトにつぎ込む肉体的、精神的な努力のレベルのことです。成果を得るために、どれだけ集中して自分を駆り立てているか、ということです。

　高強度のワークアウトは、まるでタンクの底の物をすべて出し切るような感覚です。各セットを覚悟をもって行い、全力を出し切れば可能なレップを、絶対にやりきるのです。

　一方、フォーカスとは、今やっていることへの集中力のボリュームのことです。フォーカスされたワークアウトは、目の前のすべきことに専念することであり、昨日観たテレビ番組やインスタグラムのコメント、あるいはパートナーとのケンカについて、あれこれ思いを巡らせることではありません。説教するつもりもないですし、各セットの前に瞑想せよというつもりも毛頭ありません（ただし、メンタルイメージ化は実際のパフォーマンス向上に一役買うという研究結果があります）。しかし、何かをしているとき、そのことに専念することには意義があります。

　本書は、あなたが高い強度とフォーカスをワークアウトで維持できるようにデザインされていますが、これらを供給するのはプログラムではなく、あなた自身だということを忘れないでください。

デロードウイーク

　デロードウイークとは、トレーニングの強度 (ウエイト) やボリューム (ハードセットの数) を減らす週のことです。週80ハードセットがトレーニングのルーティンであるならば、デロードウイークでは、ボリュームを半分に (たとえば40セットに) 減らしたり、強度を大幅に (一般的に、通常のハードセットの50%に) 減らしたりします。

　デロードの主な目的は次の4つです。

1. 溜まってきている神経系の疲労を軽減させる
2. 関節と靭帯への負担を軽減する
3. 損傷のリスクを軽減する
4. 精神的なストレスを軽減する

　あえて5つめを挙げるなら、筋肉への負担を軽減することですが、これは、上記の4つに比べると、さほど重要ではありません。

　デロードの基本理論は、体がどれくらい肉体的ストレスに対処できるかについての研究が基本となります。まとめると以下の通りです。

1. 刺激を与える (エクササイズ)
2. 刺激を取り除く (休養と回復)
3. 体が次の刺激に、より良く対処できるようになる

　この体の適応によって、筋肉量や筋力、およびスピードや敏捷性が増し、テクニックも向上します。これは「超回復」と呼ばれるもので、このプロセスを図で表すと次のようになります。

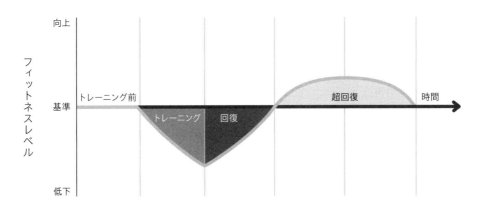

　質のいい睡眠状態を維持したり、エネルギーバランスを正しく管理したり
するのと同じように、デロードは前記の２つめ（刺激を取り除く）に当たる方
法で、その目的は３つめ（適応）をサポートすることにあります。どのくらい
の頻度でデロードウイークを取ればいいのか、という問いに対する一般的な
答えはありません。休息を必要とするまでの時間も、苦痛に耐えられる力
も、人それぞれだからです。とはいえ、８〜10週間ごとに、激しいトレー
ニングから休息をとる１週間を取り入れることが妥当です。カロリー不足の
場合は、肉体的ストレスがかかって回復力が低下しているため、６〜８週間
ごとにデロードウイークを組み込んでください。

　年齢とトレーニング歴も考慮すべきポイントです。40代のワークアウト
で見られる大きな変化は、それまで以上に回復に重点を置く必要があるとい
うことです。20代の若者たちと同じくらいハードなトレーニングができて
も、回復という点では、どうしても時間がかかってしまうのです。

　私が偶然発見したことですが、ウエイトリフティングの初心者は、ベテラ
ンほど頻繁にデロードする必要はありません。実際に初心者は６〜８週間、
あるいは10週間も、休息の必要性を感じないことが多いのです。トレーニ
ング歴が長くなればなるほど、ウエイトの絶対重量や、限界に挑戦する気力
でも自信の面でも、ワークアウトはだんだんハードになっていきます。

ですから、初心者かどうかにかかわらず、定期的なデロードの週を予定に組み込むべきでしょう。デロードの週があると、頑固になって休息を拒否して（私に責任があるのかもしれませんが）、うっかりオーバートレーニングになるなどということもありません。体がトレーニングにどのように反応するか、もっとわかるようになると、デロードのタイミングにも大らかに対応できるようになるでしょう。

　次のような症状が現れると、あなたもデロードの必要性を感じるはずです。停滞状態に陥って進展しなくなる、体がズキズキ痛む、睡眠の質が低下する、トレーニングのモチベーションが下がる、ワークアウトが実際よりもハードに感じる、などです。デロードの必要性に気づいたら、すぐにそれに対処しましょう。

ウエイトリフティングによるケガを防ぐ方法

　ウエイトリフティングでのケガは、激しいワークアウトのせいではなく、それまでのワークアウトから完全に回復していないせいで起こることが多いです。最近はネットでもいろいろな映像が出回っていて、ベンチプレスの最中に胸筋が断裂した、バーベルが曲がるほどのウエイトでスクワットをしていて転倒した、あるいはデッドリフトで腰の骨を砕いたなどの例を見ることはできますが、そのような最悪のケースは、そうそう起こるものではありません。

　現実では、ウエイトリフティングのほとんどのケガは潜行性で、取り返しのつかないことになる前に路線変更する時間は十分にあるのです。激しいスクワットをした翌日に膝が固く感じても、大丈夫だと思ってトレーニングを継続したとします。その数週間後に、スクワットの最中に膝が痛み出したものの、「苦なくして成果なし」と思い込み、またスクワットを続行。さらにそれから数週間後には、膝の痛みがやまなくなります。これは「反復運動過多損傷」（RSI）と呼ばれ、アスリート全員の悩みの種です。休息するには及ばないほどの痛みでも、パフォーマンスや進歩を妨げるには十分なほど厄介なものなのです。

　幸運にも、ほんの少しの休息をとるだけでRSIを防ぐことができます。

実のところ、それが唯一の方法なのです。ＲＳＩになった場合、その原因となった（そして続けることで悪化することになる）活動、および症状を長引かせる活動を停止しなければなりません。それは通常、ある特定のエクササイズをしないということですが、場合によっては、ケガが回復するまで他の筋肉群のトレーニングもすべてやめる必要があります。つまり、本当の損傷は避けることができますが、ほんのちょっとの痛みやストレス、過労は避けることはできないのです。といっても、それらをできるだけ食い止める予防対策がないわけではありません。

　では、どうすべきなのかを次で説明します。

痛みを感じるなら、やらないこと

　常識のように聞こえるかもしれませんが、「常識」というものは必ずしもすべてが常識でないことは、誰しも知っているはずです。このルールは簡単です。どこか痛むなら、ただちにそれをやめること。この「痛み」は、筋肉痛でも、テクニックの質が落ちる寸前に起こる、焼けるような感覚のことでもなく、「苦痛」を指します。もし、１レップが顔をしかめるほど痛みを引き起こすなら、すぐに動作を止めなければなりません。苦痛は警告であり、何かがおかしいということです。それを無視してしまうと、あとから面倒なことになりかねません。

　痛みを感じるなら、動作を止め、２分ほど休憩してから、エクササイズを続行します。それでもまだ痛むようなら、他のことを行い、次のワークアウトでそのエクササイズに戻って様子を見る。それでもまだ痛みがあるようなら、他のエクササイズにする。痛みを感じているのに、特定のエクササイズに固執してはなりません。感じているものが痛みなのか、それともトレーニングによるつらさなのかわからないときは、次のことを自問してみるといいでしょう。

1. その痛みは体の両側か、それとも片側だけか

　エクササイズを正しく行えば、体の左右両側にほぼ同じくらいのストレスがかかっています。したがって、もし片側だけが強く痛むようなら、それは筋肉痛や疲労ではなく、深刻な問題である可能性が大です。

2. 痛みは関節あるいは特定箇所のまわりに集中しているか

　このタイプの痛みは、筋挫傷や肉離れが比較的まれなので、最も起きやすい痛みの種類です。筋肉あるいは関節の痛みやこわばりは、ウォーミングアップを正しくやれば通常なくなるものですが、本当の痛みは残ります（実際のところ、悪化することが多い）。したがって、限局性の痛みが走ったり疼いたりするときは、痛みが完全になくなるまで動作を止め、痛みの発生源への負担をなくすべきなのです。

徐々に進歩する

　ウエイトリフティングで一番ケガをしやすいのは、貪欲になるときです。特に自分が強くなったように感じる日だったり、ジムの誰かの前で自分をかっこよく見せようとしたり、ただ単に早く成果を上げたかったりするときは、嫌な予感がしたとしても重いウエイトにチャレンジしてしまいます。これは、たいてい過ちのもとです。こういうことをやると、フォームを大幅に崩す可能性が高くなり、関節や靭帯に耐えられないほどのストレスがかかることになります。その結果、トレーニングから完全に回復することが難しくなってしまいます。

　もっと賢く、結果的に最も効果があるアプローチは、ゆっくりと着実に行うものです。初心者なら、最初の数か月にわたって1〜2週間ごとに4キロのウエイトを加えることができればたいしたものです。熟練者で贅肉がなく引き締まった体形の人は、それぞれの主要エクササイズで週に1レップ増やす（つまり数週間ごとにウエイトを加える）だけで十分な進歩です。

良いフォームにこだわれ

　全身の筋力を10％以上増強するための奇妙なトリックを知りたいですか？　それは、ひどいフォームでやることです。

　間違った、いい加減なフォームでエクササイズを行うと、楽に早く、その日の目標を達成でき、一時的な充実感に浸ることができるでしょう。でもそれは、長い目で見ると、賢い方法ではありません。

　「レップをごまかす」ことは、バーのウエイトを増やすのには簡単な方法で

すが、それはトレーニングの質を下げ、ケガのリスクを増やすことにつながります。ウエイトリフティングの目的は、できるだけ重たいウエイトをつけて危険なリフティングをすることではなく、大きな動きで重たい負荷を慎重にコントロールすることにあります。これはケガを防ぐだけではなく、それぞれのレップ、エクササイズ、そしてワークアウトを遂行しやすくし、結果的に筋肉量と筋力を増すためなのです。そして特に、スクワットやデッドリフト、そしてベンチプレスのようなコンパウンド・エクササイズにおいては重要なことなのです。こうしたエクササイズは本質的に危険ではありませんが、一番重たいウエイトと、ほとんどのテクニカルスキルを使うからです。

　最後の１～２レップをダンベルカールや水平上げなどのアイソレーション・エクササイズにおいてごまかすのと、バーベルプルあるいはプレスでごまかすのとでは、大きな違いがあります。目標に早く到達したいがためにフォームを崩してはいけません。その代わりに、それぞれのエクササイズのための正しいフォームを習得し、それを維持するようにしましょう。

....

　これで、あなたは長期的な筋肉トレーニングで成果を得るための強力な計画書を手に入れたわけです。贅肉のない美しい輪郭の胴体。大きくてパワフルな胸。強く彫刻のような腕と肩。これらすべては、この計画に従いさえすれば、あなたのものになります。実際、これは最後の戦略となるかもしれません。というのは、あなたの体を徹底的に改造するために必要なパワーが、ここに十分、備えられているからです。

　そしてなによりもすばらしいのは、この方法は、あなたが楽しんでトレーニングできるように導いてくれるということです。このアプローチで、比較的短くてモチベーションを上げるワークアウトが可能となります。常に一貫した結果が手に入り、疲労や燃え尽きを感じることもないので、トレーニングが楽しくなるはずです。もし過去にウエイトリフティングや筋トレに嫌気がさしたことがあったなら、これが再び夢中になれるチャンスかもしれません。あなたがまったくの初心者でも、楽しい時間を過ごせるはずです。

22 究極のワークアウトプラン
——有酸素運動

　ワークアウトのことになると、ほとんどの人は、「もっと」がベターだと信じています。もっと筋肉をつけたいなら、もっとヘビーなウエイトトレーニングの時間を増やすべき。そして、もっと筋肉のキレを良くするには、ジムでステアクライマーのワークアウトをもっと増やすべき、ですよね？

　答えはノーです。

　精神面はレジスタンストレーニングと何かしらの関係があります。向上を図るために常に筋肉に過負荷をかけなければならないわけですが、自分のしていることをしっかり把握していないと、うっかりオーバートレーニングを引き起こしてしまいます。しかし、有酸素運動は筋トレとは異なります。有酸素運動をたくさんするのは心臓の持久力を高めるためであり、筋肉を作りたい、あるいは脂肪をなくしたい、健康でいたいだけなら、有酸素運動はみんなが思うほど重要ではありません。

　本章では、有酸素運動の意義を学び、皆さんの熱心な質問に対して答えていきます。たとえば、次のような質問です。

- 体重を減らすには、どれくらい有酸素運動が必要なのか
- 筋肉をつけるために、有酸素運動は必要なのかそうでないのか
- 有酸素運動の限度は？　やりすぎるとどうなるのか
- どのタイプの有酸素運動がベストなのか。その理由は？

　この章の終わりまでに、ゴール達成のための有酸素ルーティンを設定する方法を学びます。

体重を減らすには、どれくらい有酸素運動が必要なのか

　数十年ものあいだ私たちは、健康になるためにはランニングやサイクリングをしなければならないと教えられてきました。これに低脂肪ダイエットが結合して90年代の行動指針となり、主流となりました。脂っこい食べ物はご法度で、トレッドミルに1時間以上乗らないと、なまけ者と見なされたのです。しかし、そのようなワークアウトやダイエット法はそれほど成功しませんでした。肥満率は上昇の一途をたどり、脂肪を筋肉に変えてスリムになるにはどうすればいいのかということに、人びとはいっそう頭を悩ませるようになりました。

　科学的な進歩と、エビデンスに基づいた研究を世に広めるフィットネスコミュニティの努力のおかげで、今の私たちには多くの知識があります。たとえば、脂肪を摂れば太るとはかぎらない、歩き回ればやせられるというわけではない、などということを知っています。

　したがって、私の有酸素運動に対する見解はこうです。有酸素運動を好んでやっているわけでなければ、そんなことはもうやめて、その時間と労力を自分の目標を達成させるために使うべきだ、ということです。もし、有酸素運動を楽しんでやっているというなら、筋力トレーニング、回復、あるいは健康を害さない程度に続けるといいでしょう。

早く脂肪を落とすための有酸素運動ベスト1

　あなたはどちらを選ぶでしょうか。4分の休憩を入れた、40〜60秒間の全力疾走か。それとも、60分間の傾斜ウォーキングでしょうか？　私なら全力疾走を選びます。長くてつまらない運動よりも、短くてハードな運動のほうがいいからです。

　ここでもっと大事な質問をしましょう。上記のどちらの運動がたくさん脂肪を燃焼させるでしょうか。ほとんどの人は、ウォーキングと答えるでしょう。ですが、それは間違いです。ウェスタンオンタリオ大学の研究者たちは、全力疾走はきわめて多くの脂肪を燃焼させるという研究結果を発表しています。これは偶発的な結果ではありません。同様の研究は多くあり、どれ

も同じ結果が出ています。数字を見てみると、その差は歴然としています。17〜27分の強度の高い有酸素運動を１セッションすることで（そのうちのほとんどは、クールダウンのための強度の低い運動）、60分間の従来の有酸素運動よりも多くの脂肪を燃焼させることがわかっています。研究によると、このスタイルの有酸素運動は、特に腹部の脂肪、たとえば健康を害する内臓を覆う脂肪を取り除くのに効果的です。

　有酸素運動のなかでも強度の高いスタイルは、一般的に高強度インターバルトレーニング、あるいはＨＩＩＴ（High Intensity Interval Training）と呼ばれ、科学的にもその効果が実証されています。従来の一定負荷の低強度運動（ＬＩＳＳ：Low Intensity Steady-State）よりも、数倍効果的に脂肪を燃焼させることができるのです。ＨＩＩＴでは、全力疾走と低強度運動を交互に行います。考えかたはシンプルです。高強度運動のときは、全力を尽くし、そして低強度インターバルのときは次のダッシュのために息を整えます。

　ＨＩＩＴの利点に関する正確なメカニズムは完全には理解されていませんが、研究者たちは次のような要因を特定しています。

- 最高24時間の新陳代謝率が上昇する
- 筋肉中のインスリン感受性が向上する
- 筋肉中の脂肪燃焼率が上昇する
- 成長ホルモン値が上昇する
- カテコールアミン（脂肪分解を促進する化合物）値が上昇する
- エクササイズ後の食欲が減少する

　最近では、高強度インターバルトレーニングや、その脂肪燃焼パワーについてはよく聞かれるようになりましたが、ほとんどの人はその正しいやりかたを知りません。どのくらい高強度インターバルが「高強度」である必要があるのか、どのくらい休憩時間はしっかりとる必要があるのか、ワークアウトはどのくらいの時間が必要なのか、ＨＩＩＴセッションはどのくらいの頻度でやるべきなのか、と疑問に思った人も多いでしょう。

　まずは、どのくらいハードな高強度インターバルトレーニングがいいのかを考えてみましょう。ＨＩＩＴに関する研究を調べてみると、エクササイズ

の強度は「VO2max」(最大酸素摂取量) のパーセンテージで示されているのに気づくことでしょう。これは、エクササイズ中に酸素が取り込まれる最大量で、耐久力を決定づけるための主な要因となります。

　HIITに関するほとんどの研究においては、対象者は高強度インターバルトレーニング中に80〜100％の VO2max に達しています。この数字は、ジムにおいては実用的ではありません。なぜなら、エクササイズ中にVO2max を概算するのが難しいからです。あなたが60％あるいは80％のVO2max の状態であるかどうかは、専用器具 (代謝モニター) を体に取りつけないかぎりは測定不可能なのです。

　HIITトレーニングでの強度を正確にする、もっと具体的な方法は、換気性作業閾値 (VT = Ventilatory Threshold) を基準にすることです。これは、運動中に息があがり、酸素の供給が追いつかない状態で決定された運動強度の度合いで、全力運動のおよそ90％に当たります。

　高強度インターバルのゴールは、このVTに到達することにあります。つまり、呼吸が速くなるために速く動かなければならず、息を吸いたくても思うように速く吸えない状態になる、ということです。そしてそのスピードを一定のあいだ保たなければなりません。ご想像のとおり、これには相当の肉体的努力が必要です。しかし、このレベルの運動を実現して維持することがHIITの目的なのです。高強度インターバル中に携帯電話でおしゃべりなどしているようでは、HIITの効果はありません。

　また、VTでエクササイズするときの総合時間がHIITの効果を左右することも、ぜひ知っておくべきでしょう。各ワークアウトが1〜2分間のVTレベルの運動を積み重ねても、その倍の労力を要するワークアウトほどの効果は見込めません。

効果的なHIITルーティンを作成するには

　HIITがどのように作用するかわかったところで、自分に合ったルーティンの作りかたについて説明しましょう。ここでは特に、週にたった1〜2時間で脂肪燃焼を助長するHIITルーティンに焦点を当てます。

　HIITルーティンを作成するにあたり、次の5点を考えましょう。

1. 実行する有酸素運動のタイプ
2. 高強度インターバルの所要時間と強度
3. 低強度インターバルの所要時間と強度
4. ワークアウトの所要時間
5. ワークアウトの頻度

では、それぞれ見ていきましょう。

1. 実行する有酸素運動のタイプ

　ＨＩＩＴの原理はどのタイプの有酸素運動にも適用できますが、ゴールが筋肉量と筋力を維持することであれば、サイクリングとローイングが最適です。その理由は、このタイプの有酸素運動がウエイトリフティングで筋肉を増強させるのにとても効果があるということが、研究でわかっているからです。説得力ある研究報告に基づいた理由は２つあります。

① 筋肉増強トレーニングの動作パターンをまねた有酸素運動は、ウエイトリフティングの成果を高めてくれる

　エクササイズ中に筋肉が疲労する理由は非常に複雑ですが、エアロビック（有酸素）とアネロビック（無酸素）両方の性質が最大の要因であることがわかっています。全力疾走やウエイトリフティングのような、高強度のアネロビック運動（エネルギーを得るための酸素供給が追いつかない運動）をしているときでさえ、体のエアロビックシステムはたくさんの量のエネルギーを生産しています。したがって、特定のエアロビック運動で筋肉の有酸素能力が高まると、無酸素能力も向上するわけです。

② ローインパクト有酸素運動では十分な回復は必要ない

　ローインパクト有酸素運動は、軟部組織にダメージを与えることがほとんどなく、体の耐久力への負担も少ないです。

　サイクリングとローイングは上記の２つに当てはまります。両方がスクワットとデッドリフトの動作パターンに類似し、衝撃もないからです。サイ

クリングやローイングができない、あるいはしたくないのであれば、ＨＩＩＴワークアウトのために他のローインパクト有酸素運動を選ぶといいでしょう。代替えとしては、なわとびや水泳、エリプティカルマシン、ボディウエイトサーキットなどが人気あります。しかし、全力疾走はお勧めしません。筋肉痛と関節痛になるので、下半身ワークアウトに支障をきたし、成果を上げられなくなるからです。

2. 高強度インターバルの所要時間と強度

　すでにご存じのとおり、あなたの高強度インターバルの目標強度はあなたのＶＴ（換気性作業閾値）に基づき、このレベルで何分費やすかでＨＩＩＴワークアウトの効果が決まります。ピーク近くまで達しなければならない運動の所要時間が少なすぎると、結果として高強度というよりは「まあまあ高強度」のワークアウトになってしまい、また、やりすぎると疲労とオーバートレーニングの原因につながります。高強度インターバルに入っても、このレベルまでのビルドアップをゆっくりやってはなりません。最初から全力を出しきりましょう。10〜15秒以内に息切れするくらいにです。さまざまなマシンの負荷を調整をすることよりも、トレーニングのスピードを調整することに注意を払いましょう。

　ＨＩＩＴのゴールは、速くハードに動くことであり、ゆっくりハードではありません。高強度インターバルの持続時間については、脂肪燃焼と代謝向上が目標であれば、ＶＴ強度を維持できる合計時間の50〜60％が妥当でしょう。この潜在的なＶＴレベルの運動の合計は「Ｔmax」と呼ばれます。私のサイクリングのＴmaxが約３分だとすると、高強度インターバルは90〜120秒の長さになります（これはかなりキツいです）。

　インターバルの正しい長さを決めるには、あなたのＴをテストします（スマホの時計アプリでＯＫです）。あるいは、ＨＩＩＴ初心者でもっと簡単な方法がいいのなら、高強度インターバルを１分やるだけでいいでしょう。コンディションを大幅に向上させたければ、ＨＩＩＴワークアウトを段階的に高度にしていく必要があります。体力がついてくるとＴmaxも向上します。心血管能力を強化したければ、高強度インターバルの時間も長くする必要があります。

ご想像のとおり、ベテランのアスリートにとっても、かなり強度が高くなります。高度なトレーニングを受けているサイクリストを対象にしたHIIT研究では、高強度インターバルを5分間としたところ、パフォーマンスの向上が見られました。それに対して、持久力の必要なアスリートを対象にした研究では、2〜3分のインターバル（これでもハードですが）では、さほど向上が見られなかったことが報告されています。

3. 低強度インターバルの所要時間と強度

　休憩時間はアクティブな回復期間であり、したがって立ち止まるのではなく、常に動いていることを意味します。このインターバルのあとでは、高強度インターバルでVTに達しやすくなり、HIITワークアウトの効果が高まるという研究報告もあります。

　持続時間に関しては、初めのうちは高強度と低強度インターバルを1：2の割合ではじめるといいでしょう。たとえば、高強度で1分、低強度で2分、という具合です。コンディションが上がってくれば、1：1を目標にしましょう。

4. ワークアウトの所要時間

　HIITのすばらしいところは、比較的少量のワークアウトから多くを得ることができるということです。とはいえ、体にとってはかなり激しいので、それをたくさんしたいとは誰も思わないでしょう（特に、ウエイトリフティングの場合です。減量中であればもっときつくなるでしょう）。ですので、HIITワークアウトでは、まず2〜3分の低強度ウォーミングアップからはじめ、続いて20〜25分のインターバル、そのあとに2〜3分のクールダウンで終えるようにします。

5. ワークアウトの頻度

　HIITワークアウトをどのくらいの頻度でやるべきかは、目標や他の種類のエクササイズによっても異なります。私の経験では、早く効果的に脂肪を燃焼させるには、週4〜7時間のエクササイズで十分です。もちろん、その時間のほとんどを、有酸素運動だけではなく、筋力トレーニングに費やす

必要があります。なので、私が減量中のときは、1週間にウエイトリフティングを4〜5時間行い、1時間半〜2時間ほどのHIITをやるようにしています。こうすれば、オーバートレーニングや燃え尽きのリスクを負わずに、目標の体形を手に入れることができます。

■ 早く脂肪を落とすための有酸素運動ベスト2

　脂肪燃焼を目標にしていて、活力にあふれ、1週間に1〜2時間のHIITに耐えられるという人には、それが最善の方法です。しかし、そんなにハードなHIITをできない、あるいはしたくない人には、次のようなオプションもあります。

　このワークアウトには特別な器具や装置、スキルは必要ありません。心拍数やインターバルの時間を計測したり、距離数の記録をつけたりする必要もありません。やるべきことは、ただ、ヨチヨチ歩きの頃からずっとやってきたこと、そして今後の人生でもやりつづける動作です。

　お察しのとおり、それはウォーキングです。脂肪を急速に落とすためにはベストとは言えないものの、間違いなくカロリーと脂肪を燃焼させる、一番簡単な方法です。だから、多くの人はウォーキングを「真の有酸素運動」だとは思っていません。エクササイズのこととなると、「簡単」は「無価値」と同等に見られがちなのです。特定の状況では確かにそうですが、ここでは当てはまりません。

　カリフォルニア州立大学の研究者たちは、10分で1マイル＝1.6キロを歩く人はおよそ190キロカロリーを消費すると報告しています。19分で同距離を歩いた人はもちろん、カロリー消費は少なくなりますが、それでも111キロカロリーと驚く数値です。

　HIITほど効果的に脂肪を燃焼させることはないものの、1週間に数回ウォーキングをすれば、そのうち目覚ましい違いが表れてきます。また、ウォーキングには他のメリットもあります。

ウォーキングは体に優しい

　ストレスレベルを管理することは、脂肪を落とすためにカロリー制限し

ながら、筋肉の減退を抑えるうえで重要なことです。この観点で言えば、ウォーキングはとても良い運動です。

強度の高いエクササイズとは違って体への負担も少なく、実際にウォーキングはストレスを軽減し、コルチゾール値を下げてくれるという研究結果もあります。したがって、ウォーキングがダイエット中の唯一のエクササイズであれば、オーバートレーニングのリスクはゼロです。さらに、過酷なエクササイズトレーニングが継続中であっても、週に数時間のウォーキングなら、リスクなしで追加することができます。

ウォーキングは筋肉の増強に最小限の影響を及ぼす

前述のとおり、有酸素運動は筋力や筋肉の増強を弱める可能性があります。だから筋力アスリートは、大会の直前に有酸素運動をかなり減らすか、あるいはまったくしません。また、ボディビルダーの多くが、脂肪を抑えた増量中に最低限の有酸素運動をするのも、これが理由です。

しかし、これも先ほども述べましたが、すべてのタイプの有酸素運動がウエイトリフターに悪影響を与えるわけではありません。ランニングは筋肉量と筋力の増強ではマイナスとなりますが、サイクリングとローイングはそうではありません。ウォーキングは、筋力トレーニングに似た動作ではないので、ジムでの成果を促進することはないでしょう。しかし、これが一番ローインパクトなエクササイズなのです。ウエイトリフティングの進歩に立ちはだかることなく、カロリーを消費できるわけです。

ウォーキングは優先的に脂肪を燃焼する

ウォーキングは大量にカロリーを消費してくれるわけではありませんが、脂肪細胞に蓄積されている脂肪を燃焼してくれます。エクササイズ中に脂肪と炭水化物を消費したいなら、割合はエクササイズの強度によって異なります。強度が高まると、エネルギーを供給するために脂肪細胞よりも筋グリコーゲン（炭水化物）への依存度も高まります。

したがって、高強度トレーニングが貯蔵されたグリコーゲンをごっそり引き出す一方、ウォーキングのような低強度有酸素運動は主に脂肪細胞を活用するのです。このため、低強度負荷が一定の有酸素運動が脂肪燃焼のために

はベストであると信じる人もいます。ですが、あなたも気づいているように、これは正しくありません（HIITがベストなのです）。とはいえ、ウォーキングは減量法のなかで、最も簡単でストレスの少ない方法なのです。

どのくらいのウォーキングが必要か

　ウォーキングの一番のデメリットは、カロリーをたいして消費しないことです（1時間で300〜350キロカロリー）。ということは、著しく体形を変化させるなら、かなりのウォーキング（週に数時間）をする必要があります。しかし、1カロリーでも消費することが大事で、ほんの少しのウォーキングでも脂肪燃焼ゴールに少しずつ近づいています。他のエクササイズを並行しているときは、特にそうです。たとえば、ウエイトリフティングを並行するなら、脂肪燃焼率は劇的に上がります。デッドリフトを4セットするだけで100キロカロリーを消費できるわけですが、そのあとにもエネルギー消費効果が続いています（アフターバーン効果）。

　私は仕事上、ウエイトリフティングに加えて高強度インターバルトレーニングとウォーキングをして急激に脂肪を落とした人をたくさん知っています。最も成功したのは、以下のアプローチです。

- 1時間のウエイトリフティングを週3〜4セッション
- 25〜30分のHIITを週1〜3セッション
- 30〜45分のウォーキングを週2〜3回

　定期的な運動こそが薬だ、と数千年前から知られているにもかかわらず、どのくらいが十分でどのくらいがやりすぎか、というさじ加減は、ここ最近になってよりよく理解されるようになりました。少なくとも週に2〜3時間のレジスタンストレーニングをしているなら、有酸素運動は必須ではなく、補助的なものとして考えるべきでしょう。目標を達成するまでに必要な量をこなせばいいのです（そして耐久力を鍛えるトレーニングをしているときも、楽しむことが大切です）。ですが、それ以上は必要ありません。つまり、ほとんど

の人の場合、1〜2時間以内のHIITまたは週3〜4時間のウォーキング、あるいはそれらのコンビネーションを行うことが適切だというわけです。

　この運動療法は、夢に見た体形を手に入れる一助となるのはもとより、時間的な余裕も生まれます。節約できた時間を友人や家族との交流、趣味などの活動のために費やすことができます。フィットネスおよび筋力トレーニングは、人生を消費するものではなく、向上させるものなのだということを、どうか忘れないでください。

23 最高のボディを作るための ベスト·エクササイズ

> デッドリフトができないなら、生きている意味はない。
>
> ―――ヨゥン・パゥル・シグマルソン（アイスランドの重量挙げ選手）

　何百ものレジスタンストレーニングのなかで、わずか一握りほどが卓抜しています。そして、それら一握りが不動の担い手なのです。これは朗報です。ということは、雑誌やYouTubeの動画やジムでみんながやっていることを無視して、もっと短いエクササイズのリストだけに注目すればいいのです。この章では、それらのすばらしいエクササイズを紹介していきます。そして次章では、それらのなかから厳選した3つのエクササイズ「ビッグ3」に焦点を絞って説明します。

　ご存じのとおり、私が勧めるエクササイズのほとんどは、複数の関節や筋肉群を鍛える「コンパウンド・エクササイズ」と呼ばれるものです。大きな筋肉群の成長を促進するため、アイソレーション・エクササイズ（1つの関節といくつかの筋肉を鍛えるエクササイズ）もそこに含まれ、肩や腕などの小さく扱いにくい筋肉群を鍛えます。

　まずは、これらのエクササイズを区分けする話からはじめましょう。私はエクササイズを鍛える対象の主要筋肉群でグループ分けすることが好みですが、そうすることで、目標の体形のためのワークアウトを整理して優先順位を決めやすくなるからです。本書のプログラムで鍛える6つの主要筋肉群は次のとおりです。

1. 胸
2. 肩
3. 背中
4. 腕
5. 体幹
6. 脚（ふくらはぎを含む）

これから、その１つひとつを見ていきましょう。まずは人体構造とそれぞれの部位を鍛えるベストなエクササイズを紹介します。いくつかのエクササイズに星印（＊）がついていることに気づくと思いますが、今は無視してください。第29章で解説します。

▋ 胸

　胸部の主要筋肉は大胸筋です。図を見てみましょう。

　この大胸筋の主要機能は、上腕を体から伸ばす（体から交差して伸ばす）ことで、他の筋肉とは異なり、その筋繊維はすべてが同じ方向に並んでいるわけではありません。

　図にあるように、大胸筋には２つの部位があります。胸肋部は胸骨および肋骨を上腕につなげています。鎖骨部は鎖骨と上腕がつながっています。なぜこれが大事なのかというと、筋肉がどのように骨格につながっているかは、筋肉がどのようにさまざまなタイプのトレーニングに反応するかということに関係があるからです。

　フラットベンチプレスやデクラインベンチプレスのような種類のエクササイズは、主に大きい胸肋部を鍛え、インクラインベンチプレスやリバースグリップベンチプレスは、主に小さい鎖骨部を鍛えます。

　上記で「集中的に鍛える」ではなく「主に鍛える」と言ったのは、１つの部位に関わるすべての動作は、他方の部位にも関わっているからです。だから、数種類の大胸筋トレーニングで、鎖骨部に焦点を当てたエクササイズに励みましょう。その理由は２つあります。

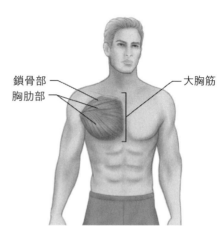

鎖骨部
胸肋部
大胸筋

1. 鎖骨部は、大胸筋のなかで小さく、扱いにくい部分で、鍛えるのにとても時間がかかる
2. 鎖骨部を鍛えるのに最適なエクササイズは、胸肋部を鍛えるのにも最適である

何年ものあいだ、私はフラットプレスとデクラインプレスしかやらず、おかげで胸の筋肉は見た目が不均等で下部だけが厚くなってしまいました。しかし、そのあと1年ほど、インクラインプレスを集中的にやったら、筋肉は均等に鍛えられるようになり、見た目にもバランスが良くなり、筋肉の境目がはっきり出るようになりました。

だから、私は本書のワークアウトにも、かなりのインクラインプレスを組み込むつもりです。

胸のためのベストエクササイズ

バーベルベンチプレス（インクラインとフラット）

ダンベルベンチプレス（インクラインとフラット）

ディップス＊

ケーブルフライ＊

強くて、筋肉質な胸を作るために必要なエクササイズは、この4つだけです。プルオーバーも腕立て伏せもマシンも、世に出回っている大胸筋エクササイズのすべてを全部忘れてください。それらは上記の4つのエクササイズほどの効果はないし、どちらかというと、中級〜上級のウエイトリフターや、ヘビープレスで鍛えたかなりの筋力をもつボディビルダー向けなのです。

■ 肩

肩には数々の筋肉群がありますが、なかでも一際目立つのが三角筋でしょう（イラストも参照）。

1. 三角筋前部

2. 三角筋側部

3. 三角筋後部

　三角筋は腕を体の前に（前部）、体の横に（側部）そして体の後ろに（後部）上げる働きをします。腕の骨のボール状のヘッドが回転し、肩甲骨のソケットで転がることが可能となる小さな筋肉があり、これを回旋筋腱板といいます。肩を鍛えると言うときは、たいてい三角筋を指しています。三角筋は大きくて目に見える筋肉で、まさしく本書で集中的に鍛える部位です。回旋筋腱板のためのエクササイズは、やればそれなりの効果はありますが、健康的で機能的な肩を持つ人には、特に必要はありません。また、肩全体の筋力や見た目に、たいした貢献はしません。

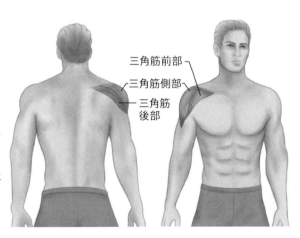

三角筋前部
三角筋側部
三角筋後部

肩のためのベストエクササイズ

オーバーヘッドプレス

ミリタリー・プレス

シーテッド・ダンベルプレス

アーノルド・ダンベルプレス

ダンベルフロントレイズ＊

ダンベルサイドラテラルレイズ＊

ダンベルリアラテラルレイズ（ベントオーバーあるいはシーテッド）＊

バーベルリアデルトロウ＊

　見てのとおり、私はショルダープレスのファンです。胸と同じように、肩を鍛えるヘビープレスに優るものはないからです。しかし、プレスだけだ

と、三角筋前部が中部および後部よりも発達が早くなるでしょう。だから、肩にベストなトレーニングルーティンは、三角筋の3つの部位それぞれに焦点を当てるべきなのです。

また、念のために言っておきますが、私はオーバーヘッドプレスの崇拝者ですが、あえて本書のプログラムではそれを省いています。オーバーヘッドプレスは熟練したウエイトリフター並みの技術が必要ですし、正しく行うにはコーチが必要だからです。その代わりに、シーテッドダンベルショルダープレスを組み込みました。これなら習得しやすいですし、肩の筋肉増強のためには十分に高い効果が得られます。

いつかオーバーヘッドプレスを習得したいなら、あなたのワークアウトに問題なく追加することができます。

■ 背中

背中の大半は多くの筋肉で構成されています。

1. 僧帽筋
2. 菱形筋
3. 広背筋
4. 脊柱起立筋
5. 大円筋
6. 小円筋
7. 棘下筋

これらの筋肉をイラストで見てみましょう。

こうした筋肉には上腕を体の前に引き上げる機能があります。また、肩甲骨や首、脊椎を安定させ、背中の伸長（胸を腰から遠ざける動き）を支えています。自分の背中は見られないので、多くの人は背中のトレーニングが不十分になります。そうすると、見た目はもとより（他の人には背中を向けているのだから）、「プッシュ」と「プル」の機能を果たす筋肉に不均衡が生じます。アンバランスな筋肉は姿勢を悪くし、肩の痛みやケガの原因にもなります。だか

ら、私の基本ルールは、背中の
筋肉にも胸と同じくらいに気を
配ることです。本書でもこれを
実行するよう促します。

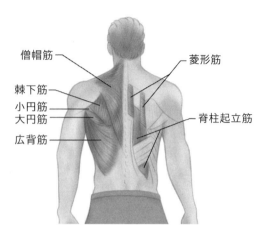

僧帽筋
菱形筋
棘下筋
小円筋
大円筋
脊柱起立筋
広背筋

背中のためのベストエクササイズ

バーベルデッドリフト

バーベルロウ

ワンアームダンベルロウ

プルアップ

チンアップ

Ｔバーロウ

ラットプルダウン（ワイドグリップとクローズグリップ）

シーテッド・ケーブルロウ（ワイドグリップとクローズグリップ）

　本書はバーベルデッドリフトに特別な愛情と意を注いでいます。これが背
中にベストだからでもあり、体のすべての筋肉を鍛えてくれるので、ウエイ
トリフティングにおいて、これまでに編みだされたなかでも傑出したトレー
ニング法だからです。

　ケガやその他の理由でデッドリフトができないとしても、心配はご無用で
す。代わりはあります。デッドリフトが組まれている場合は、上記のリスト
から代わりに１つを選べばいいのです。バーバルロウ、ワンアームダンベル
ロウ、Ｔバーロウ、そしてプルアップは最高の選択です。だからこれらの
ワークアウトは本書のプログラムに多く組み込まれています。

腕

　腕には2つの主要筋肉群があります。筋トレをやる人たちの関心が最も集中する部位です。

1. 二頭筋
2. 三頭筋

　二頭筋は2つの筋肉、「上腕二頭筋」と「上腕筋」で構成されています。イラストで見てみましょう。

　二頭筋の機能は、腕を縮める（前腕を上腕に近づける）、そして肘を回外させる（手のひらが上を向くように回転させる）ことです。

　二頭筋というと、ほとんどの人は上腕二頭筋を指しています。そして上腕のエクササイズは、たいていその上腕二頭筋に焦点を当てているのです。しかし、優れた腕の筋肉を作りたいなら、上腕筋も同様にしっかり鍛えなければなりません。上腕筋は、二頭筋と三頭筋を分離し、上腕二頭筋を押し上げ、そのサイズや外周、そして高さを増大させるからです。

　二頭筋トレーニングで上腕筋を目立たせる方法は何通りもあります。一番簡単なエクササイズは、ハンマーカールのように腕を自然に下ろした状態か腕を少し回内して（手のひらが少し床に向くように）下ろした状態から、前腕を上げる方法です。

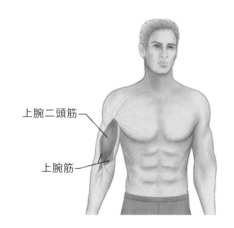

上腕二頭筋

上腕筋

　次は三頭筋です。三頭筋には3つの頭があります。

1. 外側頭
2. 内側頭

3. 長頭

　３つのパーツをイラストで見てみましょう。

　これらのパーツが組み合わさって、馬の「蹄鉄」のような盛り上がりのある極太の腕を形成します。三頭筋の機能は二頭筋とは対照的で、前腕を上腕から押し出すことです。

図からもわかるように、内側頭は３つのなかで最大のパーツです。だから、その発達も早く、三頭筋全体の外見を形作る一番の要です。そして、腕のサイズを最大にしたいなら、すべてのパーツをしっかり鍛えなければなりません。

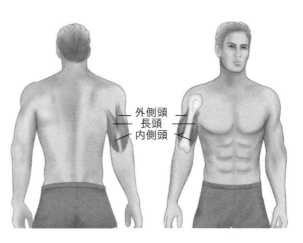

外側頭
長頭
内側頭

二頭筋のためのベストエクササイズ

バーベルカール

ＥＺバーカール

オルタネイトダンベルカール

ダンベルハンマーカール

チンアップ

　短くて簡潔です。立派な二頭筋を作るのに、50種類ものカールをする必要はないのです。

三頭筋のためのベストエクササイズ

クローズグリップ・ベンチプレス

シーテッド・トライセプスプレス

ディップス＊

ライイング・トライセプス・エクステンション（スカルクラッシャー）
トライセプス・プッシュダウン

　この三頭筋エクササイズを最大限に活用すると、内側頭と外側頭を増強することができます。これには、クローズグリップ・ベンチプレス、ディップス、プッシュダウンのような、順手（手のひらが下向きのグリップ）でウエイトを持って体に沿って動かすエクササイズがあります。しかし、長頭を鍛えるエクササイズも怠ってはいけません。長頭には、シーテッド・トレイセプスプレスやライイング・トライセプス・エクステンションのような、腕を頭上に伸ばすエクササイズがあります。したがって本書にはこれら2通りの三頭筋トレーニングが組まれています。

■ 体幹

　体幹は、以下の身体中央部まわりの筋肉群から構成されています。

1. 腹直筋
2. 腹横筋
3. 内腹斜筋および外腹斜筋

　これらをイラストで見てみましょう。

　これらの筋肉群は、背骨を安定させ屈曲させる（腹部をヒップに近づける）機能を備えています。「アブ（アブス）」という言葉を聞いたことがあると思いますが、それは腹直筋を構成するペアの筋肉を指しています。ほとんどの腹筋トレーニングは、これらの筋肉の強化を図っています。しかし全体のバランスをとるためには、そのまわりの筋肉をも鍛えなければなりません。本章で挙げた他の6つの主要筋肉群を適切に鍛えれば、コアマッスルも十分な働きをしてくれます。このため、スクワットとデッドリフトをすれば腹筋トレーニングは必要でないと考える人が多いのです。

　それでは、上腹部がたるんでいる人が非常に多いのは、なぜでしょうか？

　研究によれば、意外なことに、コンパウンド・エクササイズは、たとえか

なり重いウエイトを使ったとしても、魅力的な外見を作る筋肉、つまり腹直筋、腹横筋、外腹斜筋に作用しないことがわかっています。そのため、多くの人が理想の体格を獲得するためには、的をしぼった腹筋が必要なことがわかりました。

もう1つ忘れないでいただきたいのは、ここでは体脂肪率がとても重要だということです。どれほど体幹を鍛えても、どれほど腹筋の力がついていても、体脂肪率が10％前後かそれ以下になるまでは腹筋は割れません。

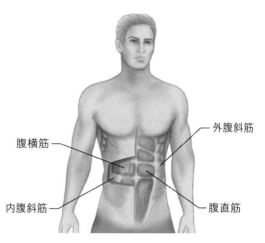

外腹斜筋

腹横筋

内腹斜筋

腹直筋

体幹のためのベストエクササイズ

キャプテンズチェア・レッグレイズ

ハンギング・レッグレイズ

ライイング・レッグレイズ

クランチ

ケーブルクランチ

加重シットアップ

プランク

腹筋ロールアウト

何百もの腹筋エクササイズが世に出回っているのは、多様なエクササイズが必要だからではなく、単に需要があるからにすぎません

人は腹筋に非常にこだわります。その証拠に「腹筋エクササイズ」や関連するキーワードでGoogle検索すると、何万件もの検索結果が表示されます。新しい読者やフォロワーを獲得しようと、数千ものWebサイトや雑誌、さらには「確実に腹筋を割るエクササイズ」などのキャッチフレーズをつけたトレーナーのブログがひしめいているのです。

　私は、あえて体幹エクササイズのリストを短くシンプルにしました。とびきりカッコいい腹筋、そして、その他の強靭な筋肉を手に入れるには、これで十分だからです。

脚

脚を構成するのは3つの主要筋肉群です。

1. 大腿四頭筋
2. ハムストリングス
3. 下腿三頭筋（ふくらはぎ）

　これらのパーツは、それぞれ最も適した方法で個別に鍛えられます。また、パーツを最大限に増強して、最高の筋肉美を手に入れたければ、それぞれの"特別なニーズ"に対応しなければなりません。
　大腿四頭筋は脚の前面にあり、4つの筋群に分かれています（興味深いことに、実は5つめの筋群もあるとの研究報告もあります。将来は「大腿五頭筋」と呼ばれることになるかもしれません）。

1. 外側広筋
2. 内側広筋
3. 中間広筋
4. 大腿直筋

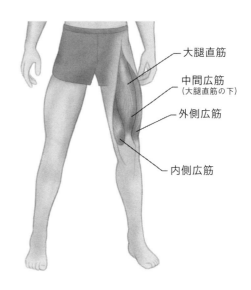

大腿直筋

中間広筋
（大腿直筋の下）

外側広筋

内側広筋

　では、これら4筋群をイラストで見てみましょう。
　これらの筋群は一体となって膝関節の伸展や屈曲させる働きをします。したがって、大腿四頭筋のエクササイズでは、股関節を伸展ポジション（まっすぐの

状態）から屈曲ポジション（曲げた状態）に動かし、膝を曲げた状態から元に戻します。

　ハムストリングスは脚の背面にあり、3つの筋群に分かれています。

1. 半腱様筋
2. 半膜様筋
3. 大腿二頭筋

　それらをイラストで見てみましょう。

　ハムストリングスは大腿四頭筋と反対側の筋肉で、膝関節の屈曲とヒップを伸展させる働きがあります。大腿二頭筋は腕の二頭筋のように、2つの頭部、あるいはセクションに分かれています。しかし、上腕二頭筋とは異なり、ハムストリングスはウエイトリフターたちに軽視されがちなパーツの1つなのです。大腿四頭筋が下半身のなかでも一番重視されるのは、比較的大きくて目立つからです。しかし、そのせいで、太ももの前面と背面のバランスが失われ、不格好になって、ケガのリスクが増す可能性があるわけです。

　下腿三頭筋（ふくらはぎ）は、2つのパワフルな筋群で構成されています。

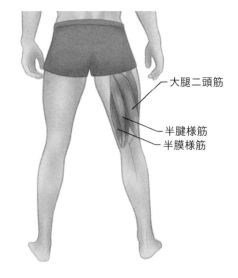

大腿二頭筋

半腱様筋
半膜様筋

1. 腓腹筋（ひふくきん）
2. ヒラメ筋

　腓腹筋は、ふくらはぎを見たときにある、目で確認できるほどの大きな筋肉です（とはいえ、私のは、さほど大きくありません）。ヒラメ筋は、腓腹筋の下

にある深層筋です。

　それぞれのパーツをイラストで見てみましょう。

　これら2つの筋肉はいっしょになって足や足首の関節を動かし、膝の屈曲にも作用しています。

　見た目のためには腓腹筋がより重視されがちですが、ヒラメ筋をしっかり鍛えることも重要です。機能的にもサイズ的にも腓腹筋が発達すれば、それを支えるためにも適度な量のヒラメ筋が必要なのです。

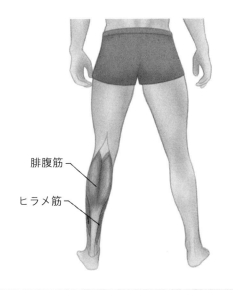

腓腹筋

ヒラメ筋

脚のベストエクササイズ

バーベルスクワット

バーベルフロントスクワット

ハックスクワット（バーベルではなくスレッドを使用）

シングルレッグスプリットスクワット（バーベルまたはダンベル使用）

レッグプレス

ランジ（ダンベルまたはバーベルを使用、ウォーキングまたは定位置、フォワードまたはリバース）

ルーマニアンデッドリフト

レッグカール（ライイングまたはシーテッド）＊

スタンディング・カーフレイズ＊

シーテッド・カーフレイズ＊

レッグプレス・カーフレイズ＊

　おそらく耳にしたことがあると思いますが、脚を適切に鍛えるルールはたった1つしかありません。それは「いつもスクワットをすること」です。スクワットがベストなエクササイズであることには同感ですが、下半身の

ワークアウトとしては、他のエクササイズも取り入れたほうが賢明です。

スクワットにはハムストリングスが関与しますが、一番効果があるのは大腿四頭筋なのです。経験則からすると、スクワット（そして他の大腿四頭筋優位のエクササイズ）に加え、ハムストリングスに焦点を絞ったエクササイズをルーティンに常に取り入れるべきです。

....

筋肉と筋力を増強するのに、常に新しくてエキゾチックなエクササイズで体を試す必要はありません。実際、これはかなり悪い戦略なのです。エクササイズを変更すればするほど、どのエクササイズにも熟達するのが難しくなり、上達も遅くなるからです。

もっといいアプローチは、比較的少数の効果の高いエクササイズだけを継続することです。少しずつウエイトを増やし、筋肉に無理なく負担をかけていくエクササイズで、確実に成果が得られます。

これでエクササイズの説明は終わりましたが、次の章では、そのなかでも最も重要な３つのエクササイズを掘り下げていきます。

こうした主要なエクササイズについては、巻頭でご紹介した本書のボーナス資料にリンク情報を掲載した見本ビデオや、それらをイラスト化したもの（279ページ〜）も参考にしてみてください。

24 ビッグ3 完全ガイド

勇気がいつも声高に叫ぶとは限らない。ときに勇気は、1日の終わりにこうささやく静かな声だ。「明日もう一度やってみよう」

——— メアリー・アン・ラドマチャー（アメリカの作家）

　私がお勧めするエクササイズのなかで、特別なトレーニング法が3つあります。難易度が高いので、多くの人がそれを怠ったり避けたりするエクササイズです。それらは一般的に「ビッグ3」と呼ばれています。

1. バーベルスクワット
2. バーベルデッドリフト
3. バーベルベンチプレス

　これらは1世紀以上のあいだ、筋力トレーニングやボディビルプログラムの定番となっています。体全体の筋肉に作用し、なおかつ安全に最大の負荷をかけていくことができるからです。この3つのトレーニングで強くなればなるほど、見た目にも内面的にも良くなっていきます。いたってシンプルですが効果的です。したがって、本書の主な目的の1つは、これらの重要なエクササイズの数値を高めていくことです。また、これらのエクササイズを完璧にこなすことを学んでいきます。間違ったフォームは効果を著しく減少させ、ケガのリスクを高めるからです。

　重いハーフレップは見た目も良く、軽い負荷でやるフルレンジの動作よりも難しいと思うかもしれませんが、研究によると、筋肉と筋力の増強が少ないことがわかっています。また、重いパーシャルレップ（可動域を限定してオールアウトするまでやる方法）は、関節や腱、靭帯に必要以上の負担をかけ、安全に扱える以上の負荷がかかることがあります。これらの3つのエクササイズは長年にわたって肩や背中、膝に有害であると中傷を受けてきましたが、それはすべて悪いフォームのせいなのです。解剖学的な理由でこれらのエクサ

サイズが向いていない人もいますが、研究によれば、正しいフォームで行えば、ほとんどの人にとってはまったく安全で、むしろ関節の痛みを軽減する可能性があることがわかっています。

オクラホマセンター・フォー・アスリートの科学者の研究では、体重の1.6倍のウエイトでスクワットをしているパワーリフティングの選手のほうが、大学バスケットボールの選手や市民ランナーよりも関節の安定性が優れていることが判明しました。

とはいえ、正しいフォームを修得するのは難しく、適切なスクワットやデッドリフト、ベンチプレスがどのように見えるものなのか、専門家でも意見が分かれます。スクワットのときには膝はけっして足のつま先よりも前に出てはいけない、デッドリフトでは背中が丸まっていてもいい、ベンチプレスでバーを胸に触れるまで下げると肩を痛める、などと説く著名トレーナーもいます。そうかと思えば、膝が足のつま先よりも出るのは自然なことだとか、デッドリフトで背中を丸めるのは危険だ、ベンチプレスでバーが胸に触ってもいいし、むしろそのほうが効果的だと解説するトレーナーも多いのです。いったい誰が正しいのでしょうか。どうして正しいと判断できるのでしょうか。あなたは、私の言うことが正しいとなぜ思えるのでしょうか？

ここで、信頼できる情報源を明かしましょう。私に多くのことを教えてくれた人のメソッドです。私だけではなく、数十万人もの人たちに、スクワットやベンチ、デッドリフトのことを教えてくれました。その人の名はマーク・リッペトーです。「リップ」の愛称で知られている彼は、約40年間、筋トレ業界で活躍してきたコーチであり、『スターティングストレングス』（医学映像教育センター）や『プラクティカルトレーニング』の著者でもあります。あらゆるエリートアスリートが彼のメソッドを採用する一方で、リップは私たちのような、力をつけて健康でありたいと願う一般人向けのトレーニングにも寄与しています。つまり、彼の経験は、普通の人が夢見ることしかできない、怪力を見せつける遺伝的な超人だけに限られたものではないのです。

それではここで、リップのプッシュとプル、そしてスクワットのテクニックを検証していきましょう。時の試練に耐え、安全で効果的であることが証明されているので、初心者も熟練者も安心して利用することができます。

バーベルスクワット

　バーベルスクワットが、ウエイトリフティングの純粋主義者から絶対的な支持を得ているのには理由があります。バーベルスクワットは、驚異的なパワーを生むために20以上の筋肉群を同時に使わなくてはなりません。そして、すばらしい結果を出すためには、ほぼパーフェクトなフォームが要求されます。だからバーベルスクワットは、それぞれの主要筋肉群を一貫して鍛えるための唯一のベストエクササイズだと言われるのです。

　その反面、バーベルスクワットは膝を壊す最短の方法、ということも聞いたことがあると思います。特にスクワットは腱や靭帯や軟骨を酷使し、やればやるほど悪化するともよく聞きます。

　しかし、これはナンセンスです。研究によれば、スクワットは膝に無害なだけではなく、膝の健康状態を向上させ、ケガのリスクを減少させるからです。その好例がマサチューセッツ大学の研究にあります。科学者らは、170〜295キロのウエイトでスクワットする熟練パワーリフター12人の膝にかかる力を検証しました。対象者はヘビーなスクワットを実践し、研究者はどのくらいのストレスが膝にかかるのかを調べました。

　結果はといえば、対象者の腱や靭帯は損傷を受けるレベルに近づくことさえもなく、ほとんどの場合、最大強度の50％までしか押されていませんでした。つまり、体重の2.5倍のウエイトでスクワットをしたとしても、パワーリフターの膝は健康的なレベルに収まっていたのです。したがって、スクワットを正しくやれば、何も恐れる必要はありません。そして正しいスクワットの方法こそ、これからあなたが学ぶことです。

◉セットアップ

　スクワットに最適な場所は、膝下およそ15センチにセットしたセーフティバーか、アームのあるパワーラック、あるいはスクワットラックのなかです。自分の胸の上半分を横切るようにラックの上にバーを置きます。これだと少し低すぎるように感じるかもしれませんが、ラックからバーを外すときに、少し低めのほうがつま先立ちしなくて済むのです。

　バーベルスクワットには２通りのやりかたがあります。

1. ハイバー
2. ローバー

　ハイバースクワットではバーを上部僧帽筋の真上に載せます。一方、ローバースクワットではバーを上部僧帽筋と三角筋後部のあいだに置きます。
　イラストを参照してください。

　イラストを見るとわかりますが、左のハイバースクワットでは体幹はより直立したままです。どちらの方法も正しいのですが、ほとんどの人は、大腿部の筋肉のレバレッジを効かせることのできる、右のローバーポジションのほうが力を入れやすいはずです。とはいえ、ローバーの位置が肩と手首に不快だと感じたり、自然とハイバーポジションを好んだりする人もいます。
　バーベルスクワットの初心者であれば、まずはローバーポジションではじめることをお勧めします。もし、それがやりにくいようであれば、ハイバーにしてもかまいません。
　バーベルスクワットはまずウエイトに近づき、ポジションに着くところからはじめます。そのためには、後ろ向きに歩けるようバーに対面してください。後ろ向きにラックに戻そうとするのは危険なので、絶対にバーを担いで

前方に歩き出ないでください。バーの下に入り、自分に合ったポジションを決めます。そして、肩幅くらいに足を広げ、つま先がおよそ20〜25度 (時計の針で言えば、右足は13時、左足は11時の角度で) 外側に向くようにします。

　次に、親指をバーの上に置き、握る位置を決めます。上背の引き締め効果があるので、ここでは狭いグリップが好ましいです。したがって、手をできるだけ互いに近づけて、肩甲骨が閉じているか、ウエイトが手にかかっていたり背骨の上で休めたりするのではなく、背筋にしっかりとかかっているかを確認します。それから、バーをラックから外し、一歩二歩後ろに下がって、上記で説明した正しいスクワットの位置 (足を肩幅に広げて、つま先を外向き) で立ちます。これで下降準備ができました。

● 下降

　胸を張って直立して、(胸ではなく) 腹の底に引き込むように深呼吸します。殴られそうになったときのようにぎゅっと腹筋を引き締めます。立ち位置から約2メートル先の床を選び、セットが終わるまで、その点を凝視します。このとき、けっして天井を見ないでください。さもないと、適切な深さまで届きにくくなり、正しい腰の動きと胸の位置を乱すばかりか、首を痛める可能性もあります。

　膝を曲げると同時に、腰を下ろし、上体を下降させていきます。膝や腰のどちらか一方を先走りしないようにしましょう。ヒップの後ろの動きや、かかとの間に腰を下ろすような感覚が重要です。そして、胸を突き出して背中をまっすぐ伸ばしたまま、ヒップをまっすぐ下ろします。膝は終始、つま先が指す方向に向いていなければなりません (けっして内側に向けないこと！)。動作の3分の1または半分のあいだ、膝は前進することになりますが、なるべく、つま先よりも前に出ないようにしましょう。

　多くの人は下降中に膝を前方へスライドさせる傾向にあり、これはさらに大腿四頭筋に負担をかけ、膝を危険な位置に置いてしまいます。下降が速すぎると、膝への負荷が大きくなるので、腰をできるだけ速く下ろさないようにすることが大事です。速度をコントロールできるようにしましょう。

　スクワットの最深ポジションでは、太ももが床と平行になっているか、それよりもやや低めになっています。膝はつま先とまだ同じ方向を向いてい

て、つま先の上、あるいはほんの少し前に出ていることになります。背中は
まっすぐ伸ばし、バーをちょうど足の中心に置く角度になっている必要があ
ります。

　最深ポジションをイラストで確認しましょう。

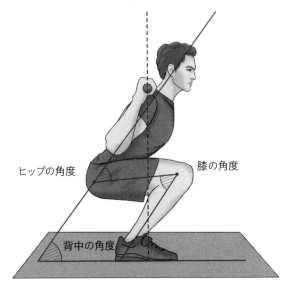

　次は上昇について見ていきましょう。

●上昇

　正しい上昇を行うキーポイントは、かかとと足の中心で動力を得て、肩と
腰を同じ速さで上方に動かすことです。まるでかぎ爪で獲物をつかむワシの
ように、つま先と足で床をグリップすることをイメージしましょう。

　上昇していくとき、臀部を絞ることで腰を前方に動かし、体が直立するま
でバーを天井に向けて押し上げるようにします。一番難しいところ（最初の数
十センチ）を越えたら、大きく息を吐きはじめます。

　それぞれのポジションをイラストで見てみましょう。

これで次のレップに取りかかることができます。

スクワット向上のための6つのコツ

1. 膝とつま先の位置が合わなくて困っている場合、次の可動性エクササイズを毎日やる

　　バーやウエイトを使わず、最深ポジションまでしゃがんだら、ひじを膝に当てて手のひらを合わせます。ひじで膝を押しながら、膝を正しいポジション（つま先と同じ位置）に修正し、その状態で20〜30秒間静止します。その後、1〜2分の休憩をとり、これを数回繰り返します。この簡単なエクササイズを毎日やると、ジムでスクワットをするときに膝の位置を正しい位置でキープできる能力が著しく向上していることに気づくでしょう。

2. 他に選択肢がないかぎり、スミスマシンを使わない

　　バーベルがレールに固定されるスミスマシンでは、必然的に動きが不自然になり、不快感を覚えます。それに、研究によれば、フリーウエイトバーベルスクワットほどの効果がないことがわかっています。

3. 下降時に腰が丸くなりはじめ、ニュートラルポジションをキープできない場合、ハムストリングスが張りすぎているか、腰に十分な力が入っていない可能性がある

これは「お尻のウィンク」として知られ、多くの人は、ハムストリングスのストレッチを毎日すれば解決可能です（片足をもう一方の足に交差させて立ち、つま先を手で触れます。もう一方も同様に繰り返します）。

　ハムストリングスが柔らかくなると、最深ポジションで骨盤が自然に少し回転するようになり、ニュートラルポジションで腰をキープしたまま下降することができます。ただし、力が消耗してしまうかもしれないので、スクワットの前にストレッチをしてはいけません。下半身ワークアウトが終わって、筋肉が温まるまで待ちましょう。

　ハムストリングスの張りが原因ではないと思うなら、背筋を鍛える必要があるでしょう。この場合、各セットの各レップでニュートラルな腰の状態を保てるようになるまで、意識してバーにウエイトを加えないようにするだけでいいです。時間がたてば、弱かった背筋も脚や腰の筋肉に追いつきます。

4. プレートやブロックの上でスクワットをしない

　プレートやブロックを用いてもエクササイズ効果が高まることはないので、ワークアウトに取り入れる価値のあるバリエーションではありません。とはいえ、スクワット時にかかとを上げることで、フォームや動きのレンジを向上させることが可能です。

　腰の構造上、良いフォームをキープしながら安全かつ自然に腰を下降させるのが難しいという人もいるでしょう。そのような人は、少しかかとを高くすることで、フォームや可動域を改善することができます。そのためには、かかとが少し高くなっているスクワットシューズを履くことがベストです。

　実際、スクワットのフォームに問題がなくても、スクワットシューズの使用をぜひお勧めします。不適切なシューズは進歩を著しく妨げるからです。足元が安定していないと床に力を伝えることができないので、ランニングシューズのようなソールの柔らかいものや不安定なものは、スクワットでは使用すべきではありません。平らで硬く、しっかりしたシューズで、なおかつ少しかかとの高いものが、最大限の力をかけやすいので適しています。そのようなシューズを履くと、下降時に体のバランスを保ちやすくなり、上昇時にはハムストリングスと臀部を十分に使うことができるようになります。

5. ヴァルサルヴァ法で呼吸をコントロールする

　ヴァルサルヴァ法では、一時的に息を止めて、強い力を発揮します。これで肺に空気がたまり、腹部に圧力がかかります。これは「腹腔内圧」と呼ばれ、重い負荷に対して体幹を安定させることができます。

　研究によると、腹腔内圧が上昇することで、通常の連続呼吸のときよりも、より多くのウエイトを持ち上げることができ、ケガのリスクも軽減されることがわかっています。このため、ヴァルサルヴァ法はスクワットだけでなく、すべてのワークアウトでとても役に立つテクニックなのです。そのやりかたは次のとおりです。

① 最大肺活量の80%の深呼吸をする。腹部が「膨らんでいる」と感じるが、それでもレップがハードになっても無理なく口を閉じていられる程度

② 空気が漏れないように舌を口の天井に当て、空気を逃さないようにしたまま息を吐くようにする。腹部や背中、あごが引き締まるのを感じる

③ 下降をはじめる

④ 上昇時の「スティッキングポイント」（最も負荷がかかるポイント）を過ぎたら息を吐き、レップをやりきる

⑤ 各レップで同じプロセスを繰り返す

【重要な注意事項】ヴァルサルヴァ法は、通常の連続呼吸法よりも血圧を上昇させます。多くの研究報告にあるように、この方法は本質的に危険ではないのですが、人は重い負荷を上げるときに本能的に息を止めますので、高血圧症や心疾患の基礎疾患がある場合は、ヴァルサルヴァ法を用いる前に、担当医に必ず相談してください。胸の痛みやめまい、他の危険信号に気づいた場合は、ただちにこの呼吸法を中止し、担当医の診察を受けてください。

6. 必要に応じてキューを使用する

　キューは短いリマインダーのようなもので、ある特定の、特に一番困難で苦手とする動作に注意を向けるために、アスリートがよく使います。

　私のお気に入りのキューは次のとおりです。

- 胸を張れ
- 背中からバーを投げ捨てろ
- 床を足でつかめ
- ヒップをバーの下に押し込め
- 床を押し広げろ
- 背中の上でバーを曲げろ

　これらのキューを正確に覚えたり、スクワット中に唱えたりする必要はありません。ですが、特定の動きで苦労するときは、このようなキューが難関を突破する糸口になるかもしれません。

■ バーバルデッドリフト

　もし、これからの人生で1つしかエクササイズできないとしたら、私はバーベルデッドリフトを選びます。

　先ほどご紹介したマーク・リッペトー（アメリカの高名なトレーニングコーチ）は、デッドリフトに関するすばらしい記事を私の Web サイト『Muscle for Life』(www.muscleforlife.com) に書いてくれました。以下はその抜粋です。

　　デッドリフトは、背中の上半身からふくらはぎまで、鍛えたいと思うすべての筋肉群に作用する。手でバーを支え、足でバランスを保つことで、あなたを強く鍛え上げる最善の方法なのだ。自分を強く見せたいのなら、実際に強くなるべきだ。その強さは、デッドリフトから手に入れることができる。

　デッドリフトが筋力と筋肉の増強に効果的であることを否定する人はほと

んどいませんが、デッドリフトが関節、特に腰を傷めると主張する人はいます。確かにデッドリフトは腰に負担をかけるので、その主張は一見もっともらしく思えますが、本当に体に悪いことなのでしょうか。科学的な文献を見てみましょう。

　1つめの研究はヴァレンシア大学によるものです。科学者たちは傍脊柱筋群を鍛えるための最も効果的な方法を調べました。この筋群は脊柱の両側に沿って走っており、背中のケガを防止する大きな役割を果たしています。この研究では対象者25人が2つのグループに分けられました。

1. グループAは、ランバーエクステンション（腰部伸展）、フォワードエクステンション（前屈）、シングルレッグデッドリフト、そしてブリッジのようなボディウエイトエクササイズを行った

2. グループBは、バーベルデッドリフトとランジの2つのエクササイズを1レップマックスの70％で行った

　筋肉の動きは筋電図法を用いて測定され、デッドリフトでは傍脊柱筋群が最も活性化し、他と大きく差をつけました。結論は、デッドリフトはこれらの筋肉群を強化するために、非常に効果的な方法だということです。

　この問題に関連するもう1つの洞察力に富んだ研究があります。ウォータールー大学の研究で、デッドリフトは背中（特に腰）にどれほどの負荷をかけているか、ケガを引き起こす可能性がどのくらいであるかを調べたものです。研究者たちは、エリートレベルのパワーリフティングの競技者4人に、次の2つのエクササイズを指示しました。

1. できるだけ前かがみになり、腰を曲げて、上体を再びまっすぐ起こす（背中を十分に屈曲、伸張する）
　　これにより、自然な可動域の限界を測定することができました。

2. 1レップマックスに近いウエイト（180〜200キロ）でデッドリフトを行う

研究者たちは、リアルタイムで確認できるレントゲン画像（ビデオ蛍光観察と呼ばれる）を使用して、両方の作業を完了するあいだ、対象者の背骨を観察しました。デッドリフトによるケガの多くは、腰を曲げすぎることが原因で発生し、椎骨を正常な位置からずらし、椎間軟骨円板を圧迫し、腰の靭帯に負担をかけます。

そこで、椎骨の動きや脊椎椎間板のひねりと圧迫、そして腰部靭帯の伸展を測定しました。その結果、対象者は自然な可動域でデッドリフトを行い、椎骨のずれや軟骨円板の圧迫、および腰部靭帯の引きつりは確認されませんでした。したがって、デッドリフトは腰を含む背中全体を強化するためのすばらしいエクササイズであり、不自然な可動域を強制することも、背骨や関節に過度の負担をかけることもないという結論に至ったのです。

本章で解説した他のエクササイズと同様に、間違ったフォームのおかげで、デッドリフトは危険だという汚名をきせられてしまうのです。バーを引き上げるときに背中を丸めている人を見たことがあるでしょう。背中を丸めるのは絶対にダメです。これは、負荷を、強靭な脊柱起立筋（脊柱に沿って走る筋肉）から椎骨や椎間軟骨円板、そして靭帯に移行させてしまうからです。

デッドリフトは正しく行えば、なんの心配もなく、むしろ得るものが多いエクササイズなのです。では、その方法をこれから説明しましょう。

◉ セットアップ

デッドリフトは、ラックやセーフティアームやピンではなく、バーを床に置いた状態ではじめます。

まずはバーに近づき、足を肩幅よりも少し狭くなるように位置を決め、つま先を少し外側に向けます。バーが肩の真下、または肩のラインよりも少し前に位置するように立ってください。

そうするとバーは、すねの前、足の真ん中の上あたりにくるはずです。背が高く細身の人の場合は、おそらくバーはすねに少し触れるくらいの位置になり、背が低いか横幅のある人の場合は、バーは足の真ん中の真上くらいにくるでしょう。

正しいバーの置きかたはとても重要です。持ち上げたり、下ろしたりするときに最大の力を出せるかどうかは、バーの置きかたに左右されるからで

す。バーに近づきすぎると、肩がバーよりも前に出すぎてしまい、バーをま
ず前方に押しながら膝の上まで持ち上げなくてはならなくなります。逆に
バーから離れすぎていると、体が前に倒れこむような姿勢になり、かかとに
力を入れて上に引き上げることができなくなります。

　次に、胸を張ってまっすぐに立ち、腹の底まで（胸にではなく）深く息を吸
い込み、パンチに身構えるように腹筋をぎゅっと引き締めます。

　そして、スクワットの要領で、腰を背後に突き出すことで、手をバーに近
づけます。腰をアーチ状にほんの少し曲げて肩を下げていき、「半スクワッ
ト」の体勢にします。

　このポジションに入ると、ハムストリングスとヒップにかなり締めつけを
感じるはずですが、これが正しい状態なのです。ヒップが上がると肩もいっ
しょに上がり、すぐにウエイトが床から離れはじめます。

　ビギナーにありがちなミスですが、スクワットのつもりで腰を深く落とし
すぎないようにしましょう。スタートポジションでヒップが下がれば下がる
ほど、ウエイトを床から持ち上げる前にもっと腰を上げなければならず、そ
れでは動作やエネルギーを無駄にしてしまいます。

　次に、ダブルオーバーハンドグリップ（両手のひらを下に向ける状態）でバー
をつかみ、すねのすぐ外側の位置にあるバーに手を置き、できるだけ強く握
ります。肩は常に後ろに下げたまま、脇の下でオレンジをつぶすように上腕
を体側面にぴったりと押しつけます。腕はまっすぐロックされて安定し、上
昇するときに親指が太もも付近を通過できるように、少し隙間を残すように
します。頭がニュートラルポジションにあることを確認してください。天井
や床を見ないようにしましょう。

　次のイラストでフォームを確認してください。

では上昇を見ていきましょう。

◉**上昇**

　力をかかとに入れ、体を上向きにして少し後ろに押し上げるようにプルを開始します。かかとを通して力を入れて、ひじをしっかり固定して、腰を少しアーチ状に曲げます（丸めないこと！）。必ず腰と肩が同時に上がるように。勢いよくヒップを上げずに、背中をテコのように使って肩を引き上げるようにしましょう。ヒップが上昇するときは、同時に肩も上昇します。

　バーがすねを上に移動し、膝の上を転がったら、腰をバーの方向に押し出します。バーが太ももに沿って上昇すると、立ったままでハムストリングスとヒップがよく働いているのを感じるはずです。

　全体を上方向に向けて、頭は常に脊柱の延長線上のニュートラルポジションに保ち、腰はわずかにアーチ状にかがめ、体のコアをしっかり締めつけます。また、バーを垂直方向にできるだけまっすぐ保つように心がけましょう。軌道からそれると、体の動きのペースが落ち、正しいフォームを維持するのが難しくなります。バーが大幅に体に近づいたり遠ざかったりしないように注意してください。

　バーが一番上にきたとき、胸を張り、肩を下げます。上体を反らせたり、

腰を伸ばしすぎたり、肩を上げたりしないようにしてください。

　その動きをイラストで見てみましょう。

　さて、次は下降です。

● 下降

　デッドリフトの後半は、コントロールされたやりかたでウエイトを床に下ろしていきます。上昇とは逆の動きをイメージしましょう。

　まずは膝を前に突き出すのではなく、ヒップを後方へ突き出すようにしてバーを太ももに沿って下げていきます。ヒップを押し戻しながら、バーが膝を通過するまで一直線に下げて床に下ろしていきます。腰は常にニュートラルポジションを維持し、体幹を引き締めた状態にします。バーをゆっくり静かに下ろさず、全行程は1〜2秒以内で終えるようにします。

　1レップが終わったら、次のレップに取りかかることができます。このとき、レップとレップのあいだにリセットの時間をとらない人が多いようです。彼らはその代わりに、タップ＆ゴー（バーが床に触れるやいなや、すぐにバーを引き上げる）を繰り返します。ウエイトを床に置く時間を縮めることで、体のテンションを維持したまま、すぐに次のレップをはじめることができるからです。

ウォーミングアップの目的でやるなら問題はありません。しかし、ハードセットでは、ストップ＆ゴーのほうをお勧めします。この方法では、ウエイトを完全に地面に置き、ポジションを修正して息を整えてから、次のセットに挑むことができるからです。こちらのほうがタップ＆ゴーよりもハードになりますが、安全なやりかたなのです。

ルーマニアンデッドリフト

　本書のプログラムのなかには、バーベルデッドリフトのバリエーションであるルーマニアンデッドリフトもあります。一見するとルーマニアンデッドリフトは動きが中途半端で危険な、デッドリフトの変形バージョンという印象を持つかもしれません。ですが皮肉にも、これはケガのリスクが高まるどころか、ハムストリングスや臀部、脊柱起立筋、広背筋、そして前腕を鍛えるベストエクササイズの１つなのです。

　ルーマニアンを従来のデッドリフトと比較すると、次の３つの点で大きく異なっています。

1. バーは開始時に床ではなく、パワーラックに置く（絶対というわけではない）
2. 脚はまっすぐのままで、バーを下げるときに膝をほんのわずかだけ曲げる
3. バーを膝下ギリギリまで下げたら、または、腰が丸くなってきたりしたら、それ以上は下げない

　なぜ「ルーマニアン」デッドリフトと呼ばれるのか、不思議に思う人も多いでしょう。

　1990年のサンフランシスコ・オリンピックのことです。ニク・ウラドというルーマニアのウエイトリフティング選手がやっていたエクササイズが、スティフレッグ（足を伸ばして固定するやりかた）と従来のデッドリフトの掛け合わせのように見えました。観客の１人がその名前をたずねたところ、彼は肩をすくめ、背中をまっすぐに矯正するためのエクササイズだと説明しました。その場にいた全米チームのコーチがそれを「ルーマニアンデッドリフト」と呼んだらどうかと提案して以来、それが定着したというわけです。

　そのテクニックについて説明しましょう。

◉ セットアップ

ルーマニアンデッドリフトのセットアップは2通りあります。

1. ラックからやる方法
2. 床からやる方法

ラックからスタートする場合は、バーを動作の一番上で保持する場所の真下、あるいは太ももの真ん中あたりにもってくる必要があります。

床からはじめる場合、通常のデッドリフトと同じようにセットアップをします。

ほとんどの人がラックからはじめるのは、バーに負荷を加えやすく、各セットのはじめに引き上げる動作と労力を省くことができるからです。

セットアップのために、まずバーに近づき、足の中心部の真上ほどにバーがくるように立ちます。足を肩幅ほどに広げ、つま先を少し外側に向け、そしてバーをダブルオーバーハンドグリップで握ります。

次に、息を深く吸い込み、胸を張り、オレンジをわきの下で割るかのように上腕を上体側面にピッタリとつけます。

ラック（あるいは床）からバーを上げて外し、ラックから小股で一歩後ろに下がり、膝をわずかに曲げ、前方およそ3メートル先を見つめます。

これで下降する準備ができました。

◉ 下降

まずヒップを後方へ突き出し、ゆっくりバーを太ももの前面に沿って下げていきます。

バーをまっすぐ下ろしていく際、膝はスタート時とほぼ同じ角度に保ちます。ハムストリングスが伸びるのを感じはじめたら、もう少し膝を曲げてもかまいません。

この時点で、バーは膝の高さ、あるいは膝よりも少し低い位置にあるはずです。

地面に触れるまでバーを下げようとしないこと。そうすると、必然的に膝

が大きく曲がってハムストリングへの負荷が小さくなり、エクササイズの目的を果たせなくなります。

　腰が丸まってしまう、あるいは膝の屈曲が大きくなりはじめる手前まできたら、下降は終了。次は上昇です。

◉ 上昇

　背中を引き締め、腹圧をかけて胸を張ります。膝を軽く曲げ、バーをまっすぐ引き上げる際に、腰を前方へ押し出して伸ばします。

　それぞれのポジションをイラストで見てみましょう。

　上体が完全に起き上がったら、次のレップに取りかかりましょう。

デッドリフト向上のための6つのコツ

1. バーを力いっぱい握る

　バーを手のなかで握りつぶすことをイメージしましょう。拳が白くなるまでしっかり握ってください。

2. 握力を強化する

　握力が弱いとバーをしっかり握れないだけではなく、エクササイズ全体を

台無しにします。バーが手のひらから滑りはじめたら、動作を中断するしか
ありません。

トレーニングを続けると握力は強くなっていきますが、実際のところ、
デッドリフトでは他の身体部分ほどは強化されず、制限要因となる可能性が
あります。

その一般的な対策として、片方の手のひらを上に向けて握るという「ミッ
クスグリップ」があります。これは効果的な方法ですが、次のようなデメ
リットもあります。

①順手の腕の方に胴体がねじれ、体の左側と右側の負荷が不均衡になる
②逆手の腕の二頭筋に負担がかかりすぎる

これらがエクササイズの安全性にどのように影響するか、という科学的
データを知りませんが、これだけは言えます。二頭筋が裂けることはめった
にありませんが、それが起こるときは、ミックスグリップで高重量のデッド
リフトを行っている最中、しかも逆手の腕に起こることが多いのです。

ミックスグリップをより安全にするための、簡単な予防措置はあります。
他のワークアウトで、あるいはワークアウト間で、順手と逆手を交互に変え
ることです。とはいえ、私はダブルオーバーハンドグリップで、リストスト
ラップを使うことをお勧めします。

リストストラップを使うのは「ずる」だと、多くの人が敬遠しますが、そ
れはナンセンスです。正しく使用すれば、ストラップはより重いウエイトを
安全に上げることができるし、ミックスグリップのようなデメリットもあり
ません（ミックスグリップによく似たフックグリップというのもありますが、親指を
いためるため、ここではお勧めできません）。

ストラップを使うのであれば、シンプルなラッソストラップがいいでしょ
う。まずはストラップなしでバーを引き上げ、グリップが滑りはじめたら
（たとえば2〜3ハードセット目に）、ストラップを用いて最後までレップを終え
ます。ストラップは、バーベルおよびダンベルロウでも役に立ちます。

あなたが強く希望するのなら、握力強化エクササイズをルーティンに含め

ることもできます。私のお気に入りは、ごく素朴なバーベルホールドです。つまり、その名のとおり、高重量のバーベルをしっかりつかんでキープする方法です。

そのやりかたは次のとおりです。

① スクワットラックを使い、バーを膝の高さに置き、15〜20秒までキープできるウエイトをつける
② 15〜20秒キープで3セットを行い、各セット間で3分の休憩を入れる

これをワークアウト終了時に週に1〜2回、2〜3日おきに行います。そうすると、1か月も経たないうちに、大きな進歩が見られるでしょう。

大事なことを言い忘れましたが、握力を簡単に強化するために、ウエイトリフティングチョークを使うという手もあります。チョークは汗を吸収してくれ、手のひらとバーの摩擦を増加します。周囲を汚したくない、あるいはジムで粉状のものが規制されているのであれば、液体チョークを使ってもいいでしょう。

3. 正しいシューズを使用する

スクワットでも同様ですが、フォームやエアクッションやジェルが内蔵されたシューズは、デッドリフトでの安定性、出力、およびフォームに支障をきたします。

また、ほとんどのアスレチックシューズは、デッドリフト用には作られておらず、定期的に数か月使えば壊れてしまいます。なので、デッドリフトでは、スクワットシューズ、底が平たく硬いシューズ、あるいは専用ソックスを履いてください。

4. 床から急上昇する

ゆっくり上昇しはじめないこと。さもないと動きが詰まりやすくなります。体をできるだけ速く起こすことによって、かかとから地面へ最大の力をかけることができます。

5. すねガード、ニーソックス、あるいはニースリーブを着ける

　バーをすねに沿って引き上げるのが正しいデッドリフトのフォームですが、ほとんどの人の場合、ウエイトが重くなっていくと、すねが擦れてきます（それで「あの人のすねから血が出てる？」と言われるのです）。

　長ズボンやタイツを履くのもいいですが、それらもそのうちにズタズタに破れるでしょう。だから、デッドリフトのときに、すねを保護することをお勧めします。ライトウエイトのすねガード、ニーソックス、ニースリーブなどを膝下につけるとよいでしょう。

6. ヴァルサルヴァ法で呼吸をコントロールする

　先ほど学んだように、この方法を用いると、重い負荷に対しても上体が安定し、結果として、より重いウエイトを安全にコントロールすることができるのです。だから、これはコンパウンド・エクササイズすべてにおいて、とても役に立つ方法です。

　デッドリフトにおいては、バーが太ももの真んなかを過ぎてから、息を吐くといいでしょう。

■ バーベルベンチプレス

　バーベルベンチプレスは、上半身全体のためのベストエクササイズと言えます。胸筋、広背筋、肩、三頭筋、さらには一部の脚の筋肉も、このエクササイズで鍛えることができます。シンプルでもあります。足を地面につけたままベンチに横たわり、バーをラックから外し、胸の中央部まで下ろし、再び押し上げます。しかし、人によっては方法がさまざまで、残念ながら、正しいやりかたよりも間違ったやりかたのほうが多いのです。

　ジムで次のようなことをしている人を見たことがあるでしょう。

- バーを胸まで十分に下ろさない
- 鎖骨にバーを下ろす
- ヒップをベンチから浮かす

- バーが一番上にあるとき、肩をすくめる、あるいは回す
- ひじを体から外側に大きく突き出す

　ベンチプレスは背中と肩を痛めると、トレーナーやジム通いの人たちはよく非難しますが、これらすべてが、その主な原因なのです。他のエクササイズにおいてもそうであるように、重すぎるウエイトを用いて間違ったフォームでベンチングをすると、ケガを負います。でも正しく行えば、損傷のリスクは低く、このエクササイズからすべての恩恵を安全かつ健全な方法で得ることができるのです。

　これは、英国のサルフォード大学による研究で明らかになっています。その研究報告によると、下記の2つのアドバイスに従うだけで、ベンチプレスにおける損傷の可能性はかなり低くなります。

1. 肩幅よりもほんの少し広めにバーを握る（ミディアムグリップ）
2. 腕を上体に対して30〜60度の角度で保つ

　私にとっては、45度の角度が一番いいようです。

　ベンチプレスが汚名を着せられる他の理由は、これが、特に男性のあいだで、一番ポピュラーなエクササイズだからでしょう。大勢の男性が重すぎるウエイトでベンチングをやりすぎる傾向にあります。そして多くの場合、フォームが悪く、当然のことながら軽めのウエイトで少ない頻度で行われるエクササイズと比べると、ケガを負う可能性が高くなります。上記のような間違いをおかしてはいけません。完璧なフォームを習得し、適切な量のベンチプレスを、適切な量のウエイトで行ってください。そうすれば、ケガのリスクも最小限に抑えることができます。

　さあ、ベンチプレスのやりかたを手ほどきしましょう。

◉ セットアップ

　まずは、ベンチに横たわり、目の上にバーがくるように体の位置を決めます。そして、胸を張り、肩甲骨を内側に入れて絞るように力を入れます。肩甲骨を後ろポケットに差し込むことをイメージするとよいでしょう。そうす

ると、上半身をピンと張ることができます。

　次に、肩幅よりもやや広めに（体格によって異なりますが、およそ45〜60センチ幅で）バーを握ります。間隔が狭すぎる場合、胸筋よりも二頭筋に力が入り、間隔が広すぎると、動作のレンジやエクササイズの効果が減少し、肩へ必要以上の負担をかける可能性があります。

　バー下部を指よりも手首に近い位置でつかみ、できるだけ強く握ります。手のひらの底にバーがすっぽり収まるように、手首をわずかに曲げます。しかし指が頭へ向くほど手首を曲げないでください。

　持ちかたをイラストで確認しましょう。

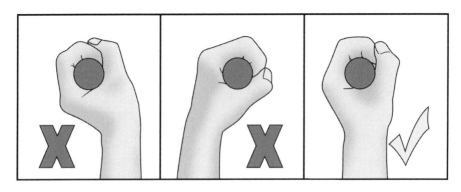

　グリップ幅が適しているかどうかを判断するために、友人に後ろに立ってもらい、バーが一番下にある状態での前腕の位置を確認してもらうといいでしょう。前腕はできるだけ真上にアップダウンできるように、ほぼ肩に垂直にしなければなりません。下図のイラストのようになります。

ご覧のとおり、左の図は肩幅よりも腕が広がりすぎ、中央の図は狭すぎます。右が正しいフォームです。

　サムレス、別名「自殺」グリップ（まさしくそのとおり）は使わないこと。このグリップは、5本の指でバーを包み込むのではなく、親指を人差し指に沿わせて巻きつけない握りかたです。重いウエイトのとき、このグリップはいとも簡単にバーから手を滑らせ、バーを胸の上、もし運が悪ければ、首の上に落としてしまいます。

　次に、背下部をアーチ型に少し曲げ、足を膝の真下に下ろし、肩幅ほどに広げます。背中がベンチに平たく沿うのも、背中を丸めすぎてヒップが浮かび上がるのもダメです。腕を上に押し上げた状態のときの、自然なアーチ型を維持しなければなりません。

　上腿は床に平行し、膝下の脚は床に垂直（90度の角度）に下ります。これにより、バーを押し上げるときに、かかとに力が入るのです。これは、「レッグドライブ」という、挙上を促進する駆動法です。

　それから、バーをラックから外します。まず、ひじを固定し、バーをフックから水平に外して、肩の上まで動かします。フックからすぐに胸まで持ってこない、胸の上にバーを下ろさない、そしてラックからバーを外す際に肩甲骨の力を緩めないこと。

　最後に、バーを正しく位置決めしたら、深呼吸し、膝を互いから離し、バーを握りしめます。

　これで下降の準備はできました。

● 下降

　まず知っておくべきことは、ひじをどのように正しく押し込むか、ということです。多くの人は、ひじを大きく開ける（体から離す）という間違いをおかします。これでは肩を痛めかねません。逆に、ひじを上体に近づけすぎて安定性と力を失い、ひじへ過重をかけている人もいます。正しいフォームでは、全行程において、ひじを上体に対して30〜60度の角度を保ちます。これにより、肩を損傷から守り、上昇の際に、安定した強い位置から押し上げることができるのです。

　イラストで見てみるとわかりやすいでしょう。

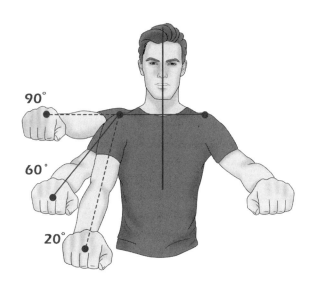

　このとおり、一番下のポジションでは、腕は上体に対しておよそ20度ですが、これでは近すぎます。真んなかのポジションの、約60度が最適です。一番上の90度も、お勧めできません。

　ひじを定位置で保ったまま、バーを胸部下部（乳首の位置）に下げます。そのとき、バーを顔やヘソの方向ではなく、一直線上に動かしてください。バーが胸に触れたら（バウンドさせるのではなく）、次は上昇します。

● 上昇

　ベンチプレスと呼ばれるものの、プレスよりもプッシュの動作を思い描いたほうがいいでしょう。つまり、バーを体から押し上げるというよりも、上体をバーから押し離し、同時にベンチに押しつけることをイメージするのです。そうすると、正しいフォームを維持し、最大限の力を出すことができます。肩甲骨をぎゅっと合わせてひじを押し込み、背下部をアーチ型に少し曲げ、ヒップをベンチにつけて足を床に下ろし、バーを胸から押し離します。

　先述のようにレッグドライブを活用してもいいでしょう。バーを押すときに膝を広げ、かかとを地面に押しつけます。これで腰と背中に力が入り、正しいフォームを保持したまま、出力を増すことができます。

　バーの軌道はやや斜め上向き、つまりバーを肩の方向に上げたら、スター

ト位置に戻します。バーの最高ポジションは肩の真上、そこが一番バランスのとりやすい位置なのです。最高ポジションでひじを伸ばして固定します。少しでもひじを曲げないように注意しましょう。これで1レップが終わり、次のレップをはじめることができます。

　1セットの最終レップが終わったら、バーをラックに戻します。バーをすぐにフックに押し入れようとしないこと。もし、うっかりこれを仕損じたら、バーが顔面に落ちてきます。最終レップを肩の真上で終えたら、ひじを固定したまま、バーを水平に動かして直立アームに入れましょう。

クローズグリップ・ベンチプレス

　本書のプログラムでは、あなたにバーベルベンチプレスの1バリエーションを行ってもらいましょう。クローズグリップ・ベンチプレスです。

　先述のとおり、グリップが狭くなると、二頭筋にもっと負荷がかかります。これは胸を強化したいときには望ましくありませんが、二頭筋を鍛えるにはいい方法です。基本的には、ごく普通のベンチプレスに狭いグリップを加えたエクササイズです。グリップを変える以外は、通常のベンチプレスとやりかたは同じです（280ページのイラスト参照）。

　このグリップでは、手を肩幅よりも少し（ほんの5センチほど）内側に配置します。二頭筋への作用を高めるために、両手の間隔を5センチだけにする人もいますが、それでは狭すぎて肩と手首を損傷するおそれがあり、危険です。最深ポジションで肩や手首に不快感を覚えたら、左右のグリップをそれぞれ指1本分ほど外側へ動かして間隔を広げてから、再度トライしましょう。不快感がなくなるまで、この調整を繰り返してください。

ベンチプレス向上のための6つのコツ

1. バーの動きを目で追わない

　バーを見ていると、下降および上昇時のバーの角度が変わりやすくなり、これにより無駄な力を使ってしまいます。その代わりに、エクササイズのあいだに凝視する場所を天井で選び、そこに向けて挙上動作を行います。各レップでの目標は、同じ点に向かってバーを上げることです。

2. バーを引き離すようにする

これは昔ながらのパワーリフティングのコツですが、効果があると科学的に証明されています。その意図は簡単です。

① 体にバーを落とすように下げない

その代わりに、バーをコントロールしながら胸の方向に引き下げることをイメージします。これによって、正しいフォームを維持し、最大限の垂直方向の力を生成することができます。

② 下降時、バーを半分に曲げる、あるいは「引き離す」ことをイメージする

このためには、肩甲骨を正しい（肩甲骨を互いに引き寄せる）ポジションで維持しなければなりません。

また、このように横力をかけると、上昇するときに垂直方向へより大きな力を生成することができます。ダンベルプレスよりもバーベルベンチプレスでより重たいウエイトを動かすことができるのは、このためです。ダンベルはそれぞれから離れるため、横力を生むことができません。

3. 常にヒップをベンチにつけておく

ヒップがベンチから浮き上がるのは、ウエイトが重すぎるからでしょう。最善のベンチプレスのためには、背上部（ベンチにつける）、ヒップ（ベンチにつける）、そして足（いつも膝から真下に下ろし、床にしっかりつける）の3つの接触点を常に維持するようにしましょう。

4. 後頭部をベンチに叩きつけない

首に衝撃を与えるからです。このエクササイズのあいだ、首には自然に力が入るので、無理やりベンチに押しつけないでください。

5. ウエイトを下げるときは、ウエイトを上げることを考える

エクササイズ後半の爆発的なプレスを思い描くと、下降時にウエイトをコントロールしやすくなります。バウンス（跳ね）を防ぎ、バーを押し上げると

きの圧力のために筋肉を準備することもできるのです（このテクニックはすべてのエクササイズにおいて役に立ちます）。

6. ヴァルサルヴァ法を活用し、呼吸を整える

先述のとおり、すべてのコンパウンド・エクササイズにおいてヴァルサルヴァ法を活用することをお勧めします。もちろん、ベンチプレスにも当てはまります。

ベンチプレスでは、バーが胸の上10〜15センチに達したら息を吐きましょう。

これで、ビッグ3について知るべきことはすべて説明しました。情報量が多いので、一度では理解しづらいかもしれません。この章を何度も読み直して、この先を続ける前に、ぜひエクササイズの基本動作を練習してください。バーの代わりに、ほうきなど、手頃な棒を使ってもいいでしょう。

ボーナスポイントのために、あなたのワークアウトを撮影してみてください。そうすると、自分がやっていると思っていることが実際にできているのかどうか、確認することができます。本書の無料ボーナス資料をダウンロードすれば、そのなかに、各エクササイズの見本ビデオへのリンク情報が記載されたファイルが含まれています（巻頭のアドレスを参照）。そのうち、本書に登場する主なエクササイズについては、以下にイラスト化いたしましたので、こちらも参考にしてください。

バーベル
ベンチプレス

Barbell Bench Press

インクライン・
バーベルベンチプレス

Incline Barbell Bensh Press

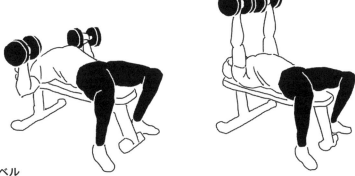

ダンベル
ベンチプレス

Dumbbell Bench Press

**インクライン・
ダンベルベンチプレス**

Incline Dumbbell Bench Press

ディップス

Dip

**クローズグリップ・
ベンチプレス**

Close-Grip Bench Press

■ シーテッド・
バーベルオーバーヘッドプレス

Seated Barbell Overhead Press

■ シーテッド・
ダンベルプレス

Seated Dumbbell Press

■ アーノルド・
ダンベルプレス

Arnold Dumbbell Press

**トライセプス・
プッシュダウン**

Triceps Pushdown

**シーテッド・
トライセプスプレス**

Seated Triceps Press

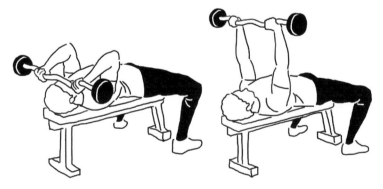

**ライイング・トライセプス・
エクステンション（スカルクラッシャー）**

Lying Triceps Extension(Skullcrusher)

**ダンベルサイド
ラテラルレイズ**

Dumbbell Side Lateral Raise

PULL ブル

**バーベル
デッドリフト**

Barbell Deadlift

**ルーマニアン
デッドリフト**

Romanian Deadlift

バーベルロウ

Barbell Row

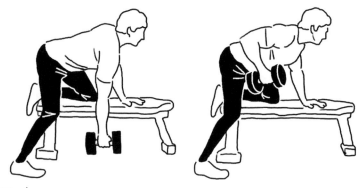

**ワンアーム
ダンベルロウ**

One-Arm Dumbbell Row

チンアップ

Chin-Up

プルアップ

Pull-Up

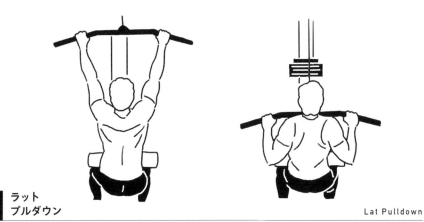

ラット
プルダウン

Lat Pulldown

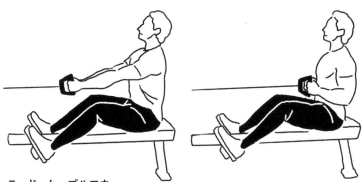

シーテッド・ケーブルロウ
（ワイドグリップとクローズグリップ）

Seated Cable Row(Wide- and Close-Grip)

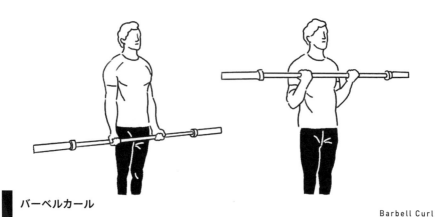

バーベルカール

Barbell Curl

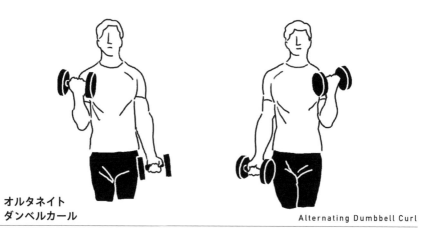

**オルタネイト
ダンベルカール**

Alternating Dumbbell Curl

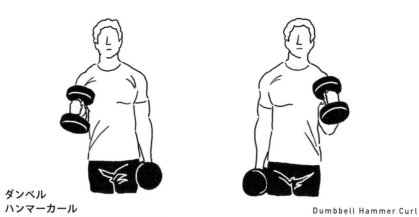

**ダンベル
ハンマーカール**

Dumbbell Hammer Curl

**バーベルリア
デルトロウ**

Barbell Rear Delt Row

**ダンベルリア
ラテラルレイズ**

Dumbbell Rear Lateral Raise

バーベル
スクワット

Barbell Squat

バーベル
フロントスクワット

Barbell Front Squat

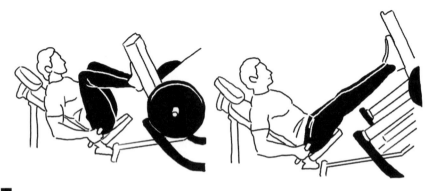

レッグプレス

Leg Press

**シングルレッグ
スプリットスクワット（バーベル）**

Single-Leg Split Squat(Barbell)

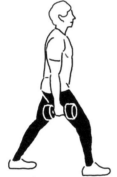

**シングルレッグ
スプリットスクワット（ダンベル）**

Single-Leg Split Squat(Dumbbell)

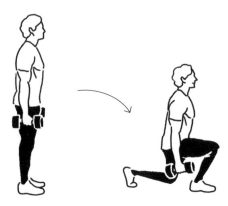

ダンベルランジ
(定位置)

Dumbbell Lunge (In-Place)

ダンベルランジ
(リバース)

Dumbbell Lunge(Reverse)

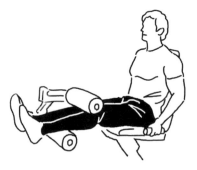

レッグカール
(ライイングまたはシーテッド)

Leg Curl(Lying or Seated)

これを読むまで
他のサプリメントは
買わないこと

要注意！
いかさまサプリメント

自分がしていることに情熱を注ぎ、他の人がしたがらないことにも挑戦する。
それが偉大な人間になる秘訣さ。

—————ローレンス・シャラエイ（「最強の男」コンテスト欧州チャンピオン）

「ボトル入りの錠剤だよ」

冗談だろ、と私は思いながら眉をひそめました。

「悪くないだろ？」と、アンソニーはニンマリと笑っています。

アンソニーのビジネスは単純なものです。彼が設立した会社はサプリメントを販売しています。月に200万ドルをクリック課金式のネット広告に費やし、売上は約400万ドルにものぼります。いったいどんな錠剤を、ボトルに詰めて売っているのか。アンソニーはその質問に答えることができませんでした。原材料を何ひとつ言えなかったからです。

でも、ボトル当たりの原価は3ドルで、販売価格は39.99ドルであることは知っていました。また、顧客は定期購入の解約方法を見つけるまで、1人当たり平均100ドルをつぎ込んでいるということも把握していました。おかげで数千万ドルの家を購入できたし、数百万ドルをかけた改築工事も順調に運んでいるよ、と自慢げでした。

私がフィットネス産業へ参入したばかりの頃、アンソニーのことを、ひどい人間だと思いました。立派なリンゴの木の、唯一の腐った実のようなやつだと。悲しいことに、これは私のひどい思い違いでした。彼のような人間は、ごくありふれているのです。「人間のクズと極悪人たちの、いけすかない集団」。これは『スター・ウォーズ』に出てくるベン・ケノービの有名なセリフですが、実は、サプリメント業界を描写するにはぴったりの言葉です。まったくひどい。フェイクニュース、ニセの研究データ、偽造品——あらゆる手口を使った悪徳サプリメントビジネスが、ごまんとあるのです。ここまでくると、まるでジョークですが、まったく笑えません。

私の言っていることが信じられないと思われるでしょうか。

2015年、ニューヨーク州検事総長は、不正なサプリメント製品を販売したとして国内小売販売業の4社を告発しました。その多くに、原材料の欄に記載されていない成分が混入していました。当局がウォルマート、ウォルグリーンズ、ターゲット、ＧＮＣの4社で販売されていた人気ブランドのハーブ系サプリメントをテストしたところ、ラベルに表示されている原材料をまったく含まない製品が8割にものぼりました。その多くは、米や観葉植物などの安価な増量剤を大量に使用した、あるいは食物アレルギーの人には危険性のある成分を含んだ粗悪品でした。

2015年にミシガン州の法律事務所バルバート・マンスール・アンド・スシューが入手した臨床検査の結果によると、ジャイアントスポーツ、マッスルプラン、ＣＶＳヘルス、4ディメンション・ニュートリション、ＮＢＴＹ、インナーアーマーほか、数多くのスポーツ栄養補助食品ブランドが、コスト削減のためにプロテインパウダーに安価な材料を使い、原材料表示を改ざんしていました。

もっと悪質なのは、サプリメント製造販売会社のドリブンスポーツでした。2013年、ベストセラー商品「クレイズ」（ワークアウト前に服用する栄養補給剤）から、覚醒剤メタンフェタミンの類縁体が検出され、同社は摘発されました。このメタンフェタミン類似成分が過激なトレーニングを可能にしたわけです。同社の最高経営責任者はそれ以前にも、筋肉増強剤アナボリックステロイドや、違法なダイエット薬を販売したとして逮捕されています。

さらに2013年、プレワークアウト・サプリメント「Jack3d」から、危険な刺激剤ジメチルアミルミン（DMAA）が検出され、その製造販売会社 USP Labs はアメリカ食品医薬品局によって摘発されました。そして2015年には、同社製のダイエットサプリメント「OxyELITE Pro」から、肝障害や肝炎を引き起こすフルオキセチン（プロザック）などの薬物が検出されました。しかも同社は、摘発されるまでの2008年から2013年に、少なくとも4億ドルを荒稼ぎしています。まったく、刑罰を科せられて当然といえる悪行です。

非常に悲しい現実ですが、大半のサプリメント会社、特にスポーツサプリメントの会社が、フィットネス産業で飛躍的に発展し、目覚ましい成功を収めています。あるサプリメント会社のＣＥＯが以前、「消費者が必要としないものを売るには、消費者が聞きたい言葉を売り文句にするんだよ」と私に

言いましたが、これこそが、多くの会社のマーケティング戦略なのです。彼は、これが賢明なやりかただと確信しているようでした。

実のところ、この種の商売は簡単にはじめられます。誰でも、委託製造業社に連絡をとって、低質の原材料を使った売れ残りの製剤を買うことができます。それからボトルに小ぎれいなラベルを貼って、インスタグラムでフォロワーの多い、筋肉ムキムキ（ステロイド剤の効果）の男をサクラとして雇って、商品を売り込むのです。

ある熟練マーケターからは、「どんな商品でも、科学的な言葉や根拠で塗り固めた売り文句で、消費者の購買意欲を高めることができる」と聞いたことがあります。それが本当かどうかを確かめたければ、フィットネス関係の雑誌をめくり、サプリメントの広告を見てみるといいでしょう。「研究に基づいた」「実証済みの」「医師が提唱する」などの謳い文句がつき、当然のごとく目を引きます。でも、ほとんどの人は専門用語の意味も、そうした主張の正当性を確認する手立ても知りません。それでも、こうした言葉のニュアンスや空虚な売り文句が人びとの心を動かし、結果としてサプリメント会社に年間数十億ドルもの売り上げをもたらします。

一見すると、サプリメント会社は、科学者らが精魂を傾ける研究に多大な関心を抱いているかのようですが、よく読んでみると、それが単なる錯覚であることがわかります。ほとんどのサプリメント会社は、研究論文にはまったく興味がありません。ただ、研究で裏づけされているように見せたいだけなのです。彼らにとっては、科学はさらなる利益をもたらすスローガンのようなもの。うっかりミスからの誤った記述や、あいまいな言い回し、誇張表現もごくたまにありますが、たいていは意図的な偽りです。

そのような偽りは非常に簡単に行えます。なぜならば、アメリカのサプリメント産業には、まったく規制がないからです。なので、誰でも罰せられることなく不正に科学の名を借りることができます。そして、何億ドルものビジネスがかかっている場合、サプリメントのマーケターは悪びれもせず、最も手っ取り早い戦術をとるのです。

この好例が、アミノ酸ロイシンの代謝産物である、β-ヒドロキシ-β-メチルブチレート（HMB）をめぐる論争です。米国タンパ大学の研究によると、HMBを摂取した被験者は、偽薬を服用した対象者に比べて3倍の筋肉を増

やし、倍量の体脂肪を落とし、より筋力もつき、ワークアウトからの筋肉痛も少なかったということです。つまりこの研究は、筋肉の増強および体脂肪の減少においてHMBが筋肉増強剤アナボリックステロイドと同じ効力を持つということを示唆しています。

ちょっと待ってください。何か怪しいニオイがしませんか？　いったい何が奇妙なのでしょう。

まず、金の出どころを探ってみましょう。この研究に出資したのは、メタボリック・テクノロジースという、HMB関連の特許をいくつも所有する会社です。しかも、研究論文の執筆者のうち３人が同社の研究者です。ひょっとしてこのキナ臭さは、大金が絡んだ利害関係の衝突から上がっているのでしょうか。他にもHMBの驚異的な効果を示す研究がいくつかありますが、残念ながら、それらもやはりメタボリック・テクノロジースの経営者であるスティーブン・ニッセンによって行われたものです。

しかし注目に値するのは、客観的な立場から行われたHMBの研究です。以下の研究は、まったく異なる結果を示しています。

■ マッセー大学（ニュージーランド）の研究によると、HMBを摂取した被験者においては、下半身の筋力向上が見られたが、身体組成への影響は微々たるものだった

■ シンガポールスポーツカウンシルによる研究では、HMBサプリメントの効果は、筋力でも身体組成でも、まったく見られなかった

■ メンフィス大学（米国）の研究では、HMBサプリメントによって異化作用は抑えられず、身体組成も筋力も向上しなかった

マッセー大学の研究者らは、さらにHMBの研究を再調査し、次のような結論に至りました。

それまでトレーニングをしたことがなかった男性が筋力トレーニング中にHMBを摂取した場合は、わずかではあったが、全身および脚の筋力の

増強がはっきり確認された。しかし、熟練したリフターでの効果は、ほとんど見られなかった。ＨＭＢの身体組成の効果は、とるに足らないほど微々たるものである。

　サプリメントに関するこれらの事例報告は、われわれに貴重な教訓を与えてくれます。そのサプリメントについての報告が信じられないくらい良い話であれば、それは眉唾（まゆつば）ものかもしれないと疑ってかかるべきでしょう。もし、これらの製品のうち一握りでも、広告の半分ほどの効果をもたらすとしたら、今頃は皆がフィットネスモデルになっているはずですから。

　なぜこんなにも、不正やペテンがあるのでしょうか。

　もちろん、悪銭のためです。山積みの金が目の前にあると、モラルは驚くほど歪み、人は相対主義になります（善悪の定義があいまいになりがち、ということです）。非道徳的に手っ取り早く数百万ドルを儲けるチャンスを与えられたら、人は真の人格を表すものです。そうして、多くのサプリメント販売業者は消費者を食いものにしています。

　なぜほとんどのサプリメントがインチキなのか、なぜ約束のほんの一部でも実現できないのかは、これらの理由からです。ほとんどのサプリメントは、クズ同然です。残念ながら、もっとましな言葉では言い表せません。しかも、そのいくつかは危険でさえあります。この悪行は、誰かが何か手を打たないかぎり続くでしょう。本当は、当局が厳重に取り締まらないといけないのですが、食品医薬品局が腰を上げるまで、私はじっと待っていることができません。

　われわれ消費者は、実は自分たちが思う以上のパワーを有しています。私たちのお金で、すべてを変えることができるのです。そのような怪しい商品に金を注ぎ込みつづければ、悪徳商人たちをのさばらせ、われわれは食いものにされつづけます。しかし、そのようなインチキを拒み、変化を求めていけば、この業界全体を「改革するか撤退するか」に追い込むことができるでしょう。

　サプリメントを飲むとき、あなたは己の健康を赤の他人の手にゆだねているのです。不正に金儲けをしている産業で働く人たちの手に。だから、まったくサプリメントには手を出さないという人も多くいます。この産業の悪事

をこれだけ見聞きしたら、それが賢明な対処法でしょう。とはいえ、なかには良いサプリメントもあります。筋肉の増強、脂肪の燃焼、そして健康改善を促進させる、自然由来の安全なサプリメントも世のなかには存在するのです。むろん、良いサプリメントであっても、あなたの体や人生を改革してくれるわけではありません。しかし、客観的で優れた研究によると、良質のサプリメントは、健全な体と健康を得る後押しをしてくれます。

　ここでの鍵は、どのサプリメントが実際に購入する価値があり、どれを敬遠すべきなのかを適切に判断すること。これについては、次の章で詳しくお話ししましょう。

26　賢いサプリメントバイヤーの
ためのガイド

> 何事にも近道があると信じられているこの時代において、一番大切な教訓はこうだ。最も困難な道こそ、長い目で見れば、最も楽な道なのだ。
>
> ――――ヘンリー・ミラー（アメリカの作家）

多くの広告が謳うほど、栄養補助食品は大切ではありません。良質で適切なものは、あなたの成果を高めてくれるかもしれませんが、それでも「補助的」であって、不可欠ではないのです。

まず初めに知っていただきたいのは、サプリメントは必要ないということ。サプリメントなしでも健康で理想的な体形になることはできます。とはいえ、食事療法に加えるべき、お勧めのサプリメントもあります。筋肉の成長や体脂肪の減少を促し、ワークアウトの成果を上げ、ワークアウト後の回復を早め、健康と生活を改善してくれると、科学的に証明されたものです。

たとえば、ある研究によると、クレアチン、β-アラニン、シトルリンは筋肉の増強を促し、シネフリンとヨヒンビンは体脂肪の燃焼を助長し、ビタミンＤとフィッシュオイルはあなたの健康を多くの面から改善してくれます。しかし、名の知れたベストセラーサプリメント（もしかしたらあなたも購入したことがある製品）の多くは、実のところ、さほど役に立ちません。

たとえば分岐鎖アミノ酸（BCAA）は筋肉の成長を促進するとよく言われますが、それを否定する報告も相次いでいます。ガルシニアは、長年にわたり非常に（あるいは一番）人気のある減量サプリメントですが、ネズミでは効果が現われるものの、人体にはまったく影響を及ぼさないことが、多くの研究で明らかになっています。同じことが、ハマビシを含む人気サプリメントでも言えます。テストステロンを高めると注目されていますが、効果はまったくありません。

近所の栄養補助食品販売店をのぞくと、おびただしい数の製品が陳列されています。その１つひとつの効能について説明すると、１冊の本が完成するほどの量になるでしょう。したがってここでは、あなたにとって、最もメ

リットがあるサプリメント6種に焦点を絞ることにしましょう。

1. プロテインパウダー
2. フィッシュオイル
3. ビタミンD
4. マルチビタミン（総合ビタミン剤）
5. ファットバーナー
6. 筋肉増強剤

　上記の6つは、筋肉の増強、脂肪の減少、燃焼、心臓の健康、気分、脳と腸の健康、インスリン感受性、エネルギーレベル、免疫など、体のあらゆる重要な側面に、著しい好影響をもたらしてくれます。

　この章では、上記の各種類について大まかに説明します。そして、使用法などの詳細は、第30章をご覧ください。では上から順番にはじめましょう。

■ プロテインパウダー

　乳清（ホエイ）、カゼイン、大豆（ソイ）はすばらしいです。

　市場には、目を見張るほど多種類のプロテインパウダーが出回っています。山ほどの人気ブランドがあり、山ほどのベストセラー製品があるのです。それでは、どれを購入すべきでしょう。そして、なぜ購入する価値があるのでしょう。乳清、カゼイン、卵など、動物性のプロテインパウダーがいいでしょうか、それとも米、大豆、ヘンプ、エンドウのような植物性を摂るべきでしょうか。それともブレンドすればいいのでしょうか。

　良質なプロテインパウダーは、下記の条件を満たしています。

1. ミルクシェイクのような味でないもの。しかし味が良く、混ざりやすいもの
2. 飲み込みやすいもの（さもないと継続的に摂取しなくなるので）
3. 主要栄養素を十分に含むもの
4. 最小カロリーで最も多くのタンパク質が摂れるもの。そして炭水化物や脂肪の値が最小限であるもの

5. アミノ酸を十分に含み、体に吸収されやすいもの
6. 目的を果たすために、最も役立つもの
7. 購入しやすい金額であり、1回の摂取量での価値が高いもの

　また、人工甘味料や着色料その他の不必要なものを含まないプロテインパウダーを選ぶことをお勧めします。これらがまったく無害という確証はありませんし、化学物質はなるべく摂取しないほうが、体のためにはいいからです。上記の条件にかなうプロテインパウダーは数種類あります。それらについて（そして適合しない2種類のベストセラー製品について）、これからお話ししましょう。

乳清 (ホエイ) の秘密

　乳清が「プロテインパウダーの王様」と言われるのには、正当な理由があります。

　ワンコインで得られる量のなかにタンパク質を豊富に含んでいますし、味もいい。さらにアミノ酸も多いので、筋肉の増強に特に適しています。

　乳清とは、そもそも何でしょうか。なぜ特別なのでしょうか？

　乳清は、チーズの製造時に牛乳を凝固、ろ過させたあとに残る透明な液体です。以前は乳製品の製造過程において得られる価値のない副産物と考えられていましたが、近年になり、その高いタンパク質含有量が知られるようになりました。乳清は、タンパク質合成を刺激するために重要な役割を果たすアミノ酸ロイシンを豊富に含んでいることが研究で明らかになっています。このため、ボディビルダーの熱い注目を集めているのです。

　他にも優れた点があります。消化が早いため、摂取時、血中のアミノ酸値が急上昇します。これはワークアウト後の栄養補給には最適です。カゼインや卵などの比較的消化速度の遅いものよりも筋肉増強を刺激する効力が大きい可能性があると、研究で示唆されています。要するに乳清は、万能ですばらしいプロテイン補給食品なのです。

　では、どのタイプの乳清を購入すればよいのでしょうか。これには3つの選択枠があります。

1. 乳清タンパク質濃縮物

　乳清タンパク質のなかで最も自然に近いのが、濃縮物です。重量の25〜80％のタンパク質（品質によって異なる）、食物脂肪とラクトースを含みます。

2. 乳清タンパク質分離物

　乳清タンパク質から食物脂肪とラクトースを除去したもの。重量の90％以上のタンパク質を含みます。

3. 乳清タンパク質加水分解物

　分解・吸収しやすいように加工された、濃縮物あるいは分解物です（どちらかというと分解物が多い）。

　市販品として乳清タンパク質分離物や加水分解物がよく出回っているのは、それらがあらゆる点で乳清タンパク質濃縮物よりも優れていると思われているためです。しかし、これは違います。確かに分離物や分解物は、重量に対してのタンパク質含有量が高い、ラクトースが含まれていない、混ざりやすく消化しやすいという点においては優れています。また、濃縮物に比べると味もいいと言う人もいます。とはいえ、最終的な効果を見れば、濃縮物でも十分です。

　しかし購入の際、濃縮物が一番安価ですが、安さを基準に判断しないように。高品質の乳清タンパク質濃縮物の重量に対するタンパク質含有量は80％ですが、低品質は重量につき25％ほどしかありません。一般的に、乳清タンパク質のクオリティは値段に比例すると言われています。ある製品が平均価格よりもずっと下回るようであれば、それはおそらく低品質の材料から作られているからでしょう。

　しかし、高価格の製品が高品質であるとは、必ずしも言えません。いかがわしいサプリメント会社は、ベースとなる低品質の乳清タンパク質濃縮物に微量の分離物や加水分解物を加えて「ブレンド」を作り、パッケージや広告で分離物と分解だけをアピールするという手をよく使います。消費者としての自分の身を守るため、購入前に必ず、原材料表示、分量、そして１分量に対してのタンパク質含有量を確認しましょう。

まずは原材料の表示に注目してください。原材料は、重量の割合の高いものから順番に記載されています。つまり、第1原材料が一番上、第2原材料がその下に記載され、それから第3と続きます。もしプロテインパウダーが乳清タンパク質分離物とされていながら、裏の表示欄で濃縮物が第1原材料である場合、その製品は他の原材料よりも濃縮物を多く含む、あるいはほとんどが濃縮物で構成され、分離物はほんのわずかである可能性があります。もっと悪いのは、「乳清」プロテインパウダーとして売られている製品の表示で、乳清タンパク質ではなく乳タンパク質（非常に安価な代替品）が第1原材料となっている場合です。

また、1杯分の量に対して含まれるタンパク質の量に留意しなければなりません。両者の差が大きい場合は、何かがおかしいと疑いましょう。1分量が40グラムでありながらタンパク質量が22グラムしかない場合、残りの18グラムは体に必要のない成分が含まれる場合は、その製品を買うべきではありません。

高品質の乳清タンパク質は、次のように簡単に見分けることができます。

1. 乳清タンパク質濃縮物、分離物、分解物が上位3位の原材料である

　これ以外のものが第1原材料であれば、他の製品を探しましょう。

2. タンパク質含有量が摂取量にほぼ等しい

　とはいえ、まったく同量になることはありません。純度の高いプロテインパウダーでさえ、甘味料、風味料、その他の微量な必須原材料が含まれているためです。

カゼインプロテインの秘密

　乳清と同様、カゼインも牛乳から得られます。しかし乳清と異なり、カゼインは消化が遅く、アミノ酸をゆっくりと安定した速度で血液のなかに送ります。筋肉量を増やすために乳清とカゼインのどちらがより効果的なのかがよく論じられますが、著名な専門家のあいだでは、以下の点において意見が一致しています。

- 消化が速く、ロイシンが豊富な乳清は、ワークアウト後の栄養補給に適している
- ワークアウト後の栄養素として、カゼインが乳清ほど効果があるかは定かでない
- 全体的な栄養補給のニーズという面では、カゼインと乳清は同等である
- カゼインのような消化の遅いタンパク質（低脂肪のカッテージチーズやギリシャヨーグルト、アイスランド産ヨーグルトのスキールなど）を就寝前に30〜40グラム摂取すると、筋肉の回復を早めることができる

カゼインプロテインには2つのタイプがあります。

1. カゼインカルシウム
2. カゼインミセル

　カゼインカルシウムは、混ぜやすくなるように加工されたタイプです。カゼインミセルは品質がより高いタイプで、タンパク質（ミセル）の小さなかたまりを維持するように作られます。ミセルは従来の製造過程で失われやすく、消化吸収に時間がかかるという特質を持っています。

　研究によると、カゼインミセルはカゼインカルシウムよりも消化が遅いため、就寝前の使用が特に効果的です。乳清と同様、カゼインプロテインを購入するときは、1杯分の量に対してのタンパク質含有量をよく確認してください。食い違いが大きい場合は、何かがおかしいということです。

卵タンパク質の秘密

　卵のプロテインパウダーがあるのを知っていますか？　実は知らない人が多いのですが、私は次の2つの理由から、エッグプロテイン（卵白）パウダーをお勧めします。

1. 生物価（BV）が高い

　生物価とは、タンパク質が体にどれくらい効率よく吸収され、活用されるかという数値です。ご想像のとおり、生物価が高いプロテインパウダーは筋

肉の増加に最適です。筋肉の成長促進においては、エッグプロテインは乳清と同じくらいの効果があると、動物研究で示されています。ヒトにおける研究でも、タンパク質合成を促進するために卵は効果的であると報告されています。

2. 脂肪や炭水化物をほとんど含まない

　エッグプロテインパウダーは卵白から作られているため自然で、ほぼ炭水化物ゼロ・脂質ゼロです。ということは、食事でもっと量を摂取できる（！）ということです。

　エッグプロテインでは、パウダーも液状もあり、どちらも効果は同じです。また、コレステロール値が気になる方への朗報ですが、エッグプロテイン（卵白）に含まれるコレステロールはゼロです。ですので、食事で全卵を食べても、サプリメントを追加で摂取することができます。

大豆タンパク質の秘密

　数々の研究において、大豆はあらゆる点で効果のあるタンパク質源とされる一方で、特に男性への影響をめぐって論議を引き起こしています。複数の研究によると、大豆に含まれるイソフラボンというエストロゲン様分子によって、男性の体内で女性ホルモンが促進されるということです。一方で、大豆もイソフラボンも適度の摂取であれば、生殖能力や男性ホルモンに影響を与えることはないと示す研究もあります。

　何が正しいのでしょうか。単純な結論はまだ出されていません。

　男性へのこれらの影響は、ある特定の腸内細菌が存在するか否かによって異なる可能性があると、研究は示唆しています。3割から5割の人の体内に存在するこれらの細菌は、大豆のイソフラボンの一種であるダイゼインを、女性ホルモンに似た働きをするエクオールというエストロゲン様ホルモンに代謝します。同様の作用が、北京大学によって行われた研究でも示されました。同研究では、エクオールを産生する男性対象者が3日間続けて大豆食品を大量に食べたとき、テストステロン値は下がり、エストロゲン値が上がりました。

　興味深い研究はまだあります。成均館大学校（韓国）の研究では、エストロ

ゲン値が高い環境では、イソフラボンはエストロゲンの産生を抑え、エストロゲン値が低い環境では、イソフラボンはエストロゲンの産生を促すことがわかりました。

　要するに、大豆が良いタンパク質源であることは確かですが、摂取しすぎるとホルモンに負の影響を与えうるということ。ですので、大豆は摂らなくてもかまいません。植物性のタンパク源は、まだ他にもあるのですから。

米タンパク質の秘密

　米からタンパク質が摂れることを知らない、あるいは米にタンパク質が含まれていることすら知らない人が多いのですが、米はプロテインパウダーの良い原料となります。米タンパク質は生物価が80％と高く（牛肉とほぼ同じ）、大豆のようにアミノ酸がバランス良く含まれています。したがって、研究でも筋肉増強への効力が示されています。また、味もまろやかで、舌触りや口のなかでの感触も良く、総括的に見て、植物性のタンパク質源のなかでは最高得点と言えるでしょう。

　タイプとしては、米タンパク質分離物しかありません。より良い効力を求めるのであれば、次のタンパク源と合わせるといいでしょう。

エンドウタンパク質の秘密

　エンドウタンパクは、植物性のタンパク質源のなかでも、隠れたヒーローと言えます。だって、筋肉を増量するためにエンドウ豆をたらふく食べるなんて人、見たことがないでしょう？

　実のところ、そういう人がいたとしても少しも変ではありません。エンドウは生物価が高く（米タンパクと同じくらい）、乳清のように大量のロイシンを含んでいます。研究でも、エンドウには筋肉の増強を促進する効力があることが示されています。エンドウタンパクは米タンパクといっしょに使用されることが多く、それにより味覚が良くなります。また、アミノ酸をバランス良く含み、乳清タンパク質に化学的に似た物質に合成します。このミックスは、しばしば「ビーガンミックス」とも言われます。

　エンドウプロテインパウダーには2つのタイプがあります。

1. エンドウタンパク質濃縮物
2. エンドウタンパク質分離物

　エンドウタンパク質濃縮物および分離物が作られるときは、まずエンドウ豆を乾燥させ、粉状になるまで挽き、水と混ぜ合わせたあとに繊維やデンプンを取り除くと、最後に少量のビタミンとミネラルを含むタンパクが得られます。最終生成物が濃縮物か分離物となるかは、その過程でどのくらいの非タンパク質成分が除かれたかによります。エンドウタンパク質分離物は重量に対して90％以上のタンパク質、そしてエンドウタンパク質濃縮物は重量に対して70〜80％のタンパク質を含みます。これが理由で、私は濃縮物より分離物を好みます（炭水化物と脂質が少ないので）。

ヘンププロテインの秘密

　麻の種子から作られるヘンププロテインの栄養価は高いですが、そのタンパク質は重量に対して30〜50％しかありません。そのため、炭水化物や脂質の割合が高くなります。また、ヘンププロテインは大豆、米、エンドウタンパクと比べると吸収されにくく、必須アミノ酸の量も比較的少なく、プロテインサプリメントとしては、他の植物性のタンパク源よりもやや劣ります。なので、私はヘンププロテインを補助食品としてではなく自然食品として見ています。この観点から、プロテインサプリメントとしてはお勧めしません。

コラーゲンプロテインの秘密

　口のうまいマーケター、著名なダイエット専門家や健康アドバイザーなどの後押しもあり、コラーゲンプロテインは今、ちょっとしたブームになっています。しかし残念ながら、表舞台に出るほど価値は高くなく、ましてやスポットライトを浴びるには値しません。

　ご存じのとおり、プロテインに含まれる必須アミノ酸の量は非常に大事であり、身体組成の改善においては特にそうです。しかし、そのことに関しては、コラーゲンプロテインの得点はとても低いのです。アミノ酸のグリシン、プロリン、ヒドロキシプロリン、アラニンが豊富である一方、必須アミ

ノ酸のロイシン、イソロイシン、バリンなどの筋肉の増強作用のあるものは少量です。また、血流、エネルギー生成、酸化的損傷からの細胞の保護など、多くの身体機能に関わる硫黄の量も少ないです。

　しかし、コラーゲンプロテインのメリットは1つあります。肌や髪や爪の状態を整えてくれるグリシンを多く含んでいるという点です。とはいえ、グリシンは安価なので、サプリメントとして必要であれば、それのみを（しかも大量に）購入することができます。

■ フィッシュオイル

　これは文字どおり、魚から生成されたオイルです。フィッシュオイルの原料として利用されるのは主に、サケ、ニシン、サバ、イワシなどです。本書で先に述べた2つの栄養素、エイコサペンタエン酸（EPA）とドコサヘキサエン酸（DHA）を多く含むため、フィッシュオイルはサプリメントとして市場に出回っています。このEPAとDHAは、合わせてオメガ3脂肪酸という名で知られています。人の体はオメガ3脂肪酸を生成できないため、必須脂肪酸とも呼ばれます。

　研究によると、残念ながら平均的な人が食事から摂取しているEPAやDHAの量は、健康を維持して病気を予防するために必要な量の10分の1程度にしかなりません。これは深刻な問題です。EPAとDHAの摂取量が不十分な場合、心疾患、アルツハイマー病、ガンなど、数々の健康障害のリスクが増すことが研究で明らかになっているからです。

　ですので、その不足をサプリメントなどで補うことで、以下のような多くのメリットをもたらすことができます。

- 気分の向上（うつ、不安感、ストレスの減少）
- 認識能力の向上（記憶力、注意力、反応にかかる時間）
- 筋肉痛、関節痛の緩和
- 脂肪燃焼の活性化
- 脂肪増加の抑止
- 筋肉増強の急速化

脂肪の多い魚以外の食品からも、ＥＰＡとＤＨＡを摂ることができます。これらの栄養素は牧草で育てられた動物の肉、放し飼いの鶏の卵、そして植物油にも含まれています。とはいえ、理想的な量ではありません。肉や卵に含まれるオメガ３の値は魚よりもずっと低く、植物油はＥＰＡとＤＨＡを含んでいませんが、脂肪酸の１つであるαリノレン酸（ＡＬＡ）を含んでいて、それが体内でＥＰＡとＤＨＡに変換されます。しかし、その変換プロセスはとても非効率的で、十分な量のＥＰＡとＤＨＡを補給するには、大量のＡＬＡを定期的に摂取しなければなりません。完全菜食主義の人たちにオメガ３脂肪酸が不足しているのは、この理由からです。

　今日の市販されているフィッシュオイルのサプリメントには、３つのタイプがあります。

1. トリグリセリド
2. エチルエステル
3. 再エステル化トリグリセリド

　トリグリセリドは、３つの脂肪酸と１分子のグリセロール（不透明・無臭で脂肪や油に含まれる物質）が結合したものです。フィッシュオイルに含まれるトリグリセリドは天然の（未加工の）状態です。

　エチルエステルを含むフィッシュオイルは、グリセロール分子をエタノール（アルコール）と差し替えるために天然のトリグリセリドを加工して作られます。この加工により、オイルのなかの不純物が除去され、ＥＰＡとＤＨＡの量が増加します。

　再エステル化トリグリセリドは天然形態に似ており、酵素を用いてエチルエステルオイルをトリグリセリドオイルに再び変換して作られます。

　上記の３タイプのうち、天然のトリグリセリドサプリメントが一番いいものだと思う人は多いでしょう。しかし、必ずしもそうではありません。天然トリグリセリド・フィッシュオイルは体に吸収されやすいですが、他の２タイプに比べて不純物を非常にたくさん含んでいます（加工度が低いためです）。また、天然トリグリセリド・フィッシュオイルは１グラムに対するＥＰＡと

DHAの値が他の2タイプより低いため、体が必要とする量を得るには、より多くを摂取しなければなりません。結果として摂取カロリーが増し、出費もかさみます。エチルエステルフィッシュオイルは一番人気がありますが、だからといって一番良いというわけではありません。製造にかかるコストが低いため、そこから生じる問題もあります。

　問題の1つとして、このタイプのフィッシュオイルは体に吸収されにくいということが挙げられます。さらに、体に放出されるエタノール（アルコール）が肝臓によって処理されることにより、げっぷ、胃のむかつき、味覚の変化、発疹などのさまざまな副作用が現れることもあります。

　また、エチルエステルフィッシュオイルは、トリグリセリドに比べると早く酸化しやすい（悪くなりやすい）というデメリットがあります。もうお察しのように、私はエチルエステルフィッシュオイルが好きではないので、お勧めできません。

　購入しようとしている製品がエチルエステルかどうかはっきりわからないときは、表示を確認してください。もしもオイルのタイプがはっきりと表記されていない場合、その製品はエチルエステルであると思っていいでしょう。もっと質が良く、高価なトリグリセリドタイプを製造している会社は、商品価値を高めるために、そのことをはっきりと売り込むはずです。

　あとに残ったのは、再エステル化トリグリセリドオイルです。このタイプがフィッシュオイルサプリメントの代表格であるには、わけがあります。

- バイオアベイラビリティ（生体利用率）が高い
- EPAとDHAの濃度が高い
- 毒素と汚染物質レベルが低い
- 酸化耐性が強い
- エチルエステルで見られるようなアルコールによる副作用がない

　3つのタイプのなかで最も製造コストがかかるため、再エステル化トリグリセリドオイルを売る会社は多くありません。でも、このタイプは高品質なので、試してみる価値は十分あります。

ビタミンD

　つい最近まで、ビタミンDは「骨作りの栄養素」として知られていました。そして、こんにちでもまだ多くの医師が、ビタミンDの作用は骨の健康を保つこととしか認識していません。しかし近年の研究で、さらなる効果があることが明らかになっています。体内のほとんどすべての細胞と細胞組織、つまり心臓や脳、そして脂肪細胞さえもがビタミンDの受容体を持っており、ビタミンDは生理的過程で数えきれないほどの重要な役割を果たします。

　また、ビタミンDは遺伝子の発現を制御して、免疫機能やメタボリズム、そして細胞の増殖や発達を調整します。このため、体にビタミンDが不足していると、数々の健康上の障害、たとえば骨粗鬆症、心疾患、脳卒中、ガン、1型糖尿病、多発性硬化症、結核、インフルエンザなどのリスクが増加します。

　人の体は、必要量のビタミンDを十分に生成することができないので、食べ物、日光、あるいは栄養補助食品から摂取しなければなりません。牛レバー、チーズ、卵黄などのさまざまな食品には、1オンス（約28グラム）につき10〜60IU（国際単位）程度の少量のビタミンDが含まれています。サケやマグロやサバなどの脂質の多い魚での値は50〜150IUと、わずかに多めです。現在のところ、タラ肝油が最も多くのビタミンDを含むと言われており、その値は小さじ1杯につき1300IU以上です。

　ビタミンDは、牛乳、朝食用シリアル、オレンジジュース、マーガリンなど、多種の栄養強化食品にも加えられていますが、カロリーを考慮して計画的に食事をする人は、これらを選択枠から外さなくてはなりません。

　人の皮膚は太陽からの紫外線B波（UVB）を浴びると、皮膚下で紫外線とある種のコレステロールがビタミンDを合成します。太陽を浴びれば浴びるほど、そして日差しが強ければ強いほど、より多くのビタミンDが生成されるわけです。

　ある研究では、米国フロリダ州で夏の正午に皮膚の25％が太陽光を浴びたとき、体は3〜6分間で少なくとも400IUのビタミンDを生成したと報告されています。これを基にすると、体に適切な量のビタミンDを維持するためには、食事や許容範囲によって異なりますが、1日15〜60分の日光浴

が必要だということになります。しかし、冬にはこれは難しいでしょう。

　ですので、私はビタミンＤサプリメントをお勧めします。安価で効果的ですし、柔軟に食事プランを組むことができます。

■ マルチビタミン

　体は、生命維持に重要なすべての機能の発達を促し、改善しています。そしてその過程を支えるために、さまざまなビタミンやミネラルを必要としています。食事から必要量を摂取するのが理想的ですが、一般的な西洋型の食事においては、ほとんどの人が主要栄養素の多くを十分に摂れていない傾向にあります。

　コロラド州立大学が2005年に発表した研究によると、アメリカ国民の少なくとも半分は、ビタミンＢ６、ビタミンＡ、マグネシウム、カルシウム、そして亜鉛が不足しており、それらの摂取量は推奨量を下回っています。また、アメリカ人口の約３割が推奨量の葉酸を摂取していません。また、近年、タフツ大学の研究チームが2017年に発表した論文で、カルシウム、マグネシウム、ビタミンＡ、Ｃ、Ｄ、Ｅが不足しているアメリカ人は人口の３割以上を占めることが明らかになりました。さらに、ビタミンＫの平均摂取量も推定必要量以下であることが、近年の研究で示唆されています。

　それでは、マルチビタミンのサプリメントを見てみましょう。サプリメントはわれわれの食生活での不足部分を埋めてくれる、食習慣の乱れを整えてくれると多くの人が思っています。しかし、それはあくまでも理想であり、実は、ほとんどのサプリメントはそのような期待に十分に応えることができません（ましてや期待を上回ることなどありえません）。

　ほとんどのサプリメント会社は、顧客層が必要とするビタミンやミネラルのそれぞれの用量を割り出すという手間を省き、製造会社があらかじめ作っておいた製剤を売ります。それらの製品には頻繁に、消費者が必要とするか否かにかかわらず、あらゆる種類の微量栄養素が不当に多く、または不当に少なく詰め込まれています。つまり多くのマルチビタミン剤が、ほとんどの人が不足していないビタミンやミネラルを過剰に含み、最も必要とされるものをほとんど、あるいはまったく供給していないのです。

多くのマルチビタミン剤には大量の微量ミネラル、マンガン、モリブデン、ホウ素とビタミンＣ、Ｅ、Ａが入っていますが、実際には、ある程度きちんとした食事を摂っている人であれば、これらの栄養素を食品から十分に摂っており、サプリメントでさらに補給する必要はありません。

　対照的に、非常に大事な栄養素がマルチビタミン剤で不足していることもあります。その好例が、骨の発達と強化、血管機能、ガン防止、関節の健康のために欠かせない栄養素であるビタミンＫです。マルチビタミン剤がビタミンＫを配合しているとしても、たいていの場合、それはごく少量のビタミンＫ１。しかし、ビタミンＫ１は自然食品に大量に含まれています。サプリメントで摂取すべきなのはＫ２です。その特性から、健康に多くのメリットをもたらしますが、食事から摂取することが非常に難しいのです。それなのになぜ、ほとんどのマルチビタミン剤にビタミンＫ２が入っていないのでしょうか。もちろん、高価だからです。

　さらに、多くのマルチビタミンは、ある種のビタミンやミネラルを過剰に含んでいるので、逆に害となるおそれがあります。多くのマルチビタミン剤には、健康に害を与えるほどの量のビタミンＥが含まれています。ビタミンＥは抗酸化物質であり、酸化的損傷を防ぎます。しかし一般的に抗酸化物質は多いほうがいいと思われがちのため、よく過量摂取されています。こうしたことから、マルチビタミン剤は通常、とてつもない量のビタミンＥとビタミンＣ（もう一種の抗酸化物質）を含むのです。

　すべての抗酸化物質が同様の働きをするわけではありませんが、１日400ＩＵを超える量のビタミンＥをサプリメントから定期的に服用すると、死に至る健康障害（さらには死亡）のリスクを増大させるのではないかという懸念の声が現在高まっています。さらに悪いことに、マルチビタミン剤は、ビタミンとミネラルの他に、価値のあるものをほとんど含んでいません。

　私のことを皮肉屋だと思われるかもしれませんが、はたして、果物と野菜のパウダーの"特別"ブレンドを100ミリグラム摂取できるからと喜ぶ人などいるでしょうか。プロバイオティクス（人体に有益な働きをする微生物）にしても、善玉菌のほとんどは死んでいるし、死んでいないとしても、どのくらいの効果があるのでしょうか。微量の酵素やアミノ酸は、サプリメントでわざわざ摂る必要はないでしょう。デトックス効果のあるハーブ配合サプリメ

ントとやらで、本当に体の老廃物を取り除けるのでしょうか。

　最終的な私の結論は、こうです。健康のために適量の多様な果物や野菜を
バランス良く食べるほうが良い。マルチビタミン剤のためにお金や虚しい期
待をかけても、なんの意義もメリットもありません。

■ ファットバーナー

　これはもはや言う必要のないことだと思いますが、それでもはっきり言い
ましょう。減量ピル（ダイエットピル）やパウダーは、あなたの贅肉を落とし
てくれません。

　本当です。体脂肪を減らしたくて、減量ピルを大量に飲んでも、それでは
まだ不十分です。飲んだだけで脂肪を減らしてくれる、効果絶大でパワフル
な、それでいて安全で自然な「脂肪燃焼」化合物は存在しません。

　また、これを聞いてももはや誰も驚かないと思いますが、市場にある減量
サプリメントのほとんどは、ベストセラー製品を含めて、まったく役に立ち
ません。

　例を挙げましょう。

　　エクセター大学の研究チームが行ったメタ分析によると、「ガルシニア
　カンボジア」に期待できるのは、せいぜい１キロ前後の体重を、２〜３か
　月間で落とすことくらいだ。しかし、まったく体重が落ちない可能性のほ
　うが大きい。

　　同研究者による他のメタ分析によると、グリーンコーヒーエキスは多量
　に摂取した場合のみ、体重減少の速度をわずかに促す可能性がある。しか
　し、その真偽はまだ判定されておらず、展望は良くない。

　　共役リノール酸の作用は謎である。数々の研究では、共役リノール酸に
　より脂肪が減る人もいれば、減らない人もいた。また脂肪が増えるケース
　でさえ多々見られた。

ネズミを使った実験で、ラズベリーケトンには抗肥満作用があることがわかった。しかし、ヒトに対する効果は、論理的に根拠のある研究に基づいていない。

これはなぜでしょう。あなたが服用すると、どうなるでしょう。これらのダイエット効果に関しては、より確かな研究が必要です。

さて、朗報もあります。脂肪を落とすための正しい知識を備え、そして正しいダイエット法やエクササイズを行っている方は、体脂肪の減少を促す、ある特定のサプリメントを摂取してもいいでしょう。

自分の体験から、そして数えきれないほどの人たちと仕事をしてきた経験から、私は自信を持って言えます。正しい脂肪燃焼サプリメントを適切に摂取すれば、脂肪減少の速度を30〜50%高めることができ、そのうえ副作用もほとんどありません。つまり、正しいダイエットとエクササイズから通常1週間で500グラムの脂肪を落とすことができるのであれば、この正しいサプリメントをジュースやスムージーに混ぜて飲めば1週間に650〜750グラムの脂肪を落とすことができるのです。

これらの正しいサプリメントには、他にもメリットがあります。おなかや背中などの、男性にとって特に「落としにくい脂肪」に効果があるのです。

さて、これらの「正しい」サプリメントとは何でしょうか。どのような作用があるのでしょう。そしてその安全性や効果とは？

さっそく見ていきましょう。まずは、皆さんの大好物のものです。

カフェイン

カフェインには覚醒・興奮作用がありますが、効果はそれだけではありません。

研究によると、カフェインには次のような効能があります。

- 労力を認識する力を弱める（これによってエクササイズが少し楽に感じる）
- 疲労しにくい
- 出力を高める
- 筋持久性を高める

- 筋力を増強する
- 無酸素運動でのパフォーマンスを高める
- 脂肪燃焼を促す

　カフェインによって筋肉疲労が回復すると言われますが、朝のトレーニングでこれを実感する人はたくさんいます。カフェインによりカテコールアミン（脂肪燃焼を促す物質）が血液中で増加し、その結果、基礎代謝率が上昇するため、先に挙げたようなさまざまな効果が現れるわけです。

　ほとんどの人において、200ミリグラムという比較的少量のカフェインで基礎代謝率（BMR）が3時間にわたり約7％高まることが、研究で明らかになっています。計算すると、1日に2〜3回カフェインを摂取した場合、さらに150〜200キロカロリーが消費されることになります。ただし、カフェインを繰り返し摂取していると体が反応しにくくなる（カフェイン耐性がつく）ということを忘れてはなりません。耐性が高ければ高いほど、パフォーマンスや脂肪減少におけるカフェインの効果度は低くなります。

　したがって、カフェイン効果を利用して最大限の成果を得たい場合は、週に1〜2日だけ、あなたのワークアウトが一番きつくなりそうな日に摂取しましょう（私は通常、バーベルスクワットやデッドリフトを含むワークアウトをする前にカフェインを摂ります）。

　また、カフェイン効果を利用して体脂肪を最大限に減らしたいのであれば、2〜3週間は毎日カフェインを摂取し、その後1週間はカフェイン断ちをして耐性をリセットすることで、効果を再び享受することができます。

ヨヒンビン

（訳注：日本では、ヨヒンベ樹皮は「もっぱら医薬品として使用される成分本質〔原材料〕」の扱いとなっている。妊婦・授乳婦または小児は使用すべきでなく、専門家の指示のもと以外では使用してはいけない成分）

　ヨヒンビンは、アカネ科の植物ヨヒンベの樹皮に含まれる化合物で、数々の研究によると、脂肪の減少を促進する効果があります。カフェインのようにカテコールアミンの生成を促す一方で、カフェインとは異なり、より多く

の「頑固な脂肪」の燃焼を促します。

　頑固な脂肪って何？　と不思議に思う方もいるでしょう。そうです、脂肪細胞には、他のものよりも落としにくい種類があるのです。遺伝という呪いのせいではありません。これは単に体のメカニズムが、体脂肪が少なくなることを防いでいるためです。脂肪の燃焼を誘発するために、体はカテコールアミンを血液中に放出します。そしてカテコールアミンが脂肪細胞の受容体に結合することにより、脂肪細胞のなかに貯蔵してあるエネルギーが放出されます（この放出を脂肪動員といいます）。

　脂肪細胞はカテコールアミンのためにアルファとベータの２つの受容体を持っています。わかりやすく言うと、通常、ベータ受容体は脂肪動員を加速し、アルファ受容体はこれを阻止します（生理学はこれよりもずっと複雑ですが、ここではこれ以上、掘り下げません）。つまり、脂肪細胞のアルファ受容体が多ければ多いほど、カテコールアミンによる脂肪動員への耐性は高くなります。その反面、脂肪細胞のベータ受容体が多ければ多いほど、脂肪を動員する分子を多く「受容」します。ご想像のとおり、脂肪を落としやすい体の部位は、脂肪細胞中にベータ受容体を多く持ち、贅肉がなかなか思うように落とせない部位にはアルファ受容体が多いのです。

　問題の脂肪がこびりつくもう１つの要因は、血流です。触ったときに、下腹部や背中などの脂肪のある身体部位は、腕や胸などの他の部位よりもわずかに冷たいことに気づいた人もいるでしょう。それは、体温の比較的低い箇所は血流が悪いからであり、そして血流が悪い箇所はカテコールアミンが少量です。つまり血流が悪い箇所では、体脂肪の減少は鈍化するのです。

　さて、これで、私たちの目的を阻止しようとする２つの障害が判明したわけです。カテコールアミンに反応しない大量の脂肪細胞、そして、血行不良によるカテコールアミンの減少です。体重が減り、ほとんどの体脂肪量を確実に落としているように見えても、それはすでに贅肉の少ない体の部位だけなのです。

　男性においては一般的に、腕、肩、胸は体脂肪が落ちても、腹部や背中下部ではあまり変化が見られません。したがって、体脂肪率が10％に近づくと頑固な脂肪が落ちて、その効果が外見にはっきり現れます。この時点で、「正しい」箇所で500グラムほどの脂肪を落とすだけで、すでに１キロの脂肪

を失った他の部位よりも、外見的な違いは著しくなります。

　では、ヨヒンビンはこれとどう関係があるのでしょうか。研究によると、ヨヒンビンは脂肪動員への耐性が高いアルファ受容体に付着することにより、頑固な脂肪の減少を促してくれます。つまり、脂肪細胞のアルファ受容体が脂肪燃焼にブレーキをかけようとしているのを抑えてくれるのです。

　しかし、1つ問題点があります。インスリンが増加すると、ヨヒンビンの脂肪燃焼を促進する効果が打ち消されるのです。ですのでヨヒンビンの使用は、絶食中にエクササイズをするときのみに限られます。

シネフリン

　シネフリンは、主にビターオレンジに含まれる物質です。ダイダイと呼ばれることもあります。これは、市販の風邪薬や抗アレルギー薬、そしてマオウを含む減量サプリメントやエネルギーサプリメントに多く配合されている、エフェドリンやプソイドエフェドリンに化学的に類似しています。

　シネフリンは神経系を刺激してBMR（基礎代謝率）を高め、食品の熱効果（食べた物を消化・吸収するエネルギーの消費）を向上させます。また、ヨヒンビンと同様に、脂肪細胞のアルファ受容体を阻害し、頑固な脂肪の減少を促すことが研究で明らかになっています。

■ 筋肉増強剤

　私はこのところ栄養補助食品ストアに行くことはありませんが、以前に一度、あるストアに入ったとき、店内の奥にある、鍵がかかったキャビネットのなかの商品に興味を覚えました（そのように保管してあれば、絶対にいいものだって思いますよね）。

　たいていそうであるように、キャビネットのなかはカラフルでピカピカのボトルでいっぱいで、それらのラベルには「革新的に筋肉を増強する天然物質を含んでいる」と記されていました。私は、次のような商品を見ると、いつも不快感を覚えます。

　サイクロトレン、クレンブトルクス、Dボール、Tボム、ビーストドロール、ソムニドレン。

私も以前、その効果を期待して、このようなサプリメントを買った時期がありました。でも今では知識があります。だからはっきり言いましょう。筋肉増強剤と言われるほとんどのサプリメントには、まったく効果がありません。市販されているなかで一番人気のある次の3つは、特にそうです。

1. BCAA（分岐鎖アミノ酸）
2. テストステロン産生促進剤
3. 成長ホルモン分泌促進剤

　幸運にも、実際に筋肉増強を促進するサプリメントもあります。そして、研究でもその効果が証明されています。それらのなかでも特にお勧めなのは、クレアチン、β-アラニン、そしてシトルリンの3つです。
　これから、上記の悪いサプリメント、そして良いサプリメントについて詳しくお話ししましょう。

BCAA（分岐鎖アミノ酸）
　BCAAは、次の3つの主要アミノ酸から構成されています。

1. ロイシン
2. イソロイシン
3. バリン

　ご存じのとおり、ロイシンはタンパク質合成を直接的に刺激します。イソロイシンはタンパク質合成を少し刺激し、グルコースの代謝と筋中への吸収を促します。バリンにおいては、ロイシンやイソロイシンのような筋肉細胞への作用は見られません。
　BCAAがベストセラーであるのは、体にものすごい効果をもたらすからではなく、売りやすいからです。BCAAにはすばらしいメリットがあると示唆する研究が数多くあります。また、フィットネスに関心のある人は「みんな」飲んでいて、とても味がいいとも謳われています。
　仮に、私があなたにBCAAを売り込むなら、その効力——免疫機能の向

上、疲労の軽減、エクササイズでの筋肉損傷の軽減、ワークアウト後の筋肉の成長促進など——を示す研究をいくつも挙げるでしょう。しかし、高タンパク質の食事を摂ってワークアウトに励み、平均的に健康でアクティブな人には、研究の大部分は直接当てはまりません。

　まず、ＢＣＡＡサプリメントが筋肉にメリットをもたらすと示す研究のほとんどは、タンパク質を十分に摂取していない人を対象として行われたものです。例を挙げましょう。ＢＣＡＡを売り込むために、数々のサプリメント会社は、航空宇宙医学研究センターが行った研究を引用しました。この研究では、カロリー制限ダイエットを行うレスラーを対象にＢＣＡＡサプリメントの効果が調査され、３週間後、１日52グラムのＢＣＡＡを摂取したレスラーにおいては、摂取しなかったレスラーに比べて、より筋肉が増加し、体脂肪がわずかに減少したことがわかりました。

　これだけを聞けば、あなたも財布の紐をゆるめたくなるでしょう。しかしその前に、話の残りを聞いてください。それらのレスラーは平均体重が68キロで、タンパク質を１日にわずか80グラムほどしか摂取していなかったのです。本書ですでにお話ししたように、その値は、レスラーたちが摂取すべき量の半分ほどしかありません。つまり真相は、先述の研究でＢＣＡＡサプリメントが示した効果は、カロリーとタンパク質の両方の摂取量を制限したことによる結果であるということです。さらに体脂肪を減らすことができるか否かは、誰にもわからないことです。これに関して、納得のいくようなＢＣＡＡのからくりは明らかになっていないのですから。いずれにしても、私を納得させるにはまったく不十分です。

　ＢＣＡＡサプリメントにおける筋肉関連のさまざまなメリットを示す研究は他にもありますが、多くの場合、被験者の食事摂取コントロールが適切でない、そしてタンパク質の摂取が少ないことがネックになっています。しかもほぼすべての研究において、被験者は絶食状態でエクササイズをしており、摂食状態でのエクササイズ時とは、筋肉や体への作用がまったく異なっているのです。

　１日に数時間ものトレーニングを行っているアスリートは、ＢＣＡＡの恩恵にあずかることができるかもしれませんが、それ以外の人には、謳われているほどの効果はありません。トレーニングによる疲労から回復するため、

そして筋肉を増加するために必要な量の分岐鎖アミノ酸は、通常の食事からでも得ることができるのです。

　実際に、筋肉を増加するためには、食品から得るBCAAはアミノ酸ドリンクよりもずっと伝導性がある、と研究で報告されています。アーカンソー大学が行った最近のBCAA研究のレビューは、BCAAサプリメントは筋肉増加においてまったく効果がなく、それどころか筋肉を減少させる可能性があることを示唆しています。研究者らは最終的に、「ヒト被験者においてBCAAの摂取が筋肉タンパク質の合成を刺激する、またはアナボリック反応を引き起こすという主張は確証されない」という結論に至りました。

テストステロン産生促進剤

　男性の体内で男性ホルモン値が減少する西洋の国々において、天然由来のテストステロン産生促進剤の人気が急速に高まり、サプリメント業界のベストセラーになっています。それらの製品の謳い文句が半分でも本当であれば、こうした天然タイプのステロイド代替品は女性を興奮させ、他の男性が恐れをなすような強靱な体と男らしい筋肉美を、われわれにもたらしてくれるはずです。

　しかし、"すべて"のテストステロン産生促進剤は、まったく"価値がありません"。多くの製品では、含まれる材料の効力が確認されていないどころか、逆に"まったく効力がないと立証されている"のです。ホルモンへ好影響をもたらす材料が1つ2つ含まれているという稀なケースにおいても、その効果は微々たるもので、ワークアウトに加えたときの変化は期待できません。

　これらのサプリメントの原材料として一番よく使用されているのが植物のハマビシ、ミネラルサプリメントのZMA、そしてアミノ酸のDアスパラギン酸の3つです。

　数々の研究によると、テストステロン値、体組成、あるいはエクササイズパフォーマンスでの、ハマビシの効果はありません。テストステロンの促進や筋肉の増大に関しては、これまでのところハマビシの貢献度はゼロだと言われています。

　ZMAは、亜鉛、マグネシウム、そしてビタミンB6を合わせたもので、ここでもハマビシと同様のことが言えます。研究によると、体に亜鉛が著し

く不足していないかぎり、ZMAがテストステロン値を高めることはありません。また、亜鉛が欠乏しているとしても、食事で十分に補うことができますから、ZMAサプリメントを飲む必要はないのです。

　したがって、亜鉛をテストステロン促進剤と呼ぶのは偽りです。亜鉛サプリによってテストステロンが増えることはまずありませんし、増えたとしても、テストステロン産生を促したからではなく、単に産生を妨げていた微量栄養素の欠乏を補ったからなのです。

　Dアスパラギン酸は3者のなかで最も有望ですが、それでも大きな期待は抱けません。2009年、Dアスパラギン酸がヒトとネズミのテストステロン値を上げたという研究が発表されたとき、サプリメント会社は大喜びしました。類似製品は販売店の棚から下ろされ、Dアスパラギン酸がクレアチンの横に堂々と並びました。その後も複数の研究が行われ、切望されていた結果を示しました。

　ここで生理学的な説明は省き、結論を言いましょう。確かにDアスパラギン酸はテストステロンの産生を促します。しかし、その効果は小さく、不確かで、一時的なものです。

　テストステロン産生が少なくて一時的な増大であっても、「まったくないよりもまし」と仮定して、この先を見ていきましょう。Dアスパラギン酸を用いて、あなたのテストステロン産生が20％増加したとします。あるいは、ほんの少しでもテストステロン値が上がったとしたら、いいですよね？　有効性という観点からするとそうかもしれませんが、これは筋力や筋肉の増大においては、あまり意味がありません。研究によると、比較的小さなテストステロン値の変動は、体組成やパフォーマンスにほとんど、あるいはまったく影響を及ぼしません。効果が顕著になるのは、テストステロン値が生理的範囲の上限を上回ったときであり、それを達成できるのは薬物だけです。

　カナダのマクマスター大学が行った研究を例に挙げましょう。この研究では、筋肉トレーニングで鍛えられた若い男性被験者56人が、週5日のウエイトリフティングと普通のボディビルディングダイエットを行いました。12週間後、エクササイズによりタンパク同化ホルモン（テストステロン、成長ホルモン、インスリン様成長因子1〔IGF-1〕など）はそれぞれさまざまな度合いで増加しましたが、これによる筋力や筋肉への影響はありませんでした。つま

り、トレーニングでタンパク質同化ホルモンが増大しても、筋力の向上にも筋肉の増大にもつながらないということです。

チャールズR.ドリュー医療科学大学による研究も見てみましょう。この研究では、健康で若い男性被験者61人のテストステロン値を、薬品を用いて操作しました。20週間後、テストステロン、脚力、そして筋力の間で用量依存の関係（テストステロン値が高いときは力もアップする）が確認されましたが、顕著な効力が現れたのは、テストステロン値が生理的範囲の上限を20〜30％上回ったときでした。

ここでのポイントを明確にするために、ステロイドに関する研究も紹介しましょう。

マーストリヒト大学の研究者グループは、ステロイドに関する研究文献の綿密なレビューを行いました。そこから、ステロイドを摂取したウエイトリフターでは、短期間（10週間以内）で筋肉が2〜5キロ増大したことが明らかになりました。6週間で筋肉が最大7キロ増加したケースもありました。

アナボリックステロイドを用いてテストステロンを急上昇させても、誰もが目を見張るほどの筋肉増大を図ることができないのであれば、効果が立証できない天然テストステロン産生促進剤は、いったい何を達成できるのでしょうか。自分のためを思って、テストステロン促進剤を使うことはやめましょう。また、このような製品を販売する会社もボイコットしましょう。彼らは、今しがたお話ししたことすべてを知っていながら、単に金儲けのために、テストステロン促進剤を売っているのですから。

成長ホルモン分泌促進剤

成長ホルモン分泌促進剤もまた、まったく役に立ちません。材料のほとんどはアミノ酸とハーブで、そこに奇妙なものがちょこちょこ加わります。ほとんどの製品では成長ホルモン産生を促す効果がありません。あるとしても微々たるもので、違いが現れるほどではありません。

多くの成長ホルモンサプリメントに含まれる、アミノ酸の一種であるガンマアミノ酪酸（GABA）を見てみましょう。研究によると、確かにガンマアミノ酪酸はエクササイズ後の成長ホルモン値を高めることができますが、それはわずかで、しかも一時的であり、筋肉の増大には影響を及ぼしません。

　さまざまな病気予防に使われる漢方薬のロクジョウもベストセラー製品の1つです。ロクジョウにはさまざまな効果がありますが、ホルモンを最適化するとか筋肉を増大するといった効力はありません。研究でも、テストステロン値も成長ホルモン値も高めないし、筋肉の増強を促進しないことが明らかになっています。

　マメ科のムクナも多くの成長ホルモンサプリメントに含まれていますが、これもまた効きません。主要成分L‐DOPAはパーキンソン病の症状を軽減し、精液の質を高める可能性がありますが、テストステロンや成長ホルモンの値を有意義なレベルまで高めるという確証はありません。

　したがって、成長ホルモンを促進すると謳われる天然サプリメントは、まったくの不要物です。飲んでも得られるものは何もないのですから。

クレアチン

　ここからは、良いサプリメントについて見ていきましょう。まずはクレアチンです。こんにち市販されているワークアウトサプリメントのなかでも、クレアチンは群を抜いて良いとされています。すべてのスポーツ栄養食品のなかで最も頻繁に研究されている（数百もの研究の対象となっている）成分で、次のような明らかなメリットがあります。

- 筋肥大を加速する
- 筋力の強化を早める
- 無酸素運動での耐久性を高める
- 筋肉の回復力を高める

　クレアチンの最もすばらしい点は、これらの効果が自然で安全に得られることです。クレアチンとは、いったいどんな物質でしょうか。そしてその作用とは？

　クレアチンは筋肉中に存在する有機酸の1つで、肉や卵、魚などの食品にも含まれています。アミノ酸のLアルギニン、グリシン、Lメチオニンで構成され、ほぼすべての細胞内に存在し、そこで「貯蔵エネルギー」として働きます。クレアチンをサプリメントとして摂取すると、体内の貯蔵量が増

し、ほとんどが筋中に貯えられます。筋細胞にいつでも使用可能なエネルギーが大量に貯えられていると、どうなると思いますか？　もちろん、運動パフォーマンスが向上するのです。

　また、クレアチンは筋細胞内の水分を増やし、それによって筋肉の成長を促します。筋肉は増大し、窒素バランス（窒素の摂取量から窒素の排泄量を差し引き、平衡が正であれば筋肉が増強すること）や、筋肉の成長に関わる遺伝子の発現にも好影響を及ぼします。

　別の研究では、クレアチンは異化作用を抑える力があり、そのため筋肉量の増加を促すことがわかっています。

　一方で、体にむくみが出ると聞いて、クレアチンを遠ざける人も多くいます。これは数年前まではデメリットの1つでしたが、今日では加工法の改善により、この問題はなくなりました。クレアチンを含むサプリメントを摂取しても、水太りになることはありません。

　クレアチンには、クレアチン・モノハイドレート、クレアチン・エチルエステル、緩衝化クレアチンなど、多くの形態があります。これらについて、ここで詳しく説明することはしません。というのは、私がお勧めするのはクレアチン・モノハイドレート1つだけだからです。これが一番多く研究の対象となり、厳しい判定を通過してきたものですし、コストパフォーマンスが高いのです。

β-アラニン

　β-アラニンはアミノ酸の一種で、必須アミノ酸Lヒスチジンと結合し、カルノシンという化合物分子を合成します。カルノシンは筋肉や脳に貯蔵されます。カルノシンは筋肉中の酸性度を調整するなど、体内で多くの働きをします。

　筋肉が収縮を繰り返すと、酸性度は高まります。これにより収縮する力が弱まり、いずれ収縮が止まってしまいます。これは筋肉の疲労の一要因になります。カルノシンは、筋肉の酸性濃度を弱めることにより収縮能力を維持し、疲労するまで筋肉の活動量を増大します。ノッティンガム・トレント大学の研究者が行ったメタ分析によると、β-アラニンのサプリメントを摂取した場合、60～240秒のエクササイズにおいて、耐久性の改善がわずかに認

められました。

　また、β-アラニンは筋肉増強を促進するとの研究報告もあります。この理由についてはまだ解明されていませんが、β-アラニンのサプリメントを摂取した人は、摂取しない人に比べると筋肉を増やすことができるのは事実です。また、この効果は単にワークアウトのパフォーマンス向上によるものでもありません。

L-シトルリン

　L-シトルリンはアミノ酸の一種で、尿素サイクルにおいて重要な役割を果たします。尿素サイクルは、タンパク質の分解と細胞エネルギー生成から生じる毒素を排除するプロセスです。尿素サイクルと呼ばれる理由は、これらの毒素が尿素という物質に変換されるからです。尿素は、尿と汗になって排泄されます。

　L-シトルリンの「L」はタンパク質を構成するアミノ酸の構造を示します。アミノ酸にはほかにD体アミノ酸というものがありますが、これはタンパク質ではなく、細胞内に存在するものです。

　L-シトルリンは人気の高いワークアウトサプリメントです。というのも、トレーニングの耐久力と持久力を高め、酸化窒素の生成を促してくれるからです。コルドバ大学が行った研究を例に挙げましょう。当該研究報告によると、胸部ワークアウトの前に8グラムのL-シトルリンを摂取した人は、通常のレップ回数よりも52%多くワークアウトを行うことができ、ワークアウト後の筋肉痛も著しく軽減されました。

　生体医学磁気共鳴研究センターが行った研究では、L-シトルリンを1日6グラム摂取することで、エクササイズ中の細胞エネルギーの生成を34%高めることができ、その結果、運動の出力と強度が大幅に高まることが明らかになりました。

　L-シトルリンを摂取すると、腎臓がこれを他の種のアミノ酸であるLアルギニンに変換し、その結果、酸化窒素の産生が促進されます。酸化窒素は体内の気体化合物で、血管を拡張し、血流を改善します。酸化窒素の産生を高めることにより、エクササイズでのパフォーマンスを向上し、血圧を下げ、勃起時にはペニスを増大することができます（あなたの大切な人に好印象を

与えることができます)。

　皮肉にも、Ｌアルギニンのみよりも、Ｌ-シトルリンを配合したサプリメントのほうが体に吸収されやすいため、より効果的です。市販されているシトルリンには２つのタイプがあります。

1. Ｌ-シトルリン
2. シトルリンマレート

　上記の２タイプの唯一の違いは、Ｌ-シトルリンは混じりけのないアミノ酸で、シトルリンマレートはＬ-シトルリンとリンゴ酸（多くの果物に含まれる天然物質）の化合物だというだけです。リンゴ酸サプリメントの人体への潜在的メリットを示す研究結果はありませんが、ネズミにおいては耐久力を改善することが明らかになっています。さらに、心臓血管に好影響を与える可能性も示唆されています。

　私はＬ-シトルリンよりもシトルリンマレートをお勧めしますが、これは２つの理由からです。

1. 運動パフォーマンス面でのメリットが数々の研究で明らかになっている
2. リンゴ酸は健康面とパフォーマンス面において、さらなる好影響をもたらす可能性がある

　要するに、シトルリンマレートにはデメリットがないため、Ｌ-シトルリンよりも優れていると言えるのです。

....

　以前、私がトレーニングをはじめたときに、この章でお話ししたことを誰かが私に教えてくれていたら、どんなに良かったことでしょう。リサーチに時間をかけることも、価値のない錠剤やパウダーでお金を無駄にすることもなかったはずです。

　この章の情報があなたにとって有益なものとなり、あなたの不安を軽減で

きれば、とても嬉しいです。なぜなら、サプリメントは複雑で、最適なものを見つけるのは至難のわざだからです。薬棚を高額なサプリメントボトルやパウダーの袋で埋め尽くしても、いまだ手に入れたい効果を得ることができない、という人は非常にたくさんいます。

　この章のアドバイスに従えば、そのような体験をしなくてすみます。というのも、あなたは今、最善の選択をするためのノウハウを身につけたからです。これで筋肉を増やし、筋力をアップし、脂肪を多く落とし、そして健康と活力を改善して維持できるようになるでしょう。

　ここでは触れませんでしたが、メリットがあるサプリメントは他にもあります。とはいえ、あなたが最も必要とする効能の8割を有するのは、市場に出回っているサプリメント製品の2割にも満たないのです。

カッコよくやせる
筋トレプログラム

27 番号どおりにやって、あとは体に任せる

> 即座に得られる満足感のために長期的な目標をあきらめるなんて、その場しのぎだよ。

——ダン・アリエリー（心理学・行動経済学教授）

正しい食事療法、ワークアウト、そしてサプリメントを用いて引き締まった筋肉を増やし、にっくき脂肪を大量に減らす方法をこれまでにお話ししました。さあ、あなたは、この綿密に計画されたステップバイステップ・プログラムに取りかかる心の準備ができましたか？

人生で最高の体を得るために、これからあなたの旅が始まるのです。そして今、ゴールに向けて、足を踏み出すときがやってきました。ゴールまでの道のりは思うよりも短く、あなたはその行程をきっと楽しめるはずです。さあ、出発の覚悟はできたでしょうか？

もしそうなら、私は喜んであなたを本書のプログラムにお迎えします！

このパートでは、より強靱でパワフルな体を作るための完全なロードマップを手に入れます。そして、あとはいよいよ実践するのみ。

具体的に言えば、あなたはこの本を読み終わるまでに、食事療法、トレーニング法、回復の方法を修得します。サプリメントのガイドライン、そして簡潔明瞭な実行プランやテンプレートも用意してあるので、すぐにスタートをきることができます。

これから数週間後に、自分の姿、気分、そしてパフォーマンスが著しく向上したことに気づくでしょう。これで、あなたの探求はついに終わりです。健康やフィットネスにおいて、やっと突破口を見いだし、目指すゴールがはっきり見えてきたのですから。もう体重計の数字や鏡に映る自分の姿を見て思い悩む必要はありません。これがどんなにすばらしい気分か、想像してみてください。パートナー、友人や家族、同僚にあなたの新しい筋肉質のボディをほめられたら、どれほど誇らしい気分か、想像してみてください。

日ごとに強く、しなやかで、健康的になっていることを実感して、毎晩

ベッドに入るときの気分を想像してみてください。そして、自分はエネル
ギッシュで若々しく、これからは自尊心や幸福感に満ちた長い人生を歩むの
だと確信できたとき、どんな気分か想像してみてください。あなたには今、
命を縮めるような病気や苦痛、機能障害、自己不信、孤独感を遠ざけるノウ
ハウがあるのです。

　とはいえ、究極の体を最終的に手に入れるまでの過程は、少し時間がかか
ります。私たちは、せっかちな時代に生きています。人びとは、週4日の勤
務、6分間の腹筋、30秒の食事を望んでいます。しかし残念ながら、20日
で9キロの脂肪を落としたり、1週間でお尻の形を良くしたり、おなかを
引っ込めたりすることはできません。身体組織を改める一連のプロセスはや
りがいがありますが、おそらくゆっくりに感じられるでしょう。

　多くの男性は、理想の体になるためには10〜15%の体脂肪を減らし、9
〜14キロくらいの筋肉をつける必要があるとわかっています。それには数
年かかるかもしれません。だから、フィットネスは、弱い心、弱い意志の持
ち主には向かないのです。たわ言を言っていては、やり遂げることはできま
せん。あなたの体には言い訳や自己正当化は通用しないからです。サボった
トレーニングを取り戻すには、実際にジムに足を運んでやり直すしかありま
せん。不適切な食生活を正す唯一の方法は、そんな食生活をきっぱりとやめ
ることです。

　あなたの最大の目標と夢を達成するためにライフスタイルを設計しようと
するなら、ゴールまでの道のりを楽しみ、そのための奮闘を受け入れること
を学ばなくてはなりません。それができれば、あなたを止められるものは何
もないのです。

　これが本書であなたがマスターするべきことであり、私があなたに望むこ
とです。なので、ぜひこの先を読みつづけてください。

カッコよくやせる筋トレ
―ダイエットプラン

> はじめるのは、たやすい。難しいのは、それを投げ出さないことだ。
>
> ―――――ドイツの格言

　自転車に乗れるようになるのに、最も簡単な方法は何でしょうか。

　補助輪ですよね？

　そして、十分な自信と技術が身についたら補助輪を外し、自由に乗り回すことができるのです。

　正しい食事のしかた、正しいトレーニングのやりかたを習うためにも、これが最良の方法です。最初は明確な指示に従って、ゆっくり簡単なことからはじめます。そして、食事とワークアウトに十分な時間をかけたら、コントロールしながら変動要素を加えることができるのです。

　この章では、簡単な食事のガイドラインについて説明します。ガイドラインは補助輪のようなもので、あなたが学んだすべてのことを実践する手助けとなります。プラン作成の手間とわずらわしさを省くために基本的な食事プランも添付されていますので、ご希望に応じて利用してください。そして次の章では、もう１つ（ワークアウトのための）補助輪を追加するつもりです

　それでは最初の質問に取り組みましょう。その答えによって、ダイエットの組み立てかたが変わってきます。

カッティング（減量）が先か、リーンバルキング（筋肉をつける）が先か

　自分の体脂肪率に不満足で、筋肉をつけるかつけないかよりも、ひとまず脂肪を落としたいだけなら、最初にカッティング（減量）に専念すべきです。筋肉をつけることが最優先でないかぎり、単に筋肉をつけるために太る理由はありません（正しく筋肉を増やそうとすると、太ることもあるのです）。あなたのモチベーションを保てることから、まずははじめましょう。

　同様に、過体重な人も、まずはカッティングからはじめます。たとえ最終

的な目標が筋肉を増大させることであっても、それが最も健康的で賢い選択なのです。

　やせていて、筋肉量も筋力も増大させたい人は、リーンバルキング（贅肉をつけずに体重を増量させること）をしましょう。

　もし、あなたがその中間にいるなら、そして体脂肪率が正常範囲内で、腹筋も割りたいけれど筋肉もつけたいなら、カッティングが先かリーンバルキングが先かは、体脂肪率によります。

　体脂肪率が15％以上なら、まず10％まで減らすことをお勧めします。それには次のような理由があります。

1. 自分の外見にもっと満足できる

　一年中、筋骨隆々である必要はありませんが、私たちが毎日食事のプランに従い、ジムで懸命に努力する理由の半分は、外見を良くすることです。体脂肪率が15％を超えると、おそらく太りすぎのように感じ、その結果、ダイエットやトレーニングプランに従うことが難しくなります。ある時点で、どうしてこんな外見になるために厳しいトレーニングをしなくてはならないのだろうと思いはじめるのです。しかし、体脂肪率が極端に上がらないようにすれば、モチベーションを維持しやすくなります。

2. 短期間で脂肪が減らせる

　一般的に言えば、長期間にわたりカロリー不足が続くと、筋肉の減少、飢餓や渇望といった望ましくない副作用に苦しむ時間が長くなります。だから、あまりに多くの脂肪をつけてしまうと、それを減らすのに時間がかかり、苦労することになるのです。いつも体脂肪率を妥当なレベルに保っておけば、脂肪を減らすのにかかる時間は短くなり、身体的にも精神的にも管理しやすくなるのです。

3. 筋肉がつきやすく、脂肪がつきにくくなる

　体脂肪率が上がるにつれてインスリン感受性は低下し、タンパク質合成を阻害し、脂肪の増加を促進します。

最後に、もしあなたの体脂肪が10〜15％のあいだなら、カッティングが先かリーンバルキングが先か、どちらがあなたにとって魅力的で強い動機づけになるかによって決めればよいでしょう。

カッティングまたはリーンバルキングは、どのくらいの期間続けるか

ダイエットをどこからはじめるかがわかったら、次の疑問は、コースを変更する前にどのくらいの期間、それを続けるべきかということです。

あなたがどのくらいの期間、減量するのか、あるいは筋肉をつけるのかについては、決まった答えはありません。というのは、それはすべて、あなたが減量し、筋肉をつけるときに、どのくらいのスピードで体脂肪が増えたり減ったりするのかにかかっているからです。

おおざっぱな目安はこうです。あなたの体脂肪が8〜10％になったとき、カッティング段階は終わります（もっとやせる特別な理由があれば話は別ですが、たいていの人の場合、さらなる低下を持続するのは不可能です）。そして、あなたのリーンバルキング段階は体脂肪が15〜17％になったときに終わります（それ以上、体脂肪を増やしてしまうと、今度は減量のときに後悔するはずです）。

このように、減量は体脂肪率が少なくとも10％になるまで（何かの理由で早くやめたいのでないかぎり）続きます。リーンバルキングは体脂肪が15〜17％になるまで（同様に、あなたが早くやめたいのでないかぎり）続きます。

つまり、体脂肪が10％になったら、今度はバルキングの段階に移行します。一方、体脂肪が17％になるまでバルキングしたら、今度はカッティングの番です。それを何度か繰り返すうちに、体形に驚くべき効果が現れるわけです。このようなカッティング段階とリーンバルキング段階のあいだを動くリズムをつくっていくと、おそらくカッティング期間は10〜14週、リーンバルキング期間は12〜16週になるでしょう。

これが、あなたが長年切望していた体形を手に入れる方法です。あなたはシンプルに、筋肉を増やすリーンバルキング期と脂肪を減らすカッティング期を、体脂肪が8〜10％になった自分の姿に感動するまで続ければいいのです。

その後、たいていの男性はメンテナンス（継続）段階に入ります。メンテナ

ンスでは、筋肉量と筋力はゆっくりとしたペースで増え、体脂肪における目立った変化はありません。

効果的なカッティングのための5つの秘訣

1. 栄養価の高い食品を多く食べる

　ご存じのように、増量や減量の原因となる食品はありませんが、ある種の食品は他のものに比べて増量や減量につながりやすいのです。一般的に言えば、減量のために「良い」食べ物は、比較的カロリーが少なく、ボリュームがあり、食物繊維が豊富なものです（だから満腹感が得られるのです）。減量に果物や野菜が適しているのは、これが理由です。果物や野菜にはボリュームがあり、食物繊維を多く含みつつもカロリーは少ないので、満腹感が比較的長時間続きます。

2. 必要に応じて、ときどきダイエットを休む

　ダイエットを休むことは、「ズルをすること」とは違います。これはダイエットの計画的な休止で、1日から数週間続くこともあります。

　なぜ休息が必要なのでしょうか。調査によると、減量中に、計画的に一定期間カロリーの摂取量を増やすことは、より早く脂肪を減らし、筋肉量と代謝率を維持する助けになります。休息は、ダイエット中に起きるネガティブな生理的・心理的適応を逆転するチャンスを体に与えます。つまり、ダイエットからの一時的な休息によって体はエネルギーの増加を楽しむチャンスを得て、心がリラックスして、ダイエットからのストレスをなくすチャンスを得ることができるのです。

　もしあなたがダイエットからの休息を望まなかったり必要を感じなかったりするのであれば、無理に休む必要はありません。しかし、休息するときは次のように行ってください。

- 休息中は、炭水化物の摂取量を増やすことにより、1日のカロリー摂取量を1日の消費カロリーと、ほぼ同量まで引き上げる
- 体脂肪率が高くて、目標に到達するまで3か月以上のダイエットを必要と

するなら、6〜8週間ごとに1週間の休息を計画する

- 目標に到達するまでに3か月もかからないのなら、休息をとらずに最後までやり抜く
- 減量中に1回だけ休息を取りたい場合、6〜8週間の期間内に1週間の休息をとってもよい
- やせていて、筋肉質になるためにトレーニングしているなら、4〜8週間ごとに1週間の休みをとることができる
- 減量中で、特に疲れているとき、体調を崩したときは、すぐに1週間の休息をとり、回復後にトレーニングを再開する

多くの場合、炭水化物の摂取量が増えるためにダイエットの休息中に体重が増えますが、それは脂肪が増えたわけではありません。これは、単に筋肉と肝臓のなかの水分とグリコーゲンが増えたからです。

3. 水をたっぷり飲む

摂取する水分量は、脂肪を減らす効果を強めたり弱めたりするわけではありません。しかし、十分な水を飲むことは良いことです。調査によれば、水の摂取量を増やすことは、満腹感を増やすのに効果的です。それは空腹感を抑え、ダイエットを持続させる助けになります。

水の摂取量を増やすと代謝を速めるということを聞いたことがあるかもしれません。いくつかの研究によれば、水を飲むと、体がその水の温度を内部温度まで上げなくてはならないので、基礎代謝率を上げます。しかし、少なくとも1つの研究は、代謝を速める効果はないことを示しています。

では、どのくらいの水を飲むべきなのでしょうか？

全米医学アカデミーは、アメリカの成人男女の場合、1日につき2.8〜3.8リットルの水を飲むことを推奨しています。しかし、規則的に運動するとき、体はもっと多くの水分を必要とします。汗によって失った水分を取り戻さなければならないからです。運動によって失われる水の量は0.75〜2リットルで、運動の強度、気候、汗のかきかたに左右されます。皮肉なことに、フィットネスの経験が長くなるほど、運動中に汗をかきやすくなります。なので、最初は最低量である2.8〜3.8リットルの水からはじめて、運動

１時間につき１〜1.5リットルの水分を摂り、さらに汗をかいたらまた水分を摂るというようにすればいいでしょう。

　水分を摂る簡単な方法は、１日中いつもボトルを手元に置いて、頻繁にのどを潤すことです。

4. **十分な睡眠をとる**

　睡眠中、脂肪は大量に減少しますが、それには２つの理由があります。

■ 体は、かなりの量のカロリーを眠っているあいだに消費する

　体重73キロの人は睡眠中に約70カロリーを消費しますが、その大半は、体脂肪です。

■ 体の成長ホルモンは、眠っているあいだに作られる。それがさらに脂肪の
　減少を促す

　以上の理由を知ったあとは、これから述べることを聞いても驚かないでしょう。研究によると、多くの人の場合、睡眠は減量に多大な影響をもたらします。

　シカゴ大学の研究者らは、減量している肥満の成人対象者を２つのグループに分けました。

■ 第１グループは夜間に8.5時間の睡眠をとる
■ 第２グループは夜間に5.5時間の睡眠をとる

　14日後、5.5時間のグループは8.5時間のグループと比較して、脂肪の減少は55％少なく、筋肉の減少は60％多く、１日を通して空腹を感じることが多くなりました。

　この相関性は他の研究でも同じように観察されました。日本の国立国際医療研究センターの研究では、睡眠時間の減少は体脂肪値の増加と相関関係があることが明らかになっています。深刻な睡眠不足が、インスリン抵抗性を

２型糖尿病で見られるのと同じレベルまで引き上げ、それが脂肪量を増やしているという証拠もあります。必要な睡眠には個人差がありますが、全米睡眠財団によると、睡眠不足のネガティブな影響を避けるために、成人は一晩につき７〜９時間の睡眠が必要です。

5. カロリーを飲み物で摂らない

カロリーの高い飲み物は食べ物のような満腹感を与えないので、カロリーオーバーになりやすいことを忘れないでください。

たとえば、コップ１杯のオレンジジュースは100キロカロリーありますが、空腹を止めてはくれません。しかし、同じカロリー量でも、リンゴを食べれば、おなかを満たしてくれます。

効果的なリーンバルキングための３つの秘訣

1. 食事のプランに従う

多くの人は、食事療法は減量のためのもので、筋肉を増大したいときは省略してもいいと考える傾向にあります。これではリーンバルキングは成功しません。なぜなら、食事療法をせずにカロリーの必要摂取量を下回ると、その結果、筋肉の成長を妨げるからです。逆に必要摂取量をうっかり上回ると脂肪が増えます。最も効果的にリーンバルキングを行うためには、正しい食事プランを作り、減量のときと同じくらい忠実に従ってください。

2. 必要なら、飲み物でカロリーを摂る

体重を増やすために大量のカロリーをとらなければならず、しかもそれを食べ物だけから摂るのが困難であるなら（そういう人もいます）、ためらわずに飲み物からもカロリーを摂りましょう。牛乳、あるいは無加糖のフルーツジュースが人気のチョイスです。

3. 有酸素運動は最小限にする

筋肉増量中に有酸素運動をやればやるほど、筋肉量と筋力のアップが難しくなるということを忘れないでください。リーンバルキング中の有酸素運動

は週に数時間以内にすること。筋肉量と筋力のアップで四苦八苦しているな
ら、ウォーキングを続けましょう。

カッティングとリーンバルキングのための食事プラン

　パート４（特に第19章）で、どのように効果的な食事プランを作成するかに
ついてお話ししましたが、手っ取り早く、できあいの食事プランを試してみ
たい人もいるかもしれません。そんな方のために、体重と目標ごとにダイ
エットコーチが作った食事プランを各３パターンご用意しました。これらの
食事プランは、シンプルで実行しやすいダイエットの出発点となります。そ
のルーティンがあなたに合い、結果に満足することができたら、次はプラン
を修正したり、自分で新しいプランをデザインしたりしてもかまいません。
もちろん継続的に効果が見られるのであれば、そのままプランを継続するこ
ともできます。

カッティング中の食事プラン (体重70キロの男性用)

食事	食品	量 (グラム)	カロリー (kcal)	タンパク質	炭水化物	脂肪
朝食	卵白	150	78	16	1	0
	全卵	50	143	13	1	10
	イチゴ	140	45	1	11	0
	リンゴ	182	95	0	25	0
合計			361	30	38	10
ワークアウト						
ワークアウト後のシェイク	低脂肪ギリシャヨーグルト	400	236	41	14	2
	無糖ライスミルク	240	113	1	22	2
	ブルーベリー	140	80	1	20	0
	バナナ	136	121	1	31	0
合計			550	44	87	4
昼食	レタス	30	5	0	1	0
	鶏の胸肉 (皮なし)	200	240	45	0	5
	ビート	75	32	1	7	0
	トマト	120	22	1	5	0
	スイートペッパー	160	42	2	10	0
	バルサミコ酢	30	45	0	2	4
合計			386	49	25	9
夕食	脂肪を取り除いた牛サーロイン	200	308	43	0	14
	芽キャベツ	200	86	7	18	0
	アスパラガス	100	20	2	4	0
	カリフラワー	100	25	2	5	0
合計			439	54	27	14
1日の合計			1736	177	177	37
1日の目標			1760	176	176	39

カッティング中の食事プラン（体重90キロの男性用）						
食事	食品	量（グラム）	カロリー（kcal）	タンパク質	炭水化物	脂肪
朝食	卵白	200	104	22	1	0
	全卵	100	143	13	1	10
	イチゴ	280	90	2	22	1
	リンゴ	182	95	0	25	0
合計			432	37	49	11
ワークアウト						
ワークアウト後のシェイク	低脂肪ギリシャヨーグルト	400	236	41	14	2
	無糖ライスミルク	240	113	1	22	2
	ブルーベリー	140	80	1	20	0
	バナナ	136	121	1	31	0
合計			550	44	87	4
昼食	レタス	30	5	0	1	0
	鶏の胸肉（皮なし）	250	300	56	0	7
	ビート	75	32	1	7	0
	トマト	120	22	1	5	0
	スイートペッパー	160	42	2	10	0
	バルサミコ酢	30	45	0	2	4
合計			446	60	25	11
夕食	脂肪を取り除いた牛サーロイン	300	462	64	0	21
	芽キャベツ	200	86	7	18	0
	アスパラガス	100	20	2	4	0
	カリフラワー	100	25	2	5	0
	サツマイモ	200	172	3	40	0
合計			765	78	67	22
1日の合計			2193	219	228	48
1日の目標			2200	220	220	49

カッティング中の食事プラン（体重100キロの男性用）						
食事	食品	量（グラム）	カロリー（kcal）	タンパク質	炭水化物	脂肪
朝食	卵白	150	78	16	1	0
	全卵	150	215	19	1	14
	イチゴ	280	90	2	22	1
	リンゴ	182	95	0	25	0
合計			478	37	49	15
ワークアウト						
ワークアウト後のシェイク	低脂肪ギリシャヨーグルト	400	236	41	14	2
	無糖ライスミルク	240	113	1	22	2
	ブルーベリー	140	80	1	20	0
	バナナ	136	121	1	31	0
合計						
昼食	レタス	30	5	0	1	0
	鶏の胸肉（皮なし）	300	360	68	0	8
	ビート	75	32	1	7	0
	トマト	120	22	1	5	0
	スイートペッパー	160	42	2	10	0
	黒豆（缶詰）	140	127	8	23	0
	バルサミコ酢	30	45	0	2	4
合計			633	80	49	12
夕食	脂肪を取り除いた牛サーロイン	300	462	64	0	21
	芽キャベツ	200	86	7	18	0
	アスパラガス	100	20	2	4	0
	カリフラワー	100	25	2	5	0
	サツマイモ	250	215	4	50	0
	カッテージチーズ	240	173	30	7	2
合計			981	109	84	24
1日の合計			2642	270	269	55
1日の目標			2640	264	264	59

食事	食品	量(グラム)	カロリー(kcal)	タンパク質	炭水化物	脂肪
リーンバルキング中の食事プラン(体重60キロの男性用)						
朝食	卵白	100	52	11	1	0
	パン(精製されたもの)	45	113	6	19	2
	ジャム	20	56	0	14	0
	バター	5	36	0	0	4
合計			257	17	34	6
ワークアウト						
ワークアウト後のシェイク	低脂肪ギリシャヨーグルト	170	100	17	6	1
	無糖ライスミルク	240	113	1	22	2
	ブルーベリー	140	80	1	20	0
	バナナ	272	242	3	62	1
合計			535	22	110	4
昼食	七面鳥の胸肉ロースト	140	178	38	0	3
	低脂肪マヨネーズ	15	36	0	1	3
	マスタード	10	6	0	1	0
	全粉乳のピタパン	64	168	6	36	1
	低脂肪のチーズ	28	77	7	1	5
合計			465	51	39	12
おやつ	リンゴ	182	95	0	25	0
合計			95	0	25	0
夕食	脂肪を取り除いた牛サーロイン	200	308	42	0	14
	玄米	140	507	11	107	4
	ダークチョコレート	30	179	2	14	13
合計			994	55	121	31
1日の合計			2346	145	329	53
1日の目標			2380	149	327	53

食事	食品	量(グラム)	カロリー(kcal)	タンパク質	炭水化物	脂肪
		リーンバルキング中の食事プラン(体重70キロの男性用)				
朝食	卵白	150	78	16	1	0
	パン(精製されたもの)	45	113	6	19	2
	ジャム	20	56	0	14	0
	バター	5	36	0	0	4
	モモ(缶詰・微糖)	120	65	1	17	0
合計			348	23	51	6
ワークアウト						
ワークアウト後のシェイク	低脂肪ギリシャヨーグルト	240	142	24	9	1
	無糖ライスミルク	240	113	1	22	2
	ブルーベリー	200	114	1	29	1
	バナナ	272	242	3	62	1
合計			611	29	122	5
昼食	七面鳥の胸肉ロースト	180	229	49	0	4
	低脂肪マヨネーズ	15	36	0	1	3
	マスタード	10	6	0	1	0
	全粉乳のピタパン	64	168	6	36	1
	低脂肪のチーズ	28	77	7	1	5
合計			516	62	39	13
おやつ	リンゴ	182	95	0	25	0
合計			95	0	25	0
夕食	脂肪を取り除いた牛サーロイン	200	308	42	0	14
	オリーブオイル	14	124	0	0	14
	玄米	165	597	12	126	4
	ダークチョコレート	20	120	2	9	9
合計			1149	56	135	41
1日の合計			2719	170	372	65
1日の目標			2720	170	374	60

344

リーンバルキング中の食事プラン（体重80キロの男性用）						
食事	食品	量（グラム）	カロリー（kcal）	タンパク質	炭水化物	脂肪
朝食	卵白	150	78	16	1	0
	パン（精製されたもの）	45	113	6	19	2
	ジャム	20	56	0	14	0
	バター	10	72	0	0	8
	モモ（缶詰・微糖）	120	65	1	17	0
合計			384	23	51	10
ワークアウト						
ワークアウト後のシェイク	低脂肪ギリシャヨーグルト	240	142	24	9	1
	無糖ライスミルク	240	113	1	22	2
	ブルーベリー	200	114	1	29	1
	バナナ	272	242	3	62	1
合計			611	29	122	5
昼食	七面鳥の胸肉ロースト	180	229	49	0	4
	低脂肪マヨネーズ	15	36	0	1	3
	マスタード	10	6	0	1	0
	全粉乳のピタパン	64	168	6	36	1
	低脂肪のチーズ	28	77	7	1	5
合計			516	62	39	13
おやつ	リンゴ	182	95	0	25	0
	オートミール	80	303	11	54	5
合計			398	11	79	5
夕食	脂肪を取り除いた牛サーロイン	200	308	42	0	14
	オリーブオイル	10	88	0	0	10
	玄米	165	597	12	126	4
	ダークチョコレート	20	120	2	9	9
合計			1113	56	135	37
1日の合計			3022	181	426	70
1日の目標			3060	191	421	68

カッコよくやせる筋トレ
——トレーニングプラン

> おれたちが切った石が、やがて大聖堂になる。このことを、忘れないように
> しよう。
>
> ————採石場作業員のモットー

先の第21章で、次のようなトレーニング方式を学びました。

2-3 | 4-6 | 9-15 | 2-4 | 3-5 | 1-2 | 8-10

そしてこの章では、脂肪を減らし、筋肉をつけ、強くなれるように、さら
に効果的なトレーニングプランをあなたに伝授します。もちろん、これまでに
学んできたすべてを活かして、自分でトレーニングプランを作ってもいいの
ですが、自分のプランでスタートする前に、少なくとも3か月は私のプラン
に従うことをお勧めします。

ワークアウトのプランを組み立てるのは、意外に難しいのです。トレーニ
ングフェーズ、トレーニングルーティン、ワークアウト、考慮すべき多くの
相互依存要素、そして目標、強度、頻度、ボリューム、回復など、いろいろ
なレベルを同時に機能させなくてはならないからです。また、トレーニング
プランを作る前に、多少なりともウエイトリフターとしての経験が身につい
ていると、とても役に立ちます。あなたは、実際には何がうまく働き、何が
うまくいかないか、じかに知ることができるのです。

もし私のトレーニングプランが気に入って、自分で作ったプランではな
く、これを続けたいのなら、1年分の本書ワークアウトプログラムが無料
ボーナス資料にあります。また、私の『The Year One Challenge for Men』
という本で、私のすべてのワークアウトを入手することもできます（訳注：現
在は未邦訳）。

それでは本書のトレーニングを、先述の3つの最初のレベルであるトレー
ニングフェーズから見ていきましょう。

トレーニングフェーズ

　トレーニングフェーズというのは、筋肉増量、筋力アップ、持久力、回復のように、特定の目標のために計画された、ひとかたまりのトレーニングのことです。

　トレーニングフェーズは、一般的に数週間、時には数か月続くことさえあります。本書における主要な目標は、筋肉増量と筋力アップです。なので、1つのフェーズがあるだけです。このフェーズは9週間続き、2つのパートから構成されています。

1. ハードトレーニング

　それぞれの段階は、最大限の筋肉増量と筋力アップのために計画された、8週間のハードトレーニングから始まります。

2. デロードもしくは休養

　それぞれの段階は、それに先立つ8週間のハードトレーニングからの回復を容易にするための、1週間のデロードか休養で終わります。

　したがって、1年のトレーニングはおおざっぱに6つのフェーズに分かれます。目標や進歩などの要素によって、あるトレーニングフェーズから別のものに移動するにつれて、トレーニングルーティンは変化したりしなかったりします。たとえばボディビルダーは、筋肉アスリートよりもかなり頻繁にルーティンを変える傾向があります。

　カッコよくやせる筋トレでは、あなたのトレーニングルーティンは、あるフェーズと次のフェーズで少しだけ変わります。筋肉に新しい違うタイプの運動をさせて、さらなる発達を促すためです。たとえば水平と垂直のプルの運動は、背筋を異なったやりかたで鍛えます。そして、あるフェーズでは一方を重点的に鍛え、もう一方は別のトレーニングフェーズで成果を出すこともできます。

　あとで、あなたのためのワークアウトルーティンを見ればわかるように、すべてのワークアウトは、少なくとも1週間に3セットの重いウエイトを

使ったスクワット、ベンチプレス、デッドリフトを含んでいます。そしてこれらのエクササイズは、いつもワークアウトの最初に来るはずです。こんなふうに、この３つを優先させる理由は簡単です。細く、筋肉質で、力強い体を作るのに、これにまさるエクササイズはないからです。だから毎週、実際にやってみて、そのことを確かめてください。

あなたのワークアウトで最初にそれをやってもらいたいのは、その３つが最も身体的、精神的なエネルギーを必要とするからです。ケガとか、旅行とか、その他の差し迫った事情があるのでないかぎり、トレーニングフェーズの途中で何かを変えることはお勧めできません。取り替えたり並べ替えたりする前に、８週間は同じワークアウトに従ってください。

これが第１のフェーズでした。では２番目に移りましょう。

■ トレーニングルーティン

トレーニングフェーズがひとかたまりのトレーニングの目標と長さを示すのに対し、トレーニングルーティンは、その目標を達成するために、ある時間内ですることを表しています。

特にトレーニングルーティンは、トレーニングの回数とそれぞれのワークアウトでする内容について指示しています。

カッコよくやせる筋トレでは、次の３つのトレーニングルーティンがあります。

1. 週５日のルーティン
2. 週４日のルーティン
3. 週３日のルーティン

どれも１週間（７日間）のルーティンで、このプログラムで最もウエイトリフティングができるのは、週５日のワークアウトです。有酸素運動はルーティンに含まれていません。自由選択だからです。有酸素運動をどのくらいやるかは、それに使える時間と、やりたいのがカッティングかリーンバルキングかメンテナンスなのかによります。

　結果に関して言えば、週5日のルーティンは4日・3日のルーティンより
いいし、週4日のルーティンは週3日のルーティンよりいいです。とはい
え、週3日・4日のルーティンではうまくいかないというわけではありませ
ん。それなりに効果はあります。

　どのルーティンも上半身に重点を置いていることに気づかれると思います
が、成長が遅れないようにするため、下半身のトレーニングも十分に組み込
まれています。

　個人的なトレーニングフェーズのあいだはルーティンを変えないこと。理
想的には1つのルーティンを選んで、フェーズ全体でそれに従うことです。
とはいえ、もしあなたがフェーズの途中で週4日または5日のルーティンに
「アップグレード」したくなったら、やってみてください。「ダウングレード」
は、やむをえない事情がないかぎり、しないように。

週5日のルーティン

〔ワークアウト1〕

プッシュ

〔ワークアウト2〕

プルとふくらはぎ

〔ワークアウト3〕

上半身と体幹

〔ワークアウト4〕

脚

〔ワークアウト5〕

上半身と体幹

　あなたに時間と熱意があるなら、あなたの最初のトレーニングフェーズを
ここからスタートして、うまくいくかどうか確かめてみるといいでしょう。
いつでも次のフェーズで別のルーティンを試すことができます。

　このルーティンに従う人は、たいてい月曜から金曜までトレーニングをし
て週末にオフを取りますが、オフの日は好きなように組み込むことができま
す。重要なことは、それぞれのワークアウトを7日ごとに決められた順番で

行うということです。

　とはいえ、1つの注意点としては、ワークアウト5と1のあいだには最低1日の休みを入れなくてはならないことで、連続してやっても、あまり効果は期待できないということです。上半身の大きな筋肉は、腹筋やふくらはぎのように日々の酷使に耐えている小さな筋肉グループよりも、回復に時間がかかるからです。

　そこで、たとえばスケジュールやライフスタイルのせいで週末もトレーニングする必要があるなら、月曜（プッシュ）、火曜（プルとふくらはぎ）、水曜（上半身と体幹）、木曜（休み）、金曜（脚）、土曜（上半身と体幹）、日曜（休み）のような計画を立てることができます。

週4日のルーティン

〔ワークアウト1〕
プッシュと体幹
〔ワークアウト2〕
プルとふくらはぎ
〔ワークアウト3〕
上半身と体幹
〔ワークアウト4〕
脚

　週4日と、先ほどの週5日のルーティンとの大きな違いは、2つの上半身のワークアウトが1つに結びつけられていることです。ここでも、それぞれのワークアウトを7日ごとに決められた順番で行うのであれば、これらのワークアウトを週のどの日にやってもかまいません。

週3日のルーティン

〔ワークアウト1〕
プッシュと体幹
〔ワークアウト2〕
プルとふくらはぎ

〔ワークアウト3〕
脚

　これが定番のプッシュ・プル・レッグのルーティンです。

　トレーニングルーティンについては、これで終わりです。次はプログラムの3番目を考察しましょう。すなわち、ワークアウトです。

■ ワークアウト

　完璧を期すために、ここでワークアウトの意味を確認しておきましょう。ワークアウトというのは、個人のトレーニングセッションのことです。

　すべての本書ワークアウトは、次のような、第21章で学んだ方式を基にして作られています。

- 2つか3つの主要な筋肉グループのトレーニング
- 必要ならウォーミングアップ
- 1ハードセットで4〜6レップ
- 1ワークアウトで9〜15ハードセット
- ハードセットのあいだには2〜4分間の休憩

　また、前に言ったように、ワークアウトの最初に最もハードなエクササイズをやり、次に2番目にハードなもの、というように続けることが良い方法です。というのも、ワークアウトの最初は最もエネルギーと集中力があるからです。

　具体的に言うと、最もハードなコンパウンド・エクササイズからはじめて、アイソレーション・エクササイズで終えるということです。たとえば「プル」ワークアウトにデッドリフトを含めるなら（当然そうすべきですが）、バーベルロウやダンベルロウやその他のなによりも、それを先にやるべきです。もし下半身のワークアウトにスクワット、ランジ、そしてライイングレッグカールが含まれるのであれば、その順序でやるべきです。

　1つのワークアウトのなかでエクササイズをやる場合は、その1つのエク

ササイズのためのすべてのハードセットをやり遂げてから、次に移ってくだ
さい。たとえば、こうです。

エクササイズ1
ハードセット1
休憩
エクササイズ1
ハードセット2
休憩
エクササイズ1
ハードセット3
休憩
エクササイズ2
ハードセット1
休憩

以上のように続きます。

　何らかの理由でワークアウトのなかのあるエクササイズができないとした
ら、別の「認められた」エクササイズを第23章から選んで置き換えることが
できます。また、すでにワークアウトのなかにあるエクササイズを3セット
追加することもできます。

　では、実際のワークアウトに移りましょう。先述のように、私は1年分の
本書ワークアウトプログラムを作りましたが、スペースを（そして紙を）節約
するため、この章では最初のトレーニングフェーズだけを説明します。

　残りのワークアウトは、無料ボーナス資料のサイトからダウンロードする
ことができます（巻頭のアドレスを参照）。同じく、デジタルか本の形のほうが
いいなら、先述の『The Year One Challenge for Men』もあります。

　また、ボーナス資料の見本ビデオや、279ページからのイラストも参考に
してください。

　いくつかのエクササイズに、第23章と同じような星印（＊）がついている
ことに気づいたかもしれません。理由はすぐにわかります！

フェーズ1　週5日のルーティン

ワークアウト１：プッシュ
バーベルベンチプレス：ウォーミングアップとハードセット３回
インクライン・バーベルベンチプレス：ハードセット３回
ダンベルベンチプレス：ハードセット３回
トライセプス・プッシュダウン：ハードセット３回

ワークアウト２：プルとふくらはぎ
バーベルデッドリフト：ウォーミングアップとハードセット３回
ワンアームダンベルロウ：ハードセット３回
ラットプルダウン（ワイドグリップ）：ハードセット３回
レッグプレス・カーフレイズ＊：ハードセット３回

ワークアウト３：上半身と体幹
シーテッド・ダンベルプレス：ウォーミングアップとハードセット３回
ダンベルサイドレイズ＊：ハードセット３回
ダンベルリアレイズ（シーテッド）＊：ハードセット３回
ケーブルクランチ：ハードセット３回

ワークアウト４：脚
バーベルスクワット：ウォーミングアップとハードセット３回
レッグプレス：ハードセット３回
ライイングレッグカール＊：ハードセット３回
シーテッド・カーフレイズ＊：ハードセット３回

ワークアウト５：上半身と体幹
クローズグリップ・ベンチプレス＊：ウォーミングアップとハードセット３回
バーベルカール：ハードセット３回
シーテッド・トライセプスプレス：ハードセット３回

ダンベルハンマーカール：ハードセット 3 回

キャプテンズチェア・レッグレイズ：ハードセット 3 回

フェーズ1　週4日のルーティン

ワークアウト 1：プッシュと体幹

バーベルベンチプレス：ウォーミングアップとハードセット 3 回

インクライン・バーベルベンチプレス：ハードセット 3 回

ダンベルベンチプレス：ハードセット 3 回

ケーブルクランチ：ハードセット 3 回

ワークアウト 2：プルとふくらはぎ

バーベルデッドリフト：ウォーミングアップとハードセット 3 回

ワンアームダンベルロウ：ハードセット 3 回

ラットプルダウン（ワイドグリップ）：ハードセット 3 回

レッグプレス・カーフレイズ＊：ハードセット 3 回

ワークアウト 3：上半身と体幹

クローズグリップ・ベンチプレス：ウォーミングアップとハードセット 3 回

ダンベルサイドレイズ＊：ハードセット 3 回

ダンベルリアレイズ（シーテッド）＊：ハードセット 3 回

キャプテンズチェア・レッグレイズ：ハードセット 3 回

ワークアウト 4：脚

バーベルスクワット：ウォーミングアップとハードセット 3 回

レッグプレス：ハードセット 3 回

ライイングレッグカール＊：ハードセット 3 回

シーテッド・カーフレイズ＊：ハードセット 3 回

フェーズ1　週3日のルーティン

ワークアウト1：プッシュと体幹

バーベルベンチプレス：ウォーミングアップとハードセット3回

インクライン・バーベルベンチプレス：ハードセット3回

ダンベルベンチプレス：ハードセット3回

シーテッド・トライセプスプレス：ハードセット3回

ケーブルクランチ：ハードセット3回

ワークアウト2：プルとふくらはぎ

バーベルデッドリフト：ウォーミングアップとハードセット3回

ワンアームダンベルロウ：ハードセット3回

ラットプルダウン：ハードセット3回

バーベルカール：ハードセット3回

レッグプレス・カーフレイズ＊：ハードセット3回

ワークアウト3：脚

バーベルスクワット：ウォーミングアップとハードセット3回

レッグプレス：ハードセット3回

ライイングレッグカール＊：ハードセット3回

シーテッド・カーフレイズ＊：ハードセット3回

ワークアウトの漸進性(プログレッション)

　第21章で、あなたは「ダブルプログレッション」について学びました。既定のウエイトで、レップ数をハードセットのレップ最高数に達するまで上げていくワークアウトのシステムです。

　多くのウエイトリフティングや筋力トレーニングのプログラムでは、このダブルプログレッションを使います。シンプルで初心者フレンドリー、かつ効果的だからです。成果を上げることができるため、多くの経験豊富なウエ

イトリフターや筋力アスリートにも良い方法です。

　こういった理由から、本書でもダブルプログレッションを使うつもりですが、その実行方法をこれから説明しましょう。

　通常のエクササイズにおいて１ハードセットで６レップに達したら、バーに4.5キロ加えるか、2.25キロ重いダンベル（ダンベル１つにつき）をつけるかして、ただちにウエイトを上げます。

　このやりかたの例を覚えていますか？

　仮に、スクワットをレップ数４〜６のレンジで行うとします。まずは１回目（あるいは２回目）のハードセットにおいて102キロで６レップを完了。ただちに（次のワークアウトのときではなく）バーに４キロを付加し、２〜３分休憩し、次のハードセットで４〜５レップを行います。

　よしやった！　１つステップアップに成功。今度は106キロで、１ハードセットを６レップできるまでワークアウトします。ここで６レップに達したら、またウエイトを上げる、と続いていきます。

　もし、フォームが崩れはじめる前に、新しい重いウエイトでは２〜３レップしかできなかったらどうしますか？　ステップアップがうまくいかなかったとしたら？

　この場合は、元の軽いウエイト（今の例では102キロ）に戻し、２回のハードセット（同じワークアウト）で６レップできるようになるまで続けます。それから、ただちに次のハードセットで（たとえそれが次のワークアウトだとしても）また重いウエイトに上げて、もう一度トライします。それをやってみて、最低４レップできなければ軽いウエイトに戻り、３ハードセットを（同じワークアウトで）６レップできるまでやります。この時点でステップアップできるはずです。また、ウエイトを上げた最初のセットで６レップに達したら、もう一度ウエイトを上げます。

　そして、ワークアウトの、あるエクササイズの３番目か最後のハードセットで６レップに達したらどうするべきでしょうか。そのエクササイズを次にやるときの最初のハードセットでウエイトを上げるべきです。

　あなたは、私が「通常の」エクササイズでは４〜６のレップレンジで行ってほしいと言ったことに気づいたかもしれません。すべてのエクササイズではないのです。

　その理由は、いくつかのアイソレーション・エクササイズでは、低いレップレンジで正しく行うことが難しいからです。だから、この章と第23章のなかで星印のマークがついたエクササイズはすべて、8〜10のレップレンジ（1レップマックスの70〜75％）でやるようにお勧めするのです。

　別の方法としては、これらのエクササイズを、この章や前の章で説明したのと同じやりかたで行うこともできます。ただし、その場合は6レップではなく、10レップに達したらウエイトを上げてください。

体幹を正しく鍛える方法

　キャプテンズチェア・レッグレイズやクランチのような体幹のエクササイズにおいて、ハードセットとは何を意味するのか、疑問に思われるかもしれません。

　これらのエクササイズにウエイトや強度を付加しなくてはならないのでしょうか。プログレッションやデロードやレップテンポなどで変化が必要なのでしょうか？

　では、エクササイズごとに、1つひとつを見ていきましょう。

キャプテンズチェア・レッグレイズ

　このエクササイズは通常ウエイトを使わないのですが、脚を上げ下ろしするとき、両脚のあいだにダンベルを挟むことでウエイトを付加できます。

　このエクササイズをやるとき、私の好きなやりかたはこうです。

1. ウエイトを使わずにはじめる
2. テクニカルな失敗の（フォームが崩れはじめる）直前まで、すべてのハードセットを行う
3. 失敗せずに最低30レップやれたら、両脚のあいだにダンベルを挟んで、ウエイトを使うエクササイズに移る
4. 4.5キロで30レップできたら、2.25キロずつウエイトを上げていく
5. このようにプログレッションを続けていく

これ以上ウエイトを足したら正しいフォームが保てないというポイントに来たら、別のエクササイズ（たとえばハンギング・レッグレイズ）に切り替えるときです。

ハンギング・レッグレイズ

このエクササイズは、キャプテンズチェア・レッグレイズをよりハードにしたものです。同じやりかたで行うことをお勧めします。

ライイング・レッグレイズ

このエクササイズは前の2つと似ていますが、なんのデバイスも使いません。テクニカルな失敗をする直前まで1ハードセットで最低50レップできたら、ウエイトを使うキャプテンズチェアーかハンギング・レッグレイズをはじめます。

クランチ

これは主要な腹筋のエクササイズで、各ハードセットでウエイトは使わずに、テクニカルな失敗をする直前まで行います。正しいフォームをキープしたまま、1ハードセットで最低50レップできたら、次にケーブルクランチか加重シットアップをはじめます。

ケーブルクランチ

これは私のお気に入りのエクササイズです。腹直筋（最も中心的な腹筋）の発達を促すためにウエイトを使います。

多くの男性はウエイトを使った腹筋の運動をしません。腰が広くなって「ずんぐり」して見えることを恐れているのです。でもそれは、ただの俗説です。斜筋類を、横向きに寝てウエイトを使う運動で鍛えすぎるとそういうことも起こりますが、腹直筋のためのウエイトを使うトレーニングなら大丈夫です。

さらに重要なのは、くっきりと割れた腹筋をお望みなら、高度に発達した腹直筋は不可欠だということです。筋肉を発達させる最も効果的な方法は、もちろん、重いウエイトを使ったレジスタンストレーニングです。

　だから私は、ケーブルクランチのすべてのハードセットで8〜10のレップレンジと、2.25キロあるいは4.5キロずつウエイトを重くすることをお勧めするのです。

　さらに言えば、あなたはこのエクササイズを、他のどのレジスタンストレーニングのエクササイズとも、まったく同じように扱うべきです。あなたの目標は、徐々に強くなることなので、セットのあいだに数分間の休憩をします。レップテンポは「1−1−1」です。

加重シットアップ

　このウエイトを使うエクササイズは、フリーウエイトであなたの腹筋を効果的に鍛えてくれます。前に述べたように、50レップのウエイトを使わないクランチをしてから、加重シットアップに移ることをお勧めします。

　ケーブルクランチと同様、このエクササイズで8〜10のレップレンジと、2.25キロあるいは4.5キロずつウエイトを重くすることを行います。

　ケーブルクランチと同様、他のどのレジスタンストレーニングのエクササイズとも、まったく同じように扱うべきです。あなたの目標は徐々に強くなることなので、セットのあいだに数分間の休憩をします。レップテンポは「1−1−1」です。

　また、このエクササイズをしているあいだ、ウエイトを首の後ろに保っている人を見かけたことがあるかもしれません。これは軽いウエイトならいいのですが、ウエイトが重くなるにつれて不快感が高まり、ケガにつながることもあります。したがって、ウエイトは必ず胸の上に保ってください。

プランク

　これは、背中と体幹の筋肉を鍛えるための、ウエイトを使わないもう1つの効果的なエクササイズです。

　まず、テクニカルな失敗をおかす（正しいフォームを保てなくなる）直前まで、できるかぎりハードセットを保つことからはじめます。それから、ワークアウトにつき5秒ずつ、プランクの姿勢を保てる時間を増やしていきます。

　基本的なプランクのハードセットが1〜2分できるようになったら、次のような2つの小さな調整をすることで、難易度を上げることができます。

1. ひじを肩からまっすぐ下ろしたところに置く代わりに、肩の前の10セン チから15センチくらいまで広げる
2. 大臀筋をリラックスさせる代わりに、意識的に動かす

修正プランクのハードセットが１～２分できるようになったら、次にもっ と難しいエクササイズをはじめます。たとえばケーブルクランチ、腹筋ロー ルアウト、加重シットアップなどです。

腹筋ロールアウト

腹筋ロールアウトはレパートリーに加えるに値する、よく知られた、ウエ イトを使わない腹筋エクササイズです。

このエクササイズは、まず膝をついてはじめます。テクニカルな失敗をお かす直前までに最低30レップできたら、今度はプランクのように膝を浮か せることによって難易度を上げます。フォームを正しく維持し、膝を浮かせ たまま最低30レップできたら、次に加重シットアップかケーブルクランチ を行います。

■ デロードの週

デロードに関しては、ワークアウトのボリューム（ハードセットの数）を減 らすほうが、強度（負荷）を減らすより良いという人がいます。また、反対の 意見を耳にすることもよくあります。

私は中間派です（どちらでもうまくいきます）が、どちらかというとボリュー ムをデロードするほうが多いのです。それは次の２つの理由からです。

1. 研究によると、強度ではなくボリュームを減らすことのほうが、疲労を減 らすのに効果的だ。それがデロードの主な目的なのである

2. 研究によれば、強度ではなくボリュームを減らすことのほうが、パフォー マンスを維持するのに効果的だ。ボリュームをデロードするほうが、ハー

ドトレーニングに戻ったとき、前回の続きから再開することができる

本書プログラムの、デロードの週のお勧めは次のとおりです。

ワークアウト1：デロード・プッシュ
バーベルベンチプレス
ウォーミングアップと最後のハードセットのウエイトで3レップを2セット
インクライン・バーベルベンチプレス
最後のハードセットのウエイトで3レップを2セット
ダンベルベンチプレス
最後のハードセットのウエイトで3レップを2セット

ワークアウト2：デロード・プル
バーベルデッドリフト
ウォーミングアップと最後のハードセットのウエイトで3レップを2セット
バーベルロウ
最後のハードセットのウエイトで3レップを2セット
ラットプルダウン（ワイドグリップ）
最後のハードセットのウエイトで3レップを2セット

ワークアウト3：デロード・レッグス
バーベルスクワット
ウォーミングアップと最後のハードセットのウエイトで3レップを2セット
レッグプレス
最後のハードセットのウエイトで3レップを2セット
ライイングレッグカール
最後のハードセットのウエイトで3レップを2セット

なお、それぞれのワークアウトのあいだは最低1日空けてください。
ワークアウトについては、あなたのハードトレーニングのワークアウトと
同じです。

ただし、プログレッションを除きます。デロードのワークアウトにはプログレッションはありません（なぜなら、ハードセットをまったくやらず、ただ最後のハードセットのウエイトで3レップを2セットするだけだからです）。

デロードの週に有酸素運動をしてもいいのか？

もちろんです。とはいっても、その目的は関節、靭帯、神経組織、筋肉のストレスを減らすことだということを忘れないように。ご想像のとおり、高強度有酸素運動をやりすぎると逆効果です。

なので、ウォーキングや好みの軽い身体アクティビティがお勧めです。

ＨＩＩＴ（高強度インターバルトレーニング）や同様のアクティビティは週1時間程度に制限するようにしましょう。

デロードのとき、ダイエットはどうする？

カッティングをしているなら、デロードのときも現在のカロリー摂取量を維持します。ただし、ダイエットの休止も必要だと感じるなら、その場合はカロリー摂取量を1日の総エネルギー消費量（TDEE）まで増やすことができます。

リーンバルキング中なら、現在のカロリー摂取量を維持してもいいですし、食品の種類の制限も休止するなら、TDEE近くまで摂取量を減らすこともできます。

デロードの代わりに、完全な休息の週をとるべきか？

そのほうがいい場合もあります。

それを知るためには、試しに1週間デロードしてみて、ハードトレーニングに戻ったときにどう感じたか、最初の週はどうだったかを書き出してみることです。次回に、今度は完全に休息をとり、同じように書いてみるのです。ゆくゆくは、どちらか、あなたの体に合うほうを選べばいいでしょう。旅行、休日、休暇に合わせたり、その他のルーティンで起こりうる中断に合わせたりと、デロードか休みの週を計画することができます。

あなたのスタート時のウエイトを決める（第1週）

　4〜6のレップレンジのハードセットを行うために、バーに十分な重さのウエイトをつけることは大切なことですが、スタートするときには、どのようにウエイトを決めればいいのでしょうか。

　スタート時のウエイトを決めるのは、多くの場合、試行錯誤です。エクササイズで軽いものからはじめて十分に試してみて、それぞれの連続したハードセットですべてが調整できるまでウエイトを増やしていきます。

　第1週の目標は、そのフェーズであなたが行うすべてのエクササイズのためのウエイトを知ることです。おそらく比較的簡単にスタート時のウエイトを発見し、プログラムの第1週か第2週には、快適な気分でハードセットに取り組めるはずです。

スポッター（補助者）はいたほうがいいか、必要ないか？

　たいていのエクササイズでは、スポッターは必要ありません。手助けがなくても安全に行うことができます。とはいえ、スポッターがいれば次の2つのメリットがあります。

1. スポッターは、あともう1回、2回とレップ数を増やすように励ましてくれる。その励ましがなければチャレンジさえしないかもしれない

　ご存じのように、テクニカルな失敗をするまでセットをやる必要はありませんが、限界近くまでがんばる必要はあります。重いバーを背負って脚が熱くなっているとき、それを試してみるのは怖いかもしれません。スポッターは、最後の数レップへの挑戦に必要な安心感を与えてくれます。

2. スポッターは（不思議なことに）あなたの筋力を上げてくれる

　自分で経験してみるまでバカげたことのように思うかもしれません。でも、あなたがトレーニング中にもがき苦しんでいるとき、スポッターがバーの下に指を入れてくれた瞬間、あなたはバーを持ち上げる力がまだ自分のなかに残っていることを突然発見するのです。なので、ベンチプレスやスク

ワットのようなエクササイズでは、それが気持ちよく進歩する助けになるならば、遠慮しないで、ジムにいる誰かに補助をしてほしいと頼めばいいでしょう。

　ただし、その頼む人が良いスポッターとしての行動原則を知っているかどうかを確認しておくこと。すなわち、あなたがウエイトを動かしつづけているあいだは、スポッターの助けはいらないということです。できることなら、援助なしにウエイトを動かしてください。そして、どうしても必要な場合でないかぎり、スポッターはバーに触れたり手伝ったりすべきではありません。

....

　こうして、あなたの2番目の補助輪はしっかりと固定されました。そして、より大きく、よりしなやかで、より強いあなたへと向かう旅のスタートをきるまで、もうあとわずかです！

　でも、あなたを旅に送り出す前に、サプリメントの摂取のしかたについて、話しておきましょう。ここでは、プログラム中にどんなサプリを摂ったらいいか、摂るべきでないかを確認し、サプリを最大限に活用する方法を学びます。

30 カッコよくやせる筋トレ
──サプリメントプラン

「誰がそんなことをさせてくれるんだい？」「それは問題じゃない。肝心なのは誰もぼくをとめられないってことさ」

───────**アイン・ランド**（アメリカの作家）

　本書プログラムの最も重要な側面である、ダイエットとトレーニングは完了しました。最後は、サプリメントを掘り下げましょう。

　第26章でお話ししたように、サプリメントは完全に任意のもので、あなたの目標のためには、さほど重要ではありません。あなたがやり遂げようとすることの大半は、ジムやキッチンでの努力の成果です。サプリメントは、脂肪の減少、筋肉の増強、健康の向上のため、体が有利な状態になるように力を貸すだけです。

　とはいえ、もしあなたに予算があるのなら、正しいサプリメントの摂取には価値があります。そのメリットは、時間が経つにつれて増えていくからです。言いかえれば、脂肪の燃焼や筋肉の増量、健康全般、生理機能においてサプリメントが供給できる小さな改善は、数か月～数年かけるうちに著しく増大するのです。

　何章か前に、あなたの食事プランに組み入れることができる6種類の価値のあるサプリメントについて学びました。

1. プロテインパウダー
2. フィッシュオイル
3. ビタミンD
4. マルチビタミン
5. ファットバーナー
6. 筋肉増強剤

　この章では、それぞれを効果的に使う方法についてお話ししましょう。

私が消費者としてサプリメント企業に求めるのは、次のことです。

1. 誰がサプリメントの構成を考えたのか明らかにし、その成分証明を提供してほしい

サプリメントは私たちの健康に関わるものですから、自分の健康を託す人について知っておくのは当然でしょう。

2. 製品の成分をすべて明らかにしてほしい

効果のある成分も効果のない成分も、すべて知る必要があります。特に、1回の服用量の有効成分が、効果のないものでごまかされていないことを確かめたいのです。

3. 製品の作用を科学に基づいて説明してほしい

図体の大きいボディビルダーが意味不明のキャッチフレーズを連呼する、派手な広告は不要です。製造者は、なぜその成分を選んだのか、その成分が体内でどう作用すると考えられているのか、そしてその裏づけとなる科学的調査を明確に伝えるべきです。

4. その製品が合法的なものだという正式な証明を提示してほしい

私は製品ラベルの記載を、ちまたのウワサと同じくらいにしか信用していません。だから、そのラベルが100％正確だということを分析した証明が見たいのです。

5. 自分以外の使用者がその製品をどう評価しているかを明らかにしてほしい

つまり、独立したオンラインレビュー、確かな購買者や顧客からのレビュー、権威ある企業リーダーたちの意見がほしいのです。

もし、あるサプリメント会社が、これら5つのポイントをすべて満たしてくれたなら、私は喜んで、その製品を試してみるでしょう。そうでなければ見向きもしません。

話が横道にそれましたが、私が先ほどお勧めした6種類のサプリメントか

ら最大限の効果を引き出す方法について、これからお話しします。

プロテインパウダー

　多くの人は、ワークアウトの前後に手軽で便利なプロテインパウダーを摂ります。そして、1日のあいだに（午後3時頃）スナックとしても摂ります。それは妥当でしょう。1日のタンパク質の大半をパウダーから摂る人もいますが、それはお勧めできません。

　毎日どのくらいの量を摂るかについては制限があります。あまり摂りすぎると、栄養失調や消化器系の問題のような、副作用を引き起こすおそれがあるからです。

　プロテインパウダーの主なメリットは、成分がほぼタンパク質だけだということです。つまり炭水化物や食物脂肪を含みません。しかし、主要栄養素としてはそれでいいのですが、ダイエット全体の栄養価のバランスを考えると問題があります。タンパク質を含む自然食品の多くは、ビタミン類やミネラルをはじめとする微量栄養素の宝庫でもあるからです。

　たとえば、卵は最も栄養価の高い食品の1つであり、野菜にはプレバイオティクス繊維やミクロミネラルが豊富に含まれています。また、肉は、Lカルニチン、コエンザイムQ10、鉄分、クレアチンといった有益な化合物を含んでいるのです。これらはたいていのプロテインパウダーには入っていません。

　ですから、1日の摂取カロリーの多く（30%以上）をプロテインパウダーから摂り、残りの摂取カロリーに他の栄養素が十分に含まれていなければ、ダイエット中の栄養のバランスが崩れ、やがて健康上の問題を引き起こす可能性があります。

　あまりにも多くのプロテインパウダーを摂ること、特に一度の食事で集中的に摂ることは、おならや膨満感、腹部のけいれんの原因になることもあります。なので、パウダーの摂取量は体の調子をそこなわない程度にとどめるべきです。とりわけホエイ（乳清）やカゼインのような牛乳由来のパウダーはそうです。許容量は人によって違いますが、私の場合、1日当たり70〜80グラム以上のホエイかカゼインを摂ると胃の調子が悪くなります。

また、パウダーは自然食品のタンパク質よりも消化が早いので、大量のプロテインパウダーを一気に飲み込んだら、一部のタンパク質の分子は未消化のまま大腸まで達してしまい、消化器の不調を引き起こすおそれがあります。この問題はプロテインパウダーに特有のものです。あまりにも摂取しやすいからです。かまなくてはならない食品はパウダーより腹持ちが良く、過食しにくいのです。鶏の胸肉数切れに相当するタンパク質が入ったプロテインシェイクは、ほんの数秒で飲みくだせますが、胃腸に急激で過酷な要求を強いる可能性があります。

　ホエイプロテインは、この面でかなり問題があります。たいていの人は、1日分の大量のプロテインを一度の食事で問題を起こさずに消化することはできないでしょう。ホエイアイソレート（分離乳清）プロテインなら、ラクトースを含まないのでまだましですが、それでも問題が起きる可能性はあります。

　こうしたことをすべて考慮した上で、次がプロテインパウダーの摂取についての私のアドバイスです。

1. 1日のカロリーの30％以上をプロテインパウダーから摂らない
2. 1回の食事で40〜50グラム以上のタンパク質をパウダーから摂らない

■ フィッシュオイル

　調査によると、1日当たり500ミリグラムから1.8グラムのEPAとDHAを合わせて摂れば、健康全般にとって十分ですが、合わせた摂取量が1日当たり6グラムに達すると、付加的な影響が見られます。身体的に活発な人にとっては、1日当たり2〜4グラムが適量です。

　フィッシュオイルは食事といっしょに摂り、1日当たり2グラム以上摂るときは、数時間あいだをあけ、2回に分けてください（朝食と夕食など）。そうすれば、吸収と効果が最大限に引き上げられます。私のお勧めは、天然、あるいは再エステル化トリグリセリドのフィッシュオイル（後者が特にベター）です。エチルエステルのフィッシュオイルではありません。

　多くの人が嫌う、フィッシュオイルのいやなげっぷを防ぐために、冷凍庫

で保存し、食事の際に服用してください。

ビタミンD

　全米医学アカデミーによると、1日600IUのビタミンDは、1歳から70歳の人には十分な量です（71歳以上は800IU）。けれどもこの数値は、ビタミンDの研究を専門とする科学者たちによって厳しく批判されています。専門家は、その推奨値はあまりにも低すぎ、栄養不足になるおそれがあると指摘し、125件以上の研究論文を公表しています。

　米国の内分泌学会委員会は、その研究結果を見直すために2011年に会議を開き、1歳から18歳までの人には1日600〜1000IU、19歳以上は1日1500〜2000IUが適量だと結論づけました。したがって、あなたが18歳以上なら、まず1日2000IUからはじめ、もしビタミンD不足による何らかの症状に気づいたら、血液検査を受けて、25−ヒドロキシビタミンD（体内で作られる利用可能なビタミンDの形態）を測定してもらい、その状態を確認した上で、摂取量を調整することをお勧めします。

マルチビタミン

　1日たった1錠で体に必要なものが100％摂れると宣伝しているマルチビタミンは、まったく必要ありません。そのような製品は、たいてい質の低い、安っぽいサプリメントです。成分の大半は不要なもので、必要な栄養はほとんど入っていません。

　良いマルチビタミンは、1日最低でも数錠に分けて摂るものです。多種類の微量栄養素を適量に服用できるからです。

　また、マルチビタミンは食品といっしょに摂ってください。食物脂肪を含む食事が栄養の吸収を助けるので理想的です。

ファットバーナー

　第26章でお話しした次の天然成分は、脂肪の減少を促進することが立証

されています。

1. カフェイン
2. ヨヒンビン
3. シネフリン

それぞれを、安全かつ効果的に使う方法を見ていきましょう。

カフェイン

多くの減量研究において見られるカフェインの服用量は、1日体重1キロ当たり2〜6ミリグラムです。私は、カッティングのときは、「無水の」形態で1日体重1キロ当たり4ミリグラム摂っています。

先述のように、減量を助けるものとしてのカフェインのマイナス面は、時間が経つにつれて耐性がついてしまうために、効果をなくしてしまうことです。それを防ぐ最良の方法は、摂取量を制限することです。以下は私のアドバイスです。

- トレーニングの前に、反する理由（たとえば、あとでまたトレーニングする）がないかぎりは、多少のカフェインを飲んでおくこと

- 自分のカフェイン耐性がわからないときは、1日体重1キロ当たり3ミリグラムからはじめて、そこから量を増やしていく

  1日の摂取量は、体重1キロ当たり6ミリグラムか、それ以下にとどめるとよいでしょう。

- 1週間に1〜2日の低カフェインデーとノーカフェインデーを作る

  低カフェインデーには、通常の摂取量の半分にしましょう。ノーカフェインデーというのは、カフェイン摂取量を50ミリグラム以下にすることを意味します（紅茶1〜2杯なら大丈夫。でも、コーヒーやカフェイン錠は不可）。

ヨヒンビン

（訳注：先述のとおり、日本ではヨヒンベ樹皮は「もっぱら医薬品として使用される成分本質〔原材料〕」の扱いとなっている。妊婦・授乳婦または小児は使用すべきでなく、専門家の指示のもと以外では使用してはいけない成分）

　研究によると、1日体重1キロ当たり0.2ミリグラムのヨヒンビンは、脂肪減少には十分で、エクササイズの15〜30分前に摂取すると、とりわけ効果的です。

　しかし、ヨヒンビンを摂るとイライラしたり不安になったりする人もいるので、最初は様子を見るために、1日に体重1キロ当たり0.1ミリグラムからはじめることをお勧めします。気分が良ければ0.2ミリグラムまで増やします。ただし、血圧を上げることもあるため、高血圧の人は使用を控えてください。

シネフリン

　シネフリンの有効な服用量は25〜50ミリグラムの範囲で、1日1〜3回、個人の耐性に合わせて摂ることができます。研究によると、シネフリンとカフェインを合わせて摂ると、脂肪の減少はさらにスピードアップします。

■ 筋肉増強剤

　先の章でも述べたように、食事プランを補助する、価値のある筋肉増強サプリメントは次の3つです。

1. クレアチン・モノハイドレード
2. β-アラニン
3. シトルリンマレート

クレアチン・モノハイドレート

　研究によると、1日5グラムのクレアチン・モノハイドレートをサプリメントで摂るのがベストです。

クレアチン・モノハイドレートを使いはじめるときは、最初の５〜７日は１日20グラムまで体に「積み込む」と、すぐに効果が感じられます。

とはいえ、多く摂ると胃の具合が悪くなる人がいます。したがって、消化器系のリスクが気になる人にはお勧めしません。

また、次の２つの理由から、ワークアウト後の食事といっしょにクレアチン・モノハイドレートを摂ることをお勧めします。

1. 調査によると、適量のタンパク質と炭水化物といっしょにクレアチン・モノハイドレートを摂ると、効果が増大する

2. 研究によると、ワークアウト後にクレアチンを摂ったほうが、ワークアウト前よりも筋力と筋肉量の増加において、やや効果が高い

β-アラニン

β-アラニンの有効な服用量は、１日２〜4.8グラムの範囲です。4.8グラムのほうが、２グラムよりもやや効果が高いです。

ハードなトレーニングをするウエイトリフターは、より多くのβ-アラニンの服用から最も恩恵を受けると考えられています。カルノシンの貯蔵は筋肉が収縮するあいだに消耗するので、当然のことですが、筋肉を使えば使うほど、あなたの体はカルノシンを消費するわけです。

ただ、この説はもっともらしく思われるものの、科学的にはまだ証明されていません。

シトルリンマレート

エクササイズでのパフォーマンス向上のためには、１日６〜８グラムのシトルリンマレートが効果的であると、研究で明らかになっています。

クレアチンやβ-アラニンとは異なり、シトルリンマレートのパフォーマンス強化効果は時間をかけて蓄積されていくものではなく、数時間しか続きません。したがって、エクササイズ（レジスタンストレーニングか有酸素運動）の30〜45分前に摂ることをお勧めします。

■ カッティングのときのサプリメント

　カッティング中は、この章でリストアップしたすべてのサプリメントを摂ることを検討してください。それには次のような理由があります。

- プロテインパウダーは、タンパク質の目標摂取量を容易に満たすことができる

- フィッシュオイル、ビタミンD、マルチビタミンは、体が必要とする（カロリー制限のために不足する）栄養素を補給してくれる

- ファットバーナーは脂肪の燃焼を助長する

- 筋肉増強剤は筋肉を維持し、増大を促進する

　私はカッティング中にこれらのサプリメントすべてを摂ります。それにより、効率的に無理なく脂肪を減らすことができます。

■ リーンバルキングのときのサプリメント

　リーンバルキングのときも、この章でリストアップしたすべてのサプリメントを摂ることを検討してください。ただし、カフェイン以外のファットバーナーは不要です。

　脂肪を増やしたくないために、リーンバルキング中にかなりのファットバーナーを摂る人がいますが、まったく無意味です。これらのサプリメントの作用のための主なメカニズムは、代謝率を上げること。これは、カロリーの過剰摂取を維持するために、もっと食べる必要があることを意味します（その結果、脂肪もつきます）。

　ファットバーナーのなかには食欲を抑えるものもあります。そのことも、リーンバルキング中には逆効果です。したがって、リーンバルキング中はカフェイン以外のファットバーナーは摂らないでおくことが重要です。

メンテナンスのときのサプリメント

　ここでも、リーンバルキングのときと同様です。この章でリストアップしたすべてのサプリメントを摂ることを検討してください。ただし、同じくカフェイン以外のファットバーナーは摂る必要がありません。

　しかし、「ミニカット（プチ減量）」するときは、一時的に食事プランの補助として、ファットバーナーを摂ってもかまいません。ミニカットは２〜４週間。休日や休暇のあと、あるいは食べすぎたあとに行います。

....

　サプリメントについては、これでおしまいです！

　もしあなたが早くカッコいい体になるためにサプリメントを使うつもりなら、ここでひと休みして、必要なものを用意してください。そして、先へ進む用意ができたら、残りの章に移りましょう。次の章では、進歩を記録することと、減量のプラトー（停滞期）を突破する方法について説明します。そして、そのあとは、いよいよプログラムのスタートです！

31 進捗記録の正しい方法と間違った方法

> なまぬるさは命取りだ。やるからには極限をめざせ。
>
> ──────**オスカー・ワイルド**（アイルランド出身の作家）

　19世紀の聡明な物理学者でエンジニアでもあったウィリアム・トムソン卿はこう言いました。「あることを測定して数字で表せるなら、君はそれについて何かを知っていることになる。数字で表せないなら、君の知識は欠けているのだ」

　この洞察は、人生の多くのことに適用できます。エクササイズやダイエットにも当てはまるのです。

　あなたの進捗（あるいは停滞）を測定し、実数で表せるときだけ、正しい方向に進んでいるかどうかを知ることができるのです。もし、測定のために一貫した、客観的な方法を持たないなら、あなたはベストを望みながらも、道に迷ってしまうでしょう。このことが、多くの人がフィットネスの目標達成に失敗する原因の1つとなっています。進捗を正確に記録しないのであれば、本書の内容をどれほどよく理解していようと、遅かれ早かれ、というより早いうちに行き詰まってしまうことでしょう。

　進捗の記録は、次の3つの要素においてです。

1. 体組成
2. ダイエット
3. エクササイズ

　しかし、本書のプログラムでは、記録する必要があるのは体組成とエクササイズだけです。明確な食事プランに従えば、ダイエット中に何も記録する必要はありません。プランどおりに食べるだけです。

　カロリーと主要栄養素を記録することは、臨機応変に食べるものを決めるときには必要であり、うまく機能しますが、それは、もっと経験豊富なダイ

エッター向きです。

　それでは、体組成とエクササイズを正確に記録する方法を学びましょう。

■　体組成を記録する方法

　体組成の記録は、ゴールまでの道のりにおいて大切な部分です。たとえすべてを正しく実行していても、外見にはっきりとした変化が見られるまでには、思った以上に時間がかかることがあります。ブヨブヨした部分がなかなか引き締まらないと、簡単に落ち込んでしまいます。キッチンとジムでの努力が、すべて消えてなくなるような気がしてくるのです。

　体組成を正確に記録することを学べば、このような問題を避けることができます。なぜなら、あなたは自分の体に何が起きているか、起きていないかについて、いつも正確に知ることができ、それに従ってダイエットやエクササイズを調整できるからです。

　何も難しいことはありません。3つのステップがあるだけです。

1. 毎日体重を測って、1週間の平均を計算する
2. 毎週、身体測定をする
3. 毎週の進歩を写真に撮る

　大変な仕事のように思えるかもしれませんが、ご心配なく。そんなことはありません。週に5分間もかかりませんし、たぶんやっているうちに楽しくなるはずです。ゲームというものは、スコアをつけたほうが面白いものです。進歩を数字で表すことは、「カッコいい体になる」ゲームでスコアをつけることなのです。

　さらに言えば、その数値が正しい方向に上がらないなら、それを早く知ることで、すぐに修正措置をとることができるのです。

　では、それぞれのステップについて検討していきましょう。

■1　毎日体重を測って、1週間の平均を計算する

　あなたの体重は、水分貯留、グリコーゲン値、便通（あるいは便秘）などに

より、毎日のように変化しています。そのため、多少の上がり下がりは当たり前のことです。

　だから、私は毎日体重を測り、七日ごとの平均値を計算することをお勧めするのです。

　以下はその一例です。

月曜：87.5キロ

火曜：87キロ

水曜：87.9キロ

木曜：87.9キロ

金曜：86.6キロ

土曜：87キロ

日曜：86.6キロ

1週間の体重総量：610.5キロ

1日の平均体重：610.5（キロ）÷ 7（日数）＝87.2キロ

このような方法で体重を記録すれば、より大局的な見かたができるようになり、不必要な欲求不満や混乱を引き起こす、無意味な日々の体重増減に悩まないで済むようになります。

　もし平均体重が上がりつづけているなら、体重は増えています。下がっているなら、体重は減っています。簡潔明瞭です。

　やりかたは簡単です。

1. 朝起きたらまずは体重を測る。トイレで用をたしたあと、できれば裸で、何も食べたり飲んだりしないうちに測定する

2. それを7日間くり返し、7日分を足して総量を出し、7で割ってその週の1日の平均体重を算出する

3. 平均体重をどこかアクセスしやすい場所に記録しておく（エクセル、Googleスプレッドシート、スマホのノートアプリなど）

2 毎週、身体測定をする

　たとえ正確に記録したとしても、体重だけでは、必ずしもあなたの体組成がどう変わったかを知ることはできません。つまり、それだけでは筋肉の増減によるものなのか、それとも脂肪によるものなのかがはっきりしないで、単に何かが増えたり減ったりしたというだけのことです。

　「ニュービー（新参者）の急成長」においては、体重の重要性が低くなります。もしあなたがウエイトリフティングの初心者で、減らすべき脂肪があるなら、筋肉の増加と脂肪の減少を同時に行うことが可能です。

　つまり、その場合、あなたの体重は思ったほど変化しない、ということです。私はかなりドラマチックな例を見たことがあります。2年がかりで体形を劇的に変えたのに、その間に体重はわずかしか変化しなかったのです。

　だからこそ、体重に加えて、毎週少なくとも体の一箇所を測定し、記録しなくてはなりません。それは、あなたの胴まわりです。

　ウエストのサイズは、脂肪の増減を正しく示す指針です。それに着目していれば、あなたは自分の脂肪が増えたのか減ったのか、即座に判断できます。だから週1回、平均体重の計算をする日に胴まわりを測り、長い期間をかけて記録してください。

　この測定をするには、巻き尺を裸の胴まわり、ちょうどへその上あたりに巻きづけます。巻き尺が床に対して並行で（斜めでなく）、肌に食い込むのではなく、ぴったりとついていることを確かめます。測っているあいだは息を吐き、体を曲げたり、息を吸ったりしないこと。

　いつも同じ位置で測り、読みとりに一貫性があることを確かめます。

　もしあなたが、データを記録したり物事を数量化したりするのが大好きなタイプなら、他にもいくつか測定できるものがあります。

▪ 胸まわり

　この測定をするには、直立して、両腕を自然に両わきに下ろす（ひじを揺らしたり、広背筋を広げたりしない）。

　それから、友人に巻き尺をあなたの胸筋の最も大きなところに当ててもらい、体の周囲をまわし、腕の下（わきの下あたり）、肩甲骨、そして背中を通って、最初の場所に戻してもらう。

　毎週、他の部位の測定といっしょに、この測定をする。毎回、同じ位置で測ること。

■ 肩まわり

　この測定をするには、直立して、両腕を自然に両わきに下ろす（ひじを揺らしたり、広背筋を広げたりしない）。

　それから、友人に巻き尺であなたの肩の最も厚い部分のまわりを測ってもらう。普通はわきの下の真上。

　毎週、他の週1回の測定といっしょに、この測定をする。毎回、同じ位置で測ること。

■ 太もものまわり

　この測定をするには、巻き尺を太ももとハムストリングスの最も広い部分のまわりにまわす。それから、もう片方の脚も同じようにする。

　毎週、他の週1回の測定といっしょに、この測定をする。毎回、同じ位置で測ること。

■ 曲げた腕

　この測定をするには、片腕を曲げて巻き尺を最も大きな部分（上腕二頭筋の最高点と三頭筋の真ん中）のまわりをまわす。それから、もう片方の腕も同じようにする。

　毎週、他の週1回の測定といっしょに、この測定をする。毎回、同じ位置で測ること。

■ ふくらはぎ

　この測定をするには、かかとを地面から上げ、巻き尺をふくらはぎの最も大きな部分のまわりをまわす。それから、もう片方のふくらはぎも同じようにする。

　毎週、他の週1回の測定といっしょに、この測定をする。毎回、同じ位置で測ること。

3 毎週の進捗を写真に撮る

　人によっては、身体測定よりも、写真を撮ることを好むかもしれません。確かに数字は偉大ですが、結局のところ、私たちが最も気にかけているのは、鏡に映った自分の姿なのです。

　だから、たとえ今の姿が好きではなくても、必ず「変身前」の写真を撮っておくべきです。翌週や翌月に、自分の体がどう変わっていくのかを見るのが楽しみになるからです。

　そしてしばらくすると、自分の体格がどんなに良くなったかに気づいて、びっくりするはずです。

　あなたの体がどう変化を遂げるのかを見るため、毎週の測定を行うときに、この進歩の写真を撮りましょう。

　正しいやりかたはこうです。

- 正面と、横と、できれば後ろからの写真を撮る

- 自分が許容できる範囲内で肌を見せる。露出は多ければ多いほどいい。あなたの体がどう変わりつつあるか、最もはっきりとわからせてくれる

- どの撮影においても、同じカメラ、照明、背景にすること。それができなければ、とにかく鮮明な写真を撮る

- 毎日、同じ時間に写真を撮ること。できれば、トイレで用をたしたあとの、朝食前が望ましい

- 筋肉に力を入れている写真と、ゆるめた写真の両方を撮る。そうすれば、筋肉がどのくらい発達したかがわかる

　すべての進歩の写真を、スマホかパソコンの個人のアルバムに保存しておくことをお勧めします。そうしておくと、時が経ってから、それを一気に早送りで見ることができます。

エクササイズを記録する方法

　あなたのワークアウトを記録すること、とりわけレジスタンストレーニングのワークアウトを記録することは、あなたの体組成を記録することと同じくらい重要です。それが、あなたが長い期間にわたり、筋肉に過剰な負荷を与えつづけていることを確かめる唯一の方法だからです。

　最初のうちは、あなたの筋力は飛躍的にアップするでしょう。でも、そのうちに、這うような、ゆっくりしたペースになります。その時点からは、レップ数を上げ、バーにウエイトを加えるために、懸命な努力をしなければならなくなるのです。

　このとき、トレーニングの日誌を持たなければ、進歩のチェックはあやふやなものになります。あなたが驚異的な記憶力の持ち主でないかぎり、前回のワークアウトでやったことを正確には記憶していないでしょうし、そうなると、毎週ごとに何を目標とするかなど、わかるはずがないのです。

　いったん「ニュービー（新参者）の急成長」で伸びしろを使ってしまったら、成功するエクササイズというのは、前回のパフォーマンスを、1エクササイズで同じ重さのウエイトを使って、1レップか2レップしのぐようなことなのだということを思い出してください。

　これが、あなたが筋肉と筋力をつける方法なのです。1レップごとなのです。だからこそ、バーベルやダンベルに向かうときはいつでも、自分が何を目指しているのかを正確に知らなくてはなりません。前回は何をやったのか思い出せないようでは困ります。

　たとえば、前回の下半身ワークアウトのスクワットのハードセットが84キロで4レップだったら、次のワークアウトで心に決めることは、同じウエイトで5レップか6レップやるということです。

　研究によると、バーの下に足を踏み入れる前に、自分がすることを視覚化すれば、筋力を上げ、成功のチャンスが増えます（勝利のために気力で乗りきるわけです！）。

　もし、トレーニング日誌をつけていなかったら、あなたのワークアウトはずさんなものになり、しだいに、行き当たりばったりなウエイトを、行き当たりばったりなレップ数で持ち上げるだけになっていきます。

それでも、はじめたばかりの頃なら満足する結果も出せるかもしれませんが、長期ではうまくいかなくなります。長期的にすばらしい結果を達成するには、実データを記録する必要があります。

　あなたの本書のワークアウトを記録するためには、いくつかの選択肢があります。

1. ペンと紙
2. アプリ
3. エクセルか Google スプレッドシート
4. ワークアウト日誌

　それぞれを見ていきましょう。

ペンと紙

　これはワークアウトを計画し、記録するための最もシンプルな方法です。あなたに必要なのはノートとペンだけです。そのなかに自分がやるワークアウトをすべて書き出し、それぞれについて、実行するたびに記録していくのです。

　本書の場合は、次のトレーニングフェーズの、それぞれの週に行う、それぞれのワークアウトのための、エクササイズとハードセットの数を書き出すことです。

　その最もシンプルな書きかたはこうです。

第1週
ワークアウト1
2018/7/23 月曜

プッシュ

バーベルベンチプレス
ウォーミングアップのセット：

ハードセット１：
ハードセット２：
ハードセット３：

インクライン・バーベルベンチプレス
ハードセット１：
ハードセット２：
ハードセット３：

ダンベルベンチプレス
ハードセット１：
ハードセット２：
ハードセット３：

トライセプス・プッシュダウン
ハードセット１：
ハードセット２：
ハードセット３：

そして、ワークアウトをするときは、次のように記入していきます。

バーベルベンチプレス
ウォーミングアップのセット：75×10、75×10、110×4
ハードセット１：155×6
ハードセット２：165×4
ハードセット３：165×4

インクライン・バーベルベンチプレス
ハードセット１：135×6
ハードセット２：145×4
ハードセット３：145×4

ダンベルベンチプレス
ハードセット 1：55 × 5
ハードセット 2：55 × 5
ハードセット 3：55 × 4

トライセプス・プッシュダウン
ハードセット 1：40 × 6
ハードセット 2：50 × 4
ハードセット 3：50 × 4

　既定のセットやエクササイズで特に強く感じたり弱く感じたりしたこと、苦痛や痛みを感じたこと、前の晩眠れなかったことなども、ノートに書いておくことができます。

　このノートは、あなたの進歩を再検討するために振り返ったとき、ワークアウトの数値をよく理解するために役立つでしょう。

　そうすることで、翌週ワークアウトに行くとき、前回やったことを振り返り、その週のパフォーマンスで何を達成すべきか、目標を設定することができます。

　先述のワークアウトの例では、あなたはバーベルベンチプレスのウエイトを165ポンドまで上げ、2セットで4レップ行いました。だから、次にこのワークアウトをするときは、あなたは165ポンドのウエイトで、3セット4レップ（または、それ以上）できるように努力すべきなのです。これが、進歩ということです。

　多くの人は、毎日や週の身体測定値をノートに記録することが好きです。それもまた、モチベーションをさらに高めてくれます。

アプリ

　あなたのワークアウトを記録するためには、星の数ほどのアプリがあります。過去に使ったもののなかにはあまり気に入ったものがなかったので、私はアプリを自分で作り、すべてのトレーニングを計画し、記録するために

使っています。

　これは「Stacked」という名前のアプリで、100％無料です。あなたが初心者だとしても、経験を積んだウエイトリフターだとしても、ワークアウトを計画し、実行するのに役立つはずです。あなたの体組成を正確に測ってチェックし、トレーニングの進歩を分析する助けになるでしょう。

　このアプリは、www.getstackedapp.com からダウンロードすることができます。

エクセルかGoogleスプレッドシート

　私にとって、これはアプリに続く僅差の2位で、もっと計画と計算を要する上級プログラムを作るには、むしろ望ましいと思います。

　フォーマットについては、私はそれぞれのトレーニングフェーズのために、いつも新しいスプレッドシート（ワークブック）を作りました。そして、ペンと紙のノートと同じような様式で、個々のワークシート（第1週、第2週、第3週のように名づける）のなかに、それぞれの週のワークアウトをリストアップします。

　本書の場合、これは、各週の（9週目はデロードの週で終わる）ワークアウトを含む、9枚のワークシートを、フェーズごとに1枚のスプレッドシート（ワークブック）で作る、ということです。

　そのスプレッドシートをあなたのスマホにダウンロードし、それに従ってトレーニングのたびに数値を入力します。Google スプレッドシートは、そのためには特に便利です。無料で、ダウンロードしやすく、スマホの上で編集できるからです（まずはアプリを入手してください）。

ワークアウト日誌

　書き込み用のワークアウト日誌はアプリと同じくらいたくさんありますが、残念ながら私は1つも使ったことがないので、特にお勧めできるものはありません。

　でも、前にも話したように、私には本書用の特別な日誌があります。『The Year One Challenge for Men』です（同前。現在は未邦訳）。

　きちんと組み立てられ、レイアウトされた1年分のワークアウトです。だ

から、それに従って、日ごと、週ごと、フェーズごとに、ワークアウトの数値を記入するだけでいいのです。

··

　もしあなたが、早くプログラムをはじめたくてムズムズしているために、この章を読みとばしてしまったとしたら、どうか、10分くらいかけて、丁寧に読み返してみてください。

　あなたの未来の成功と失敗の大半は、いかにうまくあなたの進歩を記録するかにかかっているのです。

　体組成を正確に記録しなかったら、おそらく体に起こっているポジティブな、あるいはネガティブな変化を把握できず、結局は、混乱、不安、意気消沈の状態に行きついてしまいます。

　ワークアウトを正確に記録しなかったら、おそらくマンネリ化して、どのワークアウトでも同じようなことをやって、進歩が止まり、心が折れてしまうでしょう。

　また、体組成とワークアウトを記録することは、単純にプログラム全体を楽しくしてくれます。それをゲームとしましょう。実際の数字が良い方に変わっていくのを見たり、ときどき昔の記録を見返して、どれほど遠くまで来たのか確認したりすることは、ほんとうにエキサイティングなことなのです。

32　減量の停滞期を突破する方法

> 厳しい決断、気楽な人生。気楽な決断、厳しい人生。
>
> ───────ジェルジー・グレゴレック
>
> （ウエイトリフティングの元世界チャンピオン）

ダイエットしている人たちが口を揃えて訴える不平は何でしょうか？

答えは簡単。体重が減らないことです。

そのような人は、すべてのことを正しくやり、すべてのルールに従っているつもりでいるのに、毎朝デジタル体重計は同じ数字を、まるで人をあざ笑うかのように何度も点滅させるのです。

あなたも、同じような経験をしたかもしれません。

こうしたことは、身体サイズの記録でも見られるようになります。目を見張るような数値の変化は、もはやありません。この本で学んだすべてのことに注意深く専念しているにもかかわらず、突然脂肪の減少が止まるのです。

実際、あなたにもこういうことは起こりえるのです。

幸いなことに、人間の代謝は信じられないくらい複雑なのですが、体重と脂肪減少のプラトー（一時的な停滞状態）を突破することは、そうではありません。インプットエネルギーとアウトプットエネルギーの差を、もっと広げればいいだけなのです。

そのためには、まずあなたが食べたり飲んだりしているものを正確に量って記録しなくてはなりません。第6章で、細部まで注意を払わなかったら、簡単にカロリー計算を間違えてしまうことをお話ししました。

また、第20章では間違ったズルのしかたを学びましたが、そのような間違いを何もおかしていないか、まずは見直してみる必要があります。

あなたがエネルギーバランスの間違いを何ひとつしていないことがはっきりしたら、体重か脂肪減少のプラトーを突破する最も簡単な方法は、食事からのカロリー摂取を減らすことです。とはいえ、私は、ここでエクササイズのマックスアウト（限界までやること）をお勧めします。そのほうが、カロリー

制限に関連したネガティブな副作用を食い止めることができるからです。

　要するに、食事を減らす前に、もっと動けということです。

　ダイエット中、不健康でまったく生産性がなくなる前に、どのくらいの量の運動ができるかについては、科学的に明確な答えはありません。でも、多くの人が思っているよりは多いはずです。

　私が数え切れないほどの人たちといっしょに仕事をし、話をし、学んだことはこうです。つまり、1週間につき4〜5時間のウエイトリフティングと1.5〜2時間の有酸素運動が、最大限に脂肪を減らし、望ましくない副作用を最小限にとどめるのです。

　ですので、私は上記のように、カッティング中に限度までエクササイズを引き上げることをお勧めします。

　これらの数値を超えて、さらにエクササイズを増やしたら、どうなるのでしょう？

　なかには特別に回復力があって、エクササイズを増やしてもちゃんとやれる人もいますが、私の経験では、多くの人はできません。私が勧めるよりも、はるかに多くのエクササイズを行ったら、空腹や渇望に拍車がかかり、睡眠の質が低下し、エネルギーレベルが急落し、不機嫌になってしまう可能性が高いのです。

　エクササイズの限界に達したのに、それ以上脂肪が減らないようなら、その原因はたいていの場合、次の2つのうちの1つです。

1. 脂肪の減少は、体内の水分量の変動と腸の動きのせいで、はっきりしなくなる

　体内の水分量はカッティング中に大きく変化します。時には、2〜3週間も体重が減らなかったのに、突然一晩のうちに、頻繁な排尿（ボディビルダーがよく話す「Whoosh効果」）で3キロ近く体重が落ちることがあります。この一晩の「ほとばしり」は、ズルい食事やダイエットの休止のあとで起こりがちです。カロリーの増加（特に炭水化物）は、コルチゾール値をかなり低下させ、今度はそれが体内の水分量を減少させるからです。

　便秘も厄介です。体重と膨満感が増大し、体重と脂肪の減少の両方があいまいになります。

したがって、エクササイズの成果が天井を打ち、体重と脂肪の減少が失速したら、カロリー摂取を減らす前に2〜3週間待つことが賢明です。

2. 脂肪の減少が、カッティング中に起こる自然な代謝適応のために遅くなる

　もし、エクササイズが限界に達しているのに、少なくとも2〜3週間のあいだ、体重や脂肪をまったく減らせなかったとしたら、次の手段は食事を減らすことです。ただし急激にではなく、徐々に減らしていきます。特に、炭水化物の摂取量を減らす（タンパク質や脂肪は減らさない）ことで、1日の食物摂取量を14日ごとに100キロカロリーずつ減らしていきましょう。

　結局のところ、どこまでカロリーを減らせるかは、あなたの体しだいです。でも、おおざっぱに言えば、基礎代謝率のおよそ90％に達したとき、カロリーのカットはやめます。また、数週間以上、その状態にとどまらないほうが良いでしょう。

　それでは、数週間も基礎代謝率の少し下方にいるのに、望んだ体脂肪率に達しないときはどうするべきでしょうか。この場合の最も確実な方法は、4〜6週間、カロリーを1日の総エネルギー消費量まで戻し、体を普通の状態に戻してから、新たに減量をはじめることです。

　減量のプラトー（停滞期）は、何も恐れたり不安に思ったりすることではありません。それは正しいダイエットでも避けることのできない過程であって、食事やエクササイズの計画を少し調整するだけで簡単に克服できるので、最後までがんばることが大切です。

　それがすべてです。

33 体重増加の停滞期を突破する方法

> この世界では誰もが苦しみを味わう。そして、その苦しみの場所から強くなれる者もいる。しかし、苦しみに逆らおうとする者は、打ちのめされる。
>
> ――――アーネスト・ヘミングウェイ（アメリカの作家）

　自分はハードゲイナー（筋肉がなかなかつかない人）だと、本気で信じている人がいます。自分はずっと、やせっぽちで弱いままでいる運命だと思い込んでいるのです。ある人はステロイド剤に走り、またある人は努力の末に燃え尽き、多くの人は、ただ断念してしまいます。

　確かに、解剖学的特性やホルモンの状態、遺伝などで、より筋肉量や筋力をつけやすい人がいるのは事実ですが、永遠に虚弱であるように運命づけられた人などいません。

　私は何年もかけて、何千人もの自称ハードゲイナーと話をし、トレーニングをしてきましたが、いつも必ず、彼らは次のような間違いをおかしていました。

1. 食べる量が少ない
2. ワークアウトが足りない、またはやりすぎる
3. 低強度の軽いワークアウトしかやらない
4. 間違ったエクササイズをしている

　最もありふれた間違いは、食べる量が少ないことです。多くの場合、こういう人たちは、自分ではきちんと食べていると思い込んでいるのですが、食事日記をつけてみると、カロリーの摂取量は痛ましいほど低いのです。

　彼らが理解していないことは、もともとあまり食欲を感じないので、1日たった2000〜2500キロカロリーで満腹だと感じてしまうことです。そのレベルのカロリーで筋肉と筋力をつけられる人もいますが、生まれつきやせこけたタイプの人の多くは、もっと多くの量を食べる必要があるのです。私が

いっしょにトレーニングした体重77キロの人は、週0.2〜0.45キロを増やす
のに、毎日4000キロカロリー以上も食べなければなりませんでした。

　本書のプログラムに従っているあなたなら、先ほどのリストの2〜4にあ
る、トレーニングに関するミスはおかさないでしょう。だから、もしリーン
バルキング中に少なくとも3週間、体重が増えずに停滞したら、解決法はと
ても簡単です。もっと食べるだけでいいのです。

　このことには生理学的な理由がいくつかあるのですが、低めのカロリー摂
取が徐々に減量をとめてしまうのと同じように、高めのカロリー摂取が徐々
に体重増加をとめてしまうことがあるのです。

　このプラトー（停滞期）を突破するためには、あなたは以下のことをする必
要があります。

1. 炭水化物の摂取量を増やし、1日のカロリー摂取量を150キロカロリー増
　 やす

2. それからの3週間、毎日体重を測り、体の反応を調べる
　 炭水化物の摂取量を増やすことは、体内の水分量とグリコーゲン値を増や
　 すことでもあります。そのため体重は飛躍的に増加します。1〜2週間後に
　 注目してください。1日当たりの平均体重は、どう変化するでしょうか。

3. もし、体重が急増したあとに再び停滞したら、炭水化物の摂取量を増やす
　 ことにより、1日のカロリー摂取量を、もう150キロカロリー増やす。そ
　 して、それからの3週間、毎日体重を測る

4. この過程を、再び着実に体重が増加するまで（1日当たりの平均体重が上昇す
　 るまで）くり返す

　あなたが非常にめずらしいタイプで、途方もない量の食べ物を胃におさめ
ても体重をコンスタントに増やせないなら、これ以上の炭水化物は食べられ
ないという地点まで到達してしまうかもしれません。そういう場合は、代わ
りにタンパク質の摂取量を増やしてください。

必要摂取量の栄養素が含まれ、かつ（少なくともその半分でも）楽しんで食べられるような食事プランを作るのは、やりがいがあるものの、困難な作業です。1日4000キロカロリーも食べていいなんて最高じゃないか、と言う人もいますが、そのような人たちは、毎日いつでもあふれんばかりの食べ物に囲まれることがどれほど不愉快か、考えてみたこともないのです。

　では次に、あなたに私の秘訣を教えましょう。

食事の回数を増やす

　十分に食べるのが難しいと私に話す人の多くは、1日に2回か3回の大きな食事しかしていません。また、朝食を抜く人も多いのです。

　カロリー摂取量を増やす簡単な方法は、毎日、多い回数の小さな食事を摂ることです。ある人は、1日に500キロカロリーの食事を5回（2500キロカロリー）摂るほうが、700キロカロリーの食事を3回（2100キロカロリー）摂るより簡単だし、楽しめることに気づきました。

　比較的大きな食事のあいだに、おやつや夜食を摂ることも役に立つでしょう。早起きして「朝メシ前の」食事を好む人さえいます。

低カロリー食品を制限する

　ハードゲイナーがおかしがちな間違いの1つは、あまりにも多くの低カロリー食品を摂ることです。とりわけ果物や野菜は、かなりの量の食物繊維を含んでいて、非常に腹持ちのいいものです。もちろん、毎日必要な量の果物や野菜を食べるべきですが、それ以上食べると、体重を増やすのが難しくなります。そうなる理由の1つは、満腹感は、カロリーよりもボリュームによって得られるものだからです。

　ペンシルベニア州立大学の研究では、ミルクシェイクを泡立てて2倍のサイズに見えるようにすると（カロリーは変わらない）、次の食事の量が12％減り、空腹感も軽減したことが明らかになりました。別の調査でも、食べ物の見た目だけのボリュームが満腹感につながりました。ブリストル大学の研究者は、スムージーに入っている果物の種類が実際より多いと思い込ませれば、

いっそうの満足感を与えることができるということを発見しました。

　だからこそ、多くの果物と野菜は、しばしば偉大なる「減量食」として、もてはやされるのです。特別な脂肪燃焼成分が含まれているわけではありませんが、カロリーが非常に低いわりにボリュームがあるので満腹感を与え、食べすぎを防ぐのです。それはカッティング中には明らかに有益なのですが、リーンバルキングのときは障害になります。

　全粒穀物と精製した穀物についても話しておくべきでしょう。あなたはたぶん、こんなことを聞いたことがあるはずです。白パン、白米、ホワイトパスタのように加工度の高い炭水化物は、あなたを太らせ、不健康にするため、どんな状況でも避けるべきだ、と。もちろん、これはナンセンスです。確かに他の食べ物と比べ、食べすぎる可能性が高い食べ物はあります。加工度の高い炭水化物は、そういう食べ物の１つです。食欲を刺激するためです。だから、太り気味で座ってばかりいる人は、摂るのを控えたほうが賢明です。

　けれども、あなたはそういう人ではないはずです。あなたは食欲増進から恩恵を受けるだけでなく、規則的に運動もしているので、体がはるかに多くのエネルギーと炭水化物を要求しているのです。たとえ体重を増やすにしても、同時に筋肉質で引き締まった体づくりをしなくてはなりません。そのことが、体が食べたものを（貯蔵するのではなく）燃焼し、利用する助けになっているのです。

　基本的には、１日の消費カロリーの大半を、健康によい食べ物から摂らなくてはなりません。それは、普段の食事に栄養価の低い食べ物が一部含まれていても、全体として栄養に富んでいるべきだ、という意味です。そういうわけで、精製した穀物であっても、特にあなたにとっては有益なのです。全粒穀物ほど腹持ちが良くないので、毎日、無理なく大量の食べ物を食べる助けになるからです。

もっと多めに高カロリー食品を摂る

　ご存じのように、食べ物の選択は、体重を増やそうとしているとき、あなたに食欲をわかせたり、なくさせたりする、とても重要な要素です。

腹持ちのよい低カロリーの食べ物をあまりにも食べすぎると、1日の目標の摂取カロリー量に達するために苦しむことになります。でも、高カロリーの食べ物を多く食べれば、それが比較的楽なことに気づくはずです。

　私のお気に入りのリーンバルキング食は、パン、パンケーキ、パスタ、米、オートミール（スティールカットオーツのオートミールは特に高カロリー）、グラノーラ、シリアル、ミューズリー、などです。

　もう1つの秘訣は、できれば食事にソースか調味料を加えることです。

　たとえば、ヨーグルトを食べるなら、ハチミツかメープルシロップをスプーン2杯加えると、130キロカロリー増やせます（半カップのグラノーラを入れれば、さらに300キロカロリーです）。

■ 飲料からカロリーを摂る

　飲料からカロリーを摂ることは、平均的な人には害がありますが、体重を増やすことに苦しんでいる人にとっては有益です。とはいえ、手当たりしだいにカロリーの高い飲み物を飲むことはお勧めしません。

　ご存じのように、糖類は、添加されたものであっても食品に自然に含まれるものでも、一部の人たちが主張するほど有害なものではありません。ただ、摂りすぎが悪いのです。世界保健機関は、1日当たり50グラム以上のフリーシュガー（遊離糖）を摂らないこと、理想的には20グラム以下にとどめることを推奨しています。

　フリーシュガーは、「食品に添加された糖類と、ハチミツやシロップやフルーツジュースのなかに天然に存在している糖類」と定義されています。果物や野菜や乳製品のなかに天然に存在している糖類は含まれていません。なぜなら、体内で処理される過程がフリーシュガーとは違うからです。

　比較してみると、コカ・コーラ1缶には39グラムのフリーシュガーが入っているし、オレンジジュースには（平均して）21グラム、スプーン1杯のハチミツには17グラムです。

　しかし、頭に入れておく必要があるのは、世界保健機関の推奨は、一般的に活動量が低くて糖類をあまり必要としない肥満の人のためのものだということです。あなたはおそらく、そういう人ではないでしょう（あるいは、近

いうちにそうではなくなるはずです！）。したがって、あなたの場合は、必要に合わせて糖類摂取量を増減する余地があるわけです。

とはいえ、体組成が向上しているから、あるいは活動レベルが上昇しているからといって、毎日大量の糖類を摂るのは間違っています。私自身は、リーンバルキング中はフリーシュガーの総摂取量を1日当たり50グラム以下にしています。

米、小麦、大麦、ジャガイモのような穀物やデンプンを多く摂ることで、フリーシュガーの摂取を低くコントロールすることができます。また、エナジードリンク、甘いシリアル、フルーツジュース、ソーダ、キャンディのような、フリーシュガーを多く含む食べ物に注意してください。

飲料からカロリーを摂ることに関してのキーポイントは次の2つです。

1. 加糖飲料を避ける

牛乳、無糖のライスミルク、無糖のアーモンドミルク、ココナッツウォーターのような飲み物だけにすること。これらを使って、おいしいプロテインスムージーを作ってもいいでしょう。

2. 1日の摂取カロリーの大半を飲み物から摂らない

カロリー飲料は食べ物ではなく、ダイエットサプリメントだと思ってください。たいていの人の場合、毎日の食事プランにカップ2〜3杯のライスミルクかスキムミルクを加えるだけで、軌道修正を図ることができます。

■ おいしい食事を作る

もしあなたが、家事が不得意な独身者なら、食べ物に無頓着になったり、料理が面倒なので栄養価が低くて簡単に満足できる食べ物を選んだりしてしまうかもしれません。そして、毎日、毎月、こうした動物のエサのような食事をとらなくてはならないことに気づくと、モチベーションは（当然のことながら）低下するはずです。

だから、私は料理を習いました（良いレシピを探し、そのまねをしたというほうが正確でしょう）。

そうやって、自分の食べるものをいつもフレッシュで食欲をそそるものにしたことで、食欲が鈍る原因となる「食物疲労」を防いだのです。

....

　体重増加の停滞期を突破することは、健康とフィットネスにおける多くのことと同じです。そこには近道や「裏ワザ」はありません。ただ、いくつかの常識にかなった微調整を加えながら、基本的なことをコツコツと実行していくだけです。
　そして、目標は単に「体重を増やす」ことではなく、脂肪は最小限に抑えつつ筋肉を増やすことだということを忘れないように。体重計の目盛りが動かないからといって、焦って目につくものを手あたりしだい口に入れるようなことは慎むべきです。そうではなく、この章で説明したような、より忍耐強い、計画的なアプローチをとるべきです。そうすれば、近い将来、必ず事態は良くなっていくはずです。

PART

8

始まり

34 クイックスタート·ガイド

> 飛行機というものは、しょっちゅう軌道を外れても、そのたびにフライトプランに戻って飛ぶものだ。
>
> ─────スティーブン・R・コヴィー（『七つの習慣』の著者）

いよいよです。これがあなたの待ち望んだ瞬間です。

あなたはこれまでに、ダイエット、エクササイズ、サプリメントの原則、戦略、戦術について何百ページも読み、消化し、吸収してきました。その結果として、たぶんあなたは、ダイエットやエクササイズやフィットネスをまったく新しい視点から見て、自分の体を変えるために、かつてないほど準備が整ったという希望に満ちているはずです。

つまり、本書のプログラムをはじめる万全の準備ができたわけです。

そこで、できるだけスムーズに事が運ぶように、チェックリスト兼スタートガイドを用意しました。このガイドは、あなたがすべてを早く把握できるように導いてくれるでしょう。

クイックスタート・ガイドは、8つの主要なステップに分かれています。

1. 必要な品物を買いそろえる
2. ジムの会員になる、またはホームジムを作る
3. 最初の測定をし、最初の写真を撮る
4. 最初の食事プランを作る
5. ワークアウトのスケジュールを作る
6. 最初の週の準備をする
7. 最初の週を実行する
8. 次の週の準備をする（そのあともずっと続けること！）

それぞれのステップは、いくつかのサブステップからできています。そこには〔オプション（自由選択）〕も含まれています。プログラムに従うために必

ず必要というわけではないですが、この本のなかで学んだ理由からお勧めできるものです。

　この８つのことをやってしまえば、あなたはすでにゴールに向かって進んでいるのです。では、さっそく取りかかりましょう！

1 ｜ 必要な品物を買いそろえる

　本書に従うためには、物はたいして必要としませんが、いくつかの品目は絶対に必要ですし、他にも購入を検討する価値のあるものがあります。

　本書の無料ボーナス資料（巻頭のアドレスを参照）でも、私の勧める特定商品へのリンクが見つかるはずです。

1. デジタルの料理用はかりを買って、基本機能の使いかたを覚える
　食物摂取には正確さが必要です。

2.〔オプション〕食べ物を保存するためのプラスチック容器を買う
　どんな種類のものでもかまいませんが、化学物質を含まないもので、電子レンジで使えて、ふたや仕切りが透明なものを選びます。おやつのための容器も便利です（こちらはプラスチックではなくガラス製のもの）。また、サラダを作って入れることのできるガラス製の広口びんもお勧めです。容器に関しては、Google で検索してみるとよいでしょう。

3. 巻き尺とデジタル体重計を用意する

4.〔オプション〕使うつもりのサプリメント（もしあれば）を買う

5.〔オプション〕手を保護したければ、ワークアウトグラブを買う

6.〔オプション〕スクワットとデッドリフトのために、スクワットシューズを買う

7.〔オプション〕プルのために lasso 社のストラップを買う

8.〔オプション〕デッドリフトで擦れて血が出ないように、すね当てか、膝までのニーソックスを買う

9.〔オプション〕ホームジム用の器具を買う

2 | ジムの会員になる、またはホームジムを作る

　多くの人はジムに失望します。無理もないことだと思います。汗まみれで臭い男たちが、うなったりわめいたりする声。自称未来の大物インスタグラマーが動画撮影しながら発するアヒルみたいな声。無表情なボディビルダーたちが共有マシンの権利を主張して言い争う声。ジムでは、快適にいられない理由は山ほどあります。

　しかし、今はそのような騒音を無視し、別のレンズを通してジムを見てください。私は、『The Little Black Book of Workout Motivation』という本で、次のように書きました（現在は未邦訳）。

　　ジムは、動いたり、わめいたり、汗をかいたりする以上に意味のある場所である。

　　ジムは、私たちが信念、恐怖、くせ、不安など、自分自身のより深い部分に触れることのできるミクロの世界だ。これらの敵と正面から向き合い、それを打ち負かすことができると自ら証明する闘技場なのだ。

　　ジムは、私たちが自分に語る物語の本質を試す舞台だ。そこでは、人生のより大きな苦難、逆境、苦痛、不安、ストレス、弱さ、不利な立場、気に入らない自分の今の姿などにどう反応すべきか、はっきり示さなければならない。だからジムは、体と心と魂のために鍛え、力を試す場なのだ。

　　ジムでの奮闘で耐えることを学び、日常生活でも問題に対処できる力を得る。集中力、規律、回復力が、ジム以外の場所でも発揮できるようになる。何かをやるための方法は、根底のところで、すべてのことをやる方法に通じている。

　ジムはまた、学びの源泉でもある。なぜなら、それは絶えず私たちに新たな試みを要求するからだ。そこはフォーラムであり、答えと同じくらいに質問が重要視される。そこは学者の言う「成長の心的態度」を養い、能力は献身と努力によって伸びるということを教えてくれる場。そこで得る世界観は、偉大なことをやり遂げるために、なくてはならないものだ。

　ジムは理想主義ではなく実践主義である。それは、あらゆるアイデアと方法論を受け入れ、実験し、たとえそれがうまくいこうがいくまいが、明確で率直なフィードバックを与えてくれる。

　要するに、ジムは単なるワークアウトの場所を、はるかに超えたものだ。それは、私たちを取り囲むカオスからの避難所であり、さまざまな夢を果たし欲望を満たすために、私たち自身で創造した世界なのだ。

　そんなわけで、もしあなたがジムに入会するかどうかを決めかねているとしたら、先入観から尻込みしたりしないでほしいのです。今のあなたは、おそらくジムにいる誰よりも知識があります。そのことを思い出して、元気を出してください。そのうちに、みんながアドバイスを求めてあなたのそばに寄ってくるかもしれません。

　ここでは、あなたが私の説得に応じ、意を決したと仮定して話を進めましょう。ジムを選ぶときに考慮すべき、キーポイントは次のとおりです。

1. ワークアウトに必要な設備が整っているか

　フリーウエイトとマシンがあれば大丈夫。ベンチプレスとスクワットラック、ダンベルのフルセット、いくつかの基本的なマシン、そしてデッドリフトができれば（これは重要なこと！）前途洋洋です。

2. ずっと通いつづけることができる距離にあるか

　行くまでに40分以上かかると、通いつづけるのが難しくなります。なるべく、あなたの家か職場から近いジムを探しましょう。

3. 予算に合っているか

　安物買いの銭失いというのは、ジムでも同じです。予算以上の金をジムに

使うべきではありませんが、ジムの質——清潔、設備が整っている、スタッフが親しみやすい、シャワーやタオルなどのサービスが受けられる、ランニングマシンがある（有酸素運動がしたければそこでできる）など——によっては、ある程度の投資を検討してもいいでしょう。

　もう1つの選択として、ホームジムがあります。費用対効果、利便性、プライバシーの観点から、次のようなメリットとデメリットがあります。

メリット

- 自分の家でワークアウトができる便利さ。おかげで、プログラムを続けるのが簡単になる
- 好きなときにトレーニングができる。祝日でもトレーニングができ、不規則にならない
- 他の人が器具を使い終えるまで待たずに済む
- 好きな音楽を大音量で鳴らしたり、壁を好きなように塗り替えたり、多少なりとも自分だけのフィットネスの場にできる
- 毎日通う時間と、ジムの会費を節約できる

デメリット

- 新品の設備のために数千ドルを払わなくてはならない。そのうえ、配送料と設置費用が別にかかる。場合によっては高級ジムに数年通うのと同じ金額になることもある
- できるエクササイズはかなり制限される。マシンで有酸素運動をやりたいのであれば、専用の器具を買う必要がある
- トレーニング中は孤独で、ワークアウトを楽しめないかもしれない
- 設備の維持、修理、パーツ交換を自分でしなくてはならない
- 雑用、子ども、ペット、配偶者やパートナーに邪魔されるおそれがある

　個人的には、私は会員制のジムでトレーニングするのが好きです。多少は不便ですが、多様なエクササイズができ、トレーニングに完全に集中することができます。人との出会いがあることも魅力的です。デッドリフトをして、寝ている子どもたちを起こしてしまう心配もありません。

　ただし、私は自宅にも可変式ダンベルのセットとエクササイズバイクを持っています。いつでも有酸素運動やカールができるようにです。あなたも自宅でワークアウトしたいなら、少なくともいくつかの設備が必要です。主なものを挙げます。

■ パワーラック（別名スクワットラック）

　高さ240センチ、幅120センチ、奥行き90〜180センチの頑丈なメタルフレームで、1人でも安全にウエイトリフティングができるように、調節可能なフックと安全バーがついています。

　多くのパワーラックには、ウエイトプレートを保持するためのフックもついています。

　スクワット、ベンチプレス、プルアップ、チンアップに使用します。

■ バーベル

　本書のプログラムのエクササイズの多くはバーベルを使うので、良いバーベルに投資することには価値があります。

■ ウエイトプレート

　ホームジムを作るなら、少なくとも2.5、5、10、25ポンド（およそ1キロ、2キロ、4キロ、11キロ）のプレートが2枚ずつ、45ポンド（20キロ）のプレートが6枚必要です。筋力がアップしたら、さらに買いたす必要があるでしょう（たいていの人は10ポンドと45ポンドのプレートを増やします）。

　プレートは必ず丸いものを選ぶこと。四角いものだとデッドリフトで使えません。

■ 可変式ダンベル

　可変式ダンベルは、あらゆるダンベルエクササイズで使えて、普通のダンベルより、はるかに効率的です。

■ ベンチ

　必要なのは、パッド入り、調整可能、ホイールつきで、平らでも、角度を

つけても使えるものです。これでシーテッド・アイソレーション・エクササイズができます。パワーラックと組み合わせれば、フラットベンチとインクラインベンチの両方と、ダンベルベンチプレスができます。

■ デッドリフト・プラットホーム
　床に敷いて使うメタルフレームで、分厚いラバーシートが張ってあります。名前でわかるとおり、床や器具を傷つけたり騒音を出したりすることなくデッドリフトを行うことを可能にします。同じ理由で、バーベルロウにも便利です。
　必ずしもデッドリフト・プラットホームは必要ではありませんが、これを使えばデッドリフトやバーベルロウのとき、安心して早く下ろすことができます。つまり、ゆっくり下ろすことに気を使ってエネルギーをロスすることがありません。

　あとは、これらにディップステーションを加えることもできます。ディップスとレッグレイズの両方に使えます。
　他にも数えきれないほどの器具や便利なツール、マシンがありますが、本書のほとんどすべてのエクササイズは、上記の設備でできます。例外として、ラットプルダウン、ケーブルフライ、シーテッド・ケーブルロウ、レッグプレスのように、専門の機器を必要とするエクササイズもありますが、なければ「規定の」エクササイズと交換可能です。その際は第23章を読み返して、代わりのエクササイズを見つけてください。
　何やかやで、ホームジムを作るにはたぶん1000〜3000ドルが必要です（どんな種類の設備が欲しいかにもよりますが）。そして、それを1箇所にまとめるには10〜20平方メートルの広さが必要です。参考までに言うなら、車2台用の車庫は約60平方メートルです。
　ホームジムの設置場所は、車庫や地下室など、コンクリートの床を選ぶことをお勧めします。1階か地下にする必要もあります。上階でワークアウト、特にデッドリフトをすると、家族を怖がらせたり、床にダメージを与えたりすることもあるからです。

3 ｜ 最初の測定をし、最初の写真を撮る

自分の体を測定し、写真を撮ることの重要性を覚えていますか？

必要であれば、第31章を読み返してください。以下は、やるべきことの要約です。

1. 身体測定を朝一番にする。トイレで用をたしたあと、できれば裸で、何も食べたり飲んだりしないうちに以下のものを測る

- 体重
- 胴まわり
- 〔オプション〕胸まわり
- 〔オプション〕肩まわり
- 〔オプション〕太もものまわり
- 〔オプション〕曲げた腕
- 〔オプション〕ふくらはぎ

スマホ、ワークアウト日誌、アプリなど、自分の使いやすいツールで数値を記録しましょう。

2. 力こぶを作ったときの写真と、ゆるめたときの写真を、正面、横、後ろから撮って、簡単に見つけられるアルバムかフォルダーに保存しておく

ここでも、気持ちよく感じられる範囲内で肌を見せましょう。露出は多ければ多いほどいいのです。あなたの体がどう変わりつつあるか、最もはっきりとわからせてくれるからです。

4 ｜ 最初の食事プランを作る

もしもまだなら、今、あなたが習得したスキルを使って食事プランを作りましょう！　必要であれば第17章と第19章を読み返して、どのようにカロリーと主要栄養素を計算し、食事プランを作るのか確認してください。以下

は簡単なチェックリストです。

1. 目標に基づいて 1 日のカロリー摂取量を計算する
2. 目標に基づいて 1 日の主要栄養素摂取量を計算する
3. 無料ボーナス資料の食事プランのテンプレートをダウンロードするか、エクセルか Google スプレッドシートで作成するか、紙やノートに書く
4. 好みの食べ物やレシピをリストアップする
5. ネット上にある CalorieKing、SELF Nutrition Data、USDA Food Composition Databases などのサイトを使って、あなたが選んだ食べ物のカロリーや栄養について習熟する
6. 必要に応じて、あまりに高カロリーな食品、主要栄養素に偏ったりする食品やレシピをリストから除外する
7. まず、ワークアウトの前後の食事を組み立てる
8. 残りの食事に主要なタンパク質源を加える
9. 果物と野菜を加える
10. デザートやジャンクフードではない、付加的な炭水化物とカロリー飲料を加える
11. 必要に応じてタンパク質を微調整する
12. 必要であれば、脂肪も追加する
13. どうしても欲しければ、嗜好品を加える

　カッティング中であれば目標摂取量の50キロカロリー以内、リーンバルキングかメンテナンスのときなら目標摂取量の100キロカロリー以内にとどめることを忘れないように。

5 ｜ ワークアウトのスケジュールを作る

　人生は慌ただしく、1 日が24時間では十分でないように思えます。私は先述の『The Little Black Book of Workout Motivation』という本で、次のように書きました。

　誰でも、やりたいことの半分でさえやり遂げることができないほど時間に追われている。残念ながら人生はきちんと包装紙にくるんだプレゼントではないので、心地よい孤独のなか、禅の境地でトレーニングするわけにはいかないのだ。あなたは、長々と書き込まれた「やることリスト」を片手につかんだまま死ぬだろう。その事実は変えられないかもしれないが、「トレーニングをはじめること」が、そのリストに載っていないことを確認してもらいたい。

　ここで私が本当に言いたいことは、優先順位です。フィットネスを優先順位のトップに置かなければなりません。そうすることで初めて、私たちはワークアウトのための「時間を見つける」ことができるのです。

　ありがたいことに、すべてのワークアウトをするのにも、それほど多くの時間を必要としません。第29章を思い出してください。本書には３つのワークアウトルーティンがあって、そのなかから選ぶことができます。

1. 週５日のルーティン
2. 週４日のルーティン
3. 週３日のルーティン

　どれも１週間（７日間）のルーティンで、このプログラムで最もウエイトリフティングができるのは、週５日のワークアウトです。有酸素運動はルーティンに含まれていません。自由選択だからです。有酸素運動をどのくらいやるかは、それに使える時間と、やりたいのがカッティングかリーンバルキングかメンテナンスなのかによります。

　成果に関して言えば、週５日のルーティンは週４日や週３日のルーティンよりいいし、週４日のルーティンは週３日のルーティンよりいいです。とはいえ、週３日・４日のルーティンではうまくいかないというわけではありません。それなりに効果はあります。

　だから、今どのルーティンに従うのか決めて、それからウエイトリフティングをする日を選びましょう。有酸素運動のワークアウトもやるつもりなら、それをどのように週のプログラムに組み込むのかを決めます。

週5日のルーティンで有酸素運動のワークアウトを2回やるのだとしたら、あなたの1週間はこんなふうになります。

- 月曜：プッシュ
- 火曜：プルとふくらはぎ
- 水曜：上半身と体幹
- 木曜：脚と有酸素運動
- 金曜：上半身と体幹
- 土曜：有酸素運動
- 日曜：休み

　週4日のルーティンで、有酸素運動を2回やる場合はこうです。

- 月曜：プッシュと体幹
- 火曜：有酸素運動
- 水曜：プルとふくらはぎ
- 木曜：上半身と体幹
- 金曜：脚
- 土曜：有酸素運動
- 日曜：休み

　週3日のルーティンで、有酸素運動を2回やる場合はこうです。

- 月曜：プッシュと体幹
- 火曜：有酸素運動
- 水曜：プルとふくらはぎ
- 木曜：有酸素運動
- 金曜：脚
- 土曜：休み
- 日曜：休み

6 ｜ 最初の週の準備をする

1. いつからプログラムをはじめるか決める。たいていは月曜からはじめるのがいいでしょう。週末に（必要なら）食事の準備をすることから出発できるからです

2. 最初の週のためのすべての食事を準備する日を選ぶ

3. 最初の週の食事プランに必要な食料品のリストを作る。それから、買う必要のある品目をつけ加える

4. 食料品店へ行く。リストにあるものを買う。リストの品目以外は何も買わない

5. 〔オプション〕おやつ、嗜好品、つい食べすぎてしまいそうな高カロリー食品（ナッツ、ドライフルーツ、チョコレート等）を区分して、小さな容器か袋に入れる

6. 食事の準備に必要な道具や台所を清潔にする（包丁、調理台、なべ類など）

7. 料理する食材を洗って切る

8. すべての食事を調理して、容器に保存する

9. これから摂る予定のサプリメントがそろっていることを確認する

10. 最初の週のワークアウトでやることが正確にわかっていることを確認する。そして、その記録方法（エクセル、Google スプレッドシート、日誌、アプリ、ノート）があることも確認する

11. 最初の週にやるすべてのエクササイズのフォームをビデオなどで見る。そして、ほうきの柄などを使って、ビッグ3の基本的な動きを納得できるまで練習する

12. 〔オプション〕SNS であなたが本書のプログラムをはじめたことを宣言する。私をタグづけする（Instagram の場合は @muscleforlifefitness 、Twitter の場合は @muscleforlife ）。#Biggerleanerstronger のハッシュタグを加える

13. 〔オプション〕私のフェイスブックのグループ（巻頭のアドレスを参照）に参加して、自己紹介する。このコミュニティはベストを尽くす、ポジティブで、協力的で、志を同じくする人たちが集まる場です。

7 | 最初の週を実行する

第29章で、最初の週の目標は、そのフェーズであなたが行うすべてのエクササイズのためのウエイトを知ること、と学びました。

スタート時のウエイトを決めるのは、多くの場合、試行錯誤です。エクササイズで軽いものからはじめて、十分に試してみて、それぞれの連続したハードセットですべてが調整できるまでウエイトを増やしていきます。おそらくあなたは比較的簡単にスタート時のウエイトを発見し、プログラムの第1週か第2週には快適な気分でハードセットに取り組めるはずです。

ダイエットに関しては、食事とサプリメントのプランに、できるかぎり忠実に従うことです。その場の判断で食べるものを変えたりしないこと。また、食べる量が少なすぎたり、食べすぎたり、プランにないものを食べたり、余分な調味料を使ったりしないこと。サプリメントは毎日同じ時間に摂ること（そうすれば忘れないし、習慣づけができるからです）。

そして、毎日体重を測って、週の終わりには1日当たりの平均体重を計算するのを忘れないこと。

8 | 次の週の準備をする(そのあともずっと続けること!)

この本の最初の週を実行したら、やり遂げた自分を祝福し、次の週の（そして、その先のエキサイティングな旅の）ための準備をしましょう。

次の週は、必要に応じて食事プランを調整し、再び食料品の買い物をして食事を作り、新たに測定と写真撮影をし、その週の平均体重を計算し、次の週のワークアウトをスケジュールに記入したか確認します。

そうして、次の週も次の週も、シンプルにこのルーティンをくり返し、体がどう反応しているのか注意深く監視し、それに従ってダイエットとエクササイズを修正するのです。

....

さあ、このように今、あなたは、人生最高の体が待ち受けるゴールに向

かって走りはじめるのです。

　この本で学んだすべてのことに従って食事とエクササイズとサプリメントを続けていれば、夢は「もしかしたら」ではなく、「必ず近いうちに」実現できます。

　それだけではありません。もしあなたが、私が何年にもわたっていっしょに話をし、トレーニングをしてきた人たちと同じなら、本書のプログラムによってあなたが得るものは、新しい肉体ではありません。人生の新たなる希望です。

　あなたは自分がより強く、自信に満ちて、さまざまな面で成果を得られるようになったことを実感するはずです。ジムのなかでも外でも、あなたがやるすべてのことが輝きを増します。人びとはそれに気づきはじめ、いったいどうしたんだとたずねてくるでしょう。もしかしたら自分でも、その成果が信じられないかもしれません！

　そのすべてがあなたのものになるのです。それも遅かれ早かれというより、ずっと早いうちに。とはいえ焦らずに、必ず最終章まで読んでください。ゴールまでのプロセスがスピードアップするために役立つことを、もう少しお話しします。

35 ここから、あなたの体は変わる

> この世界がたえずあなたを別の何かに変えようとしても、自分らしく生きなさい。それが一番立派なことなのです。
>
> ——— ラルフ・ワルド・エマーソン（アメリカの思想家）

そう、これで最後。私たちはゴールに到着したわけですよね？

いや、とんでもない！

あなたは今、プロセスの途中にいるのです。かつて想像したよりも早く、自分の体を変えることができるということを自分自身に証明するため、走りはじめたところです。

最初のたった3か月のあいだに、軌道に乗り、速いスピードで進んでいると確信できるようになるでしょう。自信と自尊心が宿り、人びとはあなたの目の輝きに気づきはじめるでしょう。

たとえどんなにあなたが自分を「平凡」だと考えていようと、あなたは非凡な肉体を作るのに必要なものを持っていることを私が約束します。新たに発見した積極性と誇りが人生の別の領域にも影響を与えはじめ、別の目標に到達する引き金となります。さまざまな面において成果や向上が見られるようになります。

もしあなたが自分の体を変える力を持っているなら、自分の人生を変える力も持っているのです。

ここからやるべきことは、私があなたのために敷いたレールの上を歩くだけです。まもなく、あなたは鏡を見て思うことでしょう、「こうなれたらいいのに」ではなく、「こうなれてよかった」と。

私の目標は、あなたが目標に到達するのを助けることです。私たちがチームを組んでいっしょにやれば、成功は間違いないとわかっています。

だから、はじめる準備ができたのなら、あなたの好きなSNSを選択して、自分が本書のプログラムをはじめたことを知らせてください。先述の方法で私をタグづけしてください。

　どうしてそうするのか、疑問に思うかもしれませんが、そこには３つの理由があります。

1. 「プリコミットメント」はゴールに近づくための最も強力な方法で、それによって、あなたの決意を強めることができます

2. 私は読者の皆さんとＥメールのやりとりがしたいし、皆さんの進歩を定期的に拝見したいのです（そしていつの日か、私のWebサイトであなたのことを取り上げるつもりです。もしよろしければ！）

3. ハッシュタグをつけることで、本書からインスピレーションを求めている別の人があなたのことを見つけ、あなたの体が変わっていく様子をフォローするかもしれません。あなた自身が、誰かのモチベーションを高めるかもしれないのです

　次のルートでも、私と連絡をとることができます。

- Facebook：www.facebook.com/muscleforlifefitness
- Instagram：www.instagram.com/muscleforlifefitness
- YouTube：www.youtube.com/muscleforlifefitness
- Twitter：www.twitter.com/muscleforlife

　もう一度言わせていただきますが、あなたを私のフェイスブックのグループに招待します。そこは、ベストになろうと努力する、ポジティブで協力的な数千人の同志が集まるコミュニティだからです。
　多くの人たちが質問に答えてくれ、あなたをあと押しし、あなたの成功に喝采を送るはずです。また、失敗を慰めてくれ、あなたもいつか同様のことを誰かにしてあげられるようになるでしょう。つまり、このグループは、互いの発展を刺激し合うために存在する生態系のようなものなのです。
　上記のURLを訪問して、「グループに参加」をクリックするだけでいいのです。そうすれば、メンバーの１人が、あなたの申請を承認するでしょう。

それで準備完了です。

　私に直接話したいことがあれば、私にメールをください。私のEメールアドレスは mike@muscleforlife.com です。ただ頭に入れておいてほしいのは、私は毎日たくさんのメールを受けとっているので、返信には1週間くらいかかるかもしれないということです。

　それから、もしこの本を楽しんでくれたあと、何らかの面で良い状態になったとしたら、あなたが気にかける誰かに、そのギフトを譲ってほしいのです。本を貸すか、もっといいのは、「私は君のことを大切に思っている。君が最高の人生を送る手助けがしたいから、この本をあげるよ。ぜひ読んでくれ」と言って、プレゼントとして贈ってあげることです。

　私の使命は、私の持つ情報を、できるかぎり多くの人に伝えることです。あなたの助けがなければ、それは不可能です。だから、どうか私のメッセージを広めてください。

　本当にありがとう。あなたからのメッセージを心待ちにしています。

36 よくある質問

> たとえ野心的な試みでしくじったとしても、それですべてが終わりというわけ
> ではない。みんな、そのことがわかっていないんだ。
>
> ———— ラリー・ペイジ（Google の共同創業者）

本書の初版が2012年に出版されてから現在までに、60万部以上が売れました。信じられないような数字ですが、おかげで、読者の皆さんから、人生最高の体になる方法について、多くの良い質問が寄せられました。

この本のなかで、最も重要な質問についてはカバーしてきたつもりですが、それでも十分にふれることができず、不満に思われることもあったでしょう。

ここでは、そうした、よくある質問に回答します。

Q エクササイズのための時間が見つからない。どうしたらいい?

A 私はエクササイズのための時間を"見つける"ことができる人を知りません。「このごろ自由な時間がありすぎるんだ。それで、暇つぶしに、シェイプアップするためにジムへ行こうと思うんだけど、そこで何をやったらいい?」などと、聞かれたこともありません。

実情はたいてい正反対です。たいていの人は、自分の生活は慌ただしく、新しいことをするための時間などない、と思っています。でも、ほとんどの場合、それは真実ではありません。

忙しすぎてエクササイズができないと信じたいのです。毎日の起きている時間をどう使っているのか細かく分析してみたら、実は、どうにかやりくりすればワークアウトの時間が作れるということを発見するでしょう。とりわけ、本書のプログラムなら、それにかかる時間が短くて済むのですから、やりくりは難しくないはずです。

事実、肉体改造に成功した人たちにおいても、あなたや他の人たちと同じ

ように1日は24時間です。そして、彼らにも生きるための生活があります。仕事に行かなければなりませんし、愛する人たちとの時間も過ごさなくてはなりません。社会生活を維持し、リラックスすることも忘れず、ときには楽しみも持たなくてはなりません。唯一の違いは、彼らが、エクササイズは大切だから必ず生活のなかに組み入れようと決心したことです。

　人によっては、テレビを見る時間を減らすか、まったく見ないことで余暇ができます。週に何日か、普段より1時間早く起きてジムへ行く人もいます。ジムに行くために、夕食のあと奥さんに子どもたちの世話を頼む人もいます（お返しに彼女のワークアウトのときは同じようにするといいですね！）。

　要するに、本気で週に何日か、1時間だけトレーニングの時間が欲しいなら、その時間は作れるのです。

Q │ 私は30代／40代／50代です。このプログラムができますか?

A　もちろんです。私は毎週、筋肉作りとシェイプアップをはじめるには遅すぎるのではないかとたずねるEメールを、少なくとも数通もらいます。そして、遅すぎるなんてことはまったくないと説明すると、たいていの人はびっくりして喜びます。私といっしょに規則的にトレーニングしている男女には、40代、50代、なかには60代の人さえいて、その誰もが自分のベストの体を作りあげているのです。

　しかし、40代以上の人がすばらしい体を作るには、どうしたらいいのでしょうか。確かに20歳の人のように食事したりトレーニングしたりできないのではないでしょうか。

　驚くかもしれませんが、実は人が思うほどの違いはありません。自分の年齢を心配してシェイプアップをあきらめている人にまず紹介したいのは、オクラホマ大学の研究です。その研究では、大学生くらいの年齢（18〜22歳）の人24人と、中年（35〜50歳）の人25人が8週間にわたって同じウエイトリフティングのルーティンに従いました。その後、研究者は対象者の体組成を分析し、中年の人たちが、比較対象となる学生たちとほとんど同じくらいの筋肉をつけていることを発見しました。筋力アップについても、ほとんど同じでした。

　60歳以上の人たちも例外ではありません。研究によると、60歳以上でも
かなりの量の筋肉と筋力をつけることができ、さらに重要なのは、トレーニ
ングをして筋肉を成長させることが、加齢と関連がある「健康の衰えの負の
スパイラル」と闘う最高の方法だということです。

　年齢に関係する俗説が2つありますが、私はこれらが誤りであることを証
明できます。まず1つ目は、加齢とともに代謝は急降下する、という主張で
す。これはひどいフェイクニュースです。

　研究によると、平均的な成人の代謝は10年間でたった1〜3％低下する
だけであり、その主な理由は筋肉量の減少のせいで、遺伝子プログラムによ
るものではありません。したがって、年をとっても筋肉を維持すれば、代謝
も維持できるのです。そして、骨格に筋肉をつければ、代謝を上昇させるこ
とさえできるのです。

　それでは、どうして多くの人は、年をとると体重を増やしてしまうので
しょうか。たいていの場合、それは主としてライフスタイルの問題です。彼
らは、若い頃ははるかに活動的だったので、ずっと多く食べても体重が増え
なかったのです。今ではほとんど座ってばかりいるので、簡単に食べすぎて
しまうことになるのです。

　だから、常軌を逸した飢餓ダイエットや過度の有酸素運動で、何年ものあ
いだにかなりの量の筋肉を失ってしまったのでないかぎり、あなたの代謝は
まったく良好です。そして、たとえ先述のようなミスをおかしてしまったと
しても、正しいダイエットとトレーニングによって、今からでも正常な状態
に戻すことができるのです。

　第2の俗説は、加齢とともにホルモン系の破壊が進む、というものです。
かつては、加齢に伴うホルモン障害は避けることができないと考えられてい
ました。しかし今では、それが真実ではないことがわかっています。研究に
よると、生活習慣の要素が同じくらい、ホルモンの変化を引き起こしている
のです。

　生活のなかでテストステロン値を下げる最大の要素は次のとおりです。

■　体重増加
■　運動をやめる

- 慢性疾患
- 薬の使用
- 極度の睡眠不足
- 中程度のアルコール摂取

　これらはすべてコントロール可能です。あなたのホルモンの健康は、まさに、あなたしだいなのです。

　研究によると、ホルモンプロファイルを自然に改善する方法はいくつもあって、それには筋肉質の引き締まった体形を保つこと、レジスタンストレーニングを規則的に続けること、良い睡眠を維持することも含まれているのです。

　また、シェイプアップするために優れたホルモン値は必要ないことを知れば、さらに嬉しくなるはずです。熱心にトレーニングする意志さえあれば、たとえ平均以下のホルモン値であっても、平均をはるかに超えた肉体を持つことができるのです。

　そうはいっても、若者と中年の体には、加齢とともにフィットネスを多少難しくする大きな違いがいくつかあります。調査によると、50歳くらいになるとエクササイズからの筋肉の回復が遅くなり、（何も対処しなければ）時が経つにつれて筋肉が減りはじめます。腱と靭帯も固くなりはじめ、回復が遅くなり、そのためケガのリスクが増えます。

　とはいえ、概して科学は明快です。活動的で体に配慮していれば、あなたは年をとっても際立って良い体形を保てるのです。それは男性でも女性でも変わりありません。

　でも、どうすればそれが可能なのでしょうか。あなたはただ、トレーニングの手順に調整を加え、十分な回復をするために別の手段をとるだけでいいのです。

　ここで、そのキーポイントを見てみましょう。

フォームにこだわること（特にウエイトリフティングの初心者の場合）

　年をとればとるほど、ウエイトリフティングの過ちによる代償が大きくなります。デッドリフトのときに体を丸めてドタドタ歩いたり、スクワットで

膝を突き出したり、ベンチプレスでひじを外に広げたりといった行為は、どの年齢でもケガの危険を伴いますが、年をとるにつれて、いっそうリスクが増えます。

　私が年齢やフィットネスのレベルにかかわらず、初日から正しいフォームを習い、それを徹底することを強調する理由はここにあります。

　だから私は、自己記録更新のためにフォームを犠牲にしたり、友人とチェストバンプ（胸をぶつけ合うこと）をしたりしないのです。私は最大限の力でセットに取り組みますが、もしもビックプルで腰が丸くなっていると感じたらウエイトを軽くします。スクワットのときに深くしゃがんで腰を上げるときに肩がふらつくようなら、安全なウエイトまで下げます。

　私は競技に出るウエイトリフターでも筋力アスリートでもありません。重いものを持ち上げ、強くなるのは好きですが、健康でいることやケガをしないことのほうが大事です。あなたもそうならいいと思っています。

毎週少なくとも1日（2日ならもっといい）は、ウエイトリフティングをしない日をプランに入れる。

　ヘビーウエイトリフティングが体にどれほど負担を与えるか、軽く見てはいけません。たとえ若い人でも、毎日、毎週続けていたら、徐々にオーバーワークに陥ってしまいます。週に6〜7日もハードなトレーニングをしたら、肉体の疲労が蓄積しはじめます。睡眠も損なわれます。ワークアウトにも支障が出はじめます。ペースを変えて体に休養を与えないかぎり、状態はどんどん悪くなっていきます。

　正しい休養というのは、毎週必ずウエイトリフティングから離れる時間をとることであり、代わりに高強度のエクササイズやアクティビティをやろうとする衝動に抵抗することでもあります。目標によっては、休みの日だからといって、好きなものを好きなだけ食べられないかもしれません。しかし、その先にある大きな目標からすると、それはたいしたことはないでしょう。

　エクササイズを、もっと多くの食べ物を食べるための手段として使うような過ちをしてはいけません。それはオーバートレーニングへ向かう一本道です。生活面や心理面でもバランスが崩れるでしょう。たらふく食べるためだけに無理やり自分に過剰なエクササイズを課すことは、時間のひどい無駄使

いであるだけでなく、不安感を募らせ、摂食障害にさえつながる危険な道なのです。

休養やデロードを増やす

ワークアウトの量や強度を正しく管理し、週ごとに数日の休みをとっていてさえ、体はもっと長期の休みを必要とします。そして、年をとればとるほど、その頻度は多くなります。

私の経験から具体的に言えば、次に休養を必要とするまでのスパンは、20代の男女では12〜15週ほどであるのに対し、40〜50代の人はもっと短く、時には4〜6週ごとに必要となります。

次の休養を必要とするまでの時間を決める要素はたくさんあります。年齢、トレーニングのプログラム、経験、遺伝、睡眠の質、ダイエットなどです。しかし、自分でも容易にタイミングを見極めることができます。

トレーニングを続け、進歩を続けているうちに、あなたは睡眠障害、エネルギーレベルの低下、痛みと苦痛、トレーニングへの興味の低下のような徴候に気づきはじめるでしょう。そして翌週にデロードすれば、問題は解消するはずです。

多くの人の間違いは、これらの徴候を心理的な障害と捉え、「毒をもって毒を制す」ために、がんばりすぎてしまうことです。それではうまくいきません。あなたの体の声に耳を傾けてください。道のりは長いのです。賢くプレイすることです。

■ Q │ 初心者がカッティングからはじめたら、筋肉にめざましい変化は得られないの?

A　ある程度はそうです。もし、あなたがカッティングからプログラムをはじめたら、リーンバルキングやメンテナンスからはじめるよりも、その時期につける筋肉量や筋力は少なくなります。

たとえそうであっても、初心者は伸びしろが大きいので、カッティングからはじめているあいだも、かなりの量の筋肉と筋力をつけているはずです。のちにあなたがベテランのウエイトリフターになったときよりも、筋トレから受ける恩恵ははるかに多いでしょう。

　また、あなたが最初のカッティングを完成し、リーンバルキングかメンテナンスに切り替え、まだ「ハネムーン・ステージ」にいるとすれば、多かれ少なかれ筋肉づくりの恩恵を受けることになります。

Q ┃ カッティングからメンテナンスやリーンバルキングへの切り替えはどうすればいい?

A　カッティングからメンテナンスに移行するためには、単純に1日の総エネルギー消費量であるTDEE（第17章の方法で測定）の90％までカロリーを増やし、メンテナンスのための主要栄養素のバランスにします（タンパク質30％、炭水化物45％、食物脂肪25％）。食物脂肪からではなく、主に炭水化物から、最初の1〜2週間で体重の増加が期待できます。その後、体重は安定するはずです。

　カッティングからリーンバルキングに移るためには、TDEEの90％までカロリーを増やし、メンテナンスのための主要栄養素のバランスにします。そして3〜4週間後、摂取カロリーをTDEEの110％まで増やして、リーンバルキングのための主要栄養素のバランスにします（タンパク質25％、炭水化物55％、食物脂肪20％）。

Q ┃ 旅行をすることが多いのですが、このプログラムができますか?

A　はい。ただし、多少の配慮が必要です。まず、手頃なジムが近くにあるホテルを予約してください（ホテルのジムは最低です）。そして、いつワークアウトするのか、あらかじめ決めておくことです（早朝か夕食後が、たいていの人にとってベストです）。

　次に、ダイエットについては3つの選択肢があります。

1. 簡単な食べ物の食事プランを作り、近所のスーパーで材料を揃え、ホテルの部屋で準備する。サラダ、調理済みの肉、あぶったチキン、フルーツ、ナッツのようなものがよいでしょう。食料品の宅配サービスがあれば非常に便利です

2. 食事を管理するアプリで、あなたが食べたものを記録する

3. 食欲に従って食べるが、できるだけ自分が摂ったカロリーと主要栄養素には気をつける

　もしあなたが旅行をすることが多く、それでも目標に向かって進歩したいなら、確実な選択肢は1と2です。3は、たまに短い旅行に出るくらいならいいのですが、定期的に旅行する人には不向きです。

Q | あまり体が痛くならないんだけど、それって問題ですか？

A　私もかつて、果てしない筋肉の痛みは、筋肉を作るために払うべき代価だと考えていました。やがて、それを名誉の勲章のように考えるようになりました（「階段を後ろ向きに降りるんだ。これで脚に筋肉がつくぞ！」）。

　私は、筋肉を鍛える主な理由は、筋肉にダメージを与えることだと思い込んでいたのです。その結果として痛みが出る。だから、かなりの痛みがあるということは、かなりのダメージを受けたということで、その結果、かなりの筋肉が増加するんだ、と。あなたもそう思っていましたよね？

　ところが違うんです。

　研究によると、筋肉の損傷は筋肉の成長に寄与するかもしれないけれど、必ず必要というわけではないのです。だから、大きな筋肉の痛みを生むワークアウトが必ずしも筋肉の成長につながるとは限らないし、筋肉の痛みをほとんど生まないワークアウトがかなりの筋肉の成長につながることもあるのです。

　たとえば、1時間ほど下り坂のランニングをすれば脚にひどい筋肉痛を起こしますが、強くて引き締まった脚の筋肉を作るのには、あまり役に立ちません。同様に、もっと筋肉の損傷を生むようにワークアウトを変更したら明らかに筋肉痛は増えますが、それは必ずしも、さらなる筋肉の成長にはつながらないのです。

　他にもいくつかの研究が、筋肉痛と筋肉の成長は関わりがないことを示す証拠を数多く提供しています。

- あまりトレーニングをしない人は、頻繁にトレーニングする人に比べて、筋肉の増える量ははるかに少ないが、筋肉痛ははるかに大きい

- 一般的に筋肉痛はトレーニングの頻度が上がるにつれて減少するが、それによって筋肉の成長はスピードアップする

- 肩や体幹の筋肉は一般的にトレーニングによってあまり痛くならないが、それでもしっかりと成長する

　さらに問題を複雑にするのは、ワークアウトのあとで体験する筋肉痛の度合いは、引き起こされた筋肉の損傷の度合いでは正確に測ることができないということです。言いかえれば、筋肉痛の程度は、必ずしも筋肉の損傷の程度を反映していないということです。
　筋力トレーニングと筋肉痛の関係を調べた横浜市立大学の科学者の論文を引用します。

> DOMS（遅れて発症した筋肉痛）とその他の徴候とのあいだの相関性が一般的に乏しいことから、DOMS を過度の運動によって誘発された筋肉の損傷および炎症を反映すると考えるのは根拠に乏しいと結論づけられる。筋肉の損傷および炎症の間接的な標識の変化は、必ずしも DOMS を伴わない。

　つまり、筋肉の損傷は必ずしも痛みを伴わないし、痛む筋肉が必ずしも大きな損傷を受けているわけではないということです。
　生理学におけるこのような現象は完全に解明されたわけではありませんが、コンコルディア大学の研究によると、私たちが筋肉痛として感じている痛みの少なくとも一部分は筋肉繊維をまとめる結合組織から発生するもので、実際の繊維そのものからではないのです。だから、「筋肉痛」と考えているものは、少なくとも部分的には（多くではないにしても）「結合組織」の痛みなのです。

そして、筋肉痛を話題にしているうちに、もう1つの関連性のある質問に取り組みましょう。

「前回のワークアウトの痛みが残っているときに筋トレしていいのか？」

　答えはイエスです。多くの人が信じていることに反して、痛んだ筋肉でトレーニングすることは必ずしも回復を遅らせないし、筋肉の成長を妨げないのです。

　とはいっても、筋肉痛の有無にかかわらず、激しいワークアウトは筋肉の損傷を引き起こすので、次のトレーニングの前に修復されなくてはなりません。さもないと、あまりにも高強度のトレーニングをあまりにも頻繁に行ったときには、進歩が遅くなることがあります。

Q | 病気のときもエクササイズすべき？

A　いいえ。少なくともハードなのは、しないほうがいいでしょう。

　病気のときでもエクササイズしたい気持ちはよくわかります。いったん良いワークアウトのルーティンが確立したら、たとえ気分が良くないときでさえ、ジムを休むことのほうがつらいかもしれません。けれども、無理にでも自分を休ませるべきです。なぜなら、普通のワークアウトでさえ、免疫機能を低下させ、病気を悪化させるだけだからです。

　その反面、動物を使った実験によると、インフルエンザに感染しているときの軽いエクササイズ（20〜30分のランニングマシンの上のジョギング）は免疫機能を高め、回復を早めます。

　同様の効果がヒトの研究でも見られます。また、ヒトでは、ウォーキングやジョギングのような軽いエクササイズは免疫機能を損なわず、感染を長引かせたり、悪化させたりもしませんでした。

　したがって、体調が悪いときにどうしても何かエクササイズをしたいなら、20分程度のごく軽い有酸素運動にすべきです（自然に話ができないほど息を切らせないこと）。

Q | ダンベルしか持っていません。これでプログラムができますか?

A　ある程度ならできます。

しかし、私の用意したプログラムを正確にやることはできません。ダンベルに置き換えることができないエクササイズがいくつかあるからです。けれども、ここまで習ったことを使って、効果的なダンベルのワークアウトが作れます。

そのために私が提供したダンベルのエクササイズがありますが、すべての主要な筋肉グループのためには十分とは言えません。ここに、もっと広範囲にわたるダンベルと自重エクササイズのリストを紹介しますから、そのなかから選んでください。

なお、星印（＊）のマークがついたエクササイズはすべて、8〜10のレップレンジ（1レップマックスの70〜75％）です。

胸
ダンベルベンチプレス
インクライン・ダンベルベンチプレス
ダンベルフライ＊
ダンベルプルオーバー＊
ダンベルフロアプレス

肩
シーテッド・ダンベルプレス
ダンベルサイドラテラルレイズ＊
ダンベルリアラテラルレイズ＊

背中
ダンベルデッドリフト
ワンアームダンベルロウ
チンアップ
インベーテッドロウ

腕

ダンベルカール

ダンベルハンマーカール

ダンベルトライセプス・キックバック＊

ダンベルライイング・トライセプス・エクステンション（スカルクラッシャー）

体幹

キャプテンズチェア・レッグレイズ

ライイング・レッグレイズ

ハンギング・レッグレイズ

クランチ

ウエイテッド・シットアップ

プランク

アブドミナル・ロールアウト

ダンベル・ウエイテッド・クランチ

ダンベル・ウエイテッド・シットアップ

ダンベルレッグレイズ

脚

ゴブレット・スクワット＊

ダンベル・スクワット

ダンベル・ルーマニアンデッドリフト

ダンベルランジ（ウォーキングまたは定位置、フォワードまたはリバース）

ノルディック・ハムストリングス・カール＊

スタンディング・ダンベルカーフレイズ＊

以下は、ワークアウトのスタート時においての、お勧めのルーティンです。

週5日のルーティン

ワークアウト1：プッシュ
ダンベルベンチプレス：ウォーミングアップとハードセット3回
インクライン・ダンベルベンチプレス：ハードセット3回
ダンベルフライ＊：ハードセット3回
ダンベルライイング・トライセプス・エクステンション：ハードセット3回

ワークアウト2：プルとふくらはぎ
ダンベルデッドリフト：ウォーミングアップとハードセット3回
ワンアームダンベルロウ：ハードセット3回
チンアップ：ハードセット3回
スタンディング・ダンベルカーフレイズ＊：ハードセット3回

ワークアウト3：上半身と体幹
シーテッド・ダンベルプレス：ウォーミングアップとハードセット3回
ダンベルサイドレイズ＊：ハードセット3回
ダンベルリアレイズ＊：ハードセット3回
ライイング・レッグレイズ：ハードセット3回

ワークアウト4：脚
ゴブレット・スクワット＊：ウォーミングアップとハードセット3回
ダンベルランジ（定位置）：ハードセット3回
ノルディック・ハムストリングス・カール＊：ハードセット3回
スタンディング・ダンベルカーフレイズ＊：ハードセット3回

ワークアウト5：上半身と体幹
ダンベルベンチプレス：ウォーミングアップとハードセット3回
ダンベルカール：ウォーミングアップとハードセット3回
ダンベルライイング・トライセプス・エクステンション：ハードセット3回

ダンベルハンマーカール：ハードセット3回

アブドミナル・ロールアウト：ハードセット3回

週4日のルーティン

ワークアウト1：プッシュと体幹
ダンベルベンチプレス：ウォーミングアップとハードセット3回

インクライン・ダンベルベンチプレス：ハードセット3回

ダンベルフライ＊：ハードセット3回

クランチ：ハードセット3回

ワークアウト2：プルとふくらはぎ
ダンベルデッドリフト：ウォーミングアップとハードセット3回

ワンアームダンベルロウ：ハードセット3回

チンアップ：ハードセット3回

スタンディング・ダンベルカーフレイズ＊：ハードセット3回

ワークアウト3：上半身と体幹
シーテッド・ダンベルプレス：ウォーミングアップとハードセット3回

ダンベルサイドレイズ＊：ハードセット3回

ダンベルリアレイズ＊：ハードセット3回

ライイング・レッグレイズ：ハードセット3回

ワークアウト4：脚
ゴブレット・スクワット＊：ウォーミングアップとハードセット3回

ダンベルランジ（定位置）： ハードセット3回

ノルディック・ハムストリングス・カール＊：ハードセット3回

スタンディング・ダンベルカーフレイズ＊：ハードセット3回

週3日のルーティン

ワークアウト1：プッシュと体幹
ダンベルベンチプレス：ウォーミングアップとハードセット3回
インクライン・ダンベルベンチプレス：ハードセット3回
ダンベルフライ＊：ハードセット3回
ダンベルライイング・トライセプス・エクステンション：ハードセット3回
クランチ：ハードセット3回

ワークアウト2：プルとふくらはぎ
ダンベルデッドリフト：ウォーミングアップとハードセット3回
ワンアームダンベルロウ：ハードセット3回
チンアップ：ハードセット3回
バーベルカール：ハードセット3回
スタンディング・ダンベルカーフレイズ＊：ハードセット3回

ワークアウト3：脚
ゴブレット・スクワット＊：ウォーミングアップとハードセット3回
ダンベルランジ（定位置）：　ハードセット3回
ノルディック・ハムストリングス・カール＊：ハードセット3回
スタンディング・ダンベルカーフレイズ＊：ハードセット3回

37 お願い

唯一の楽な日、それは昨日だった。
―――――アメリカ海軍の特殊部隊・ネイビーシールズのモットー

　本書を読んでくれて、ありがとう。ここで学んだことを利用して、あなたがかつてないくらいカッコよく、気分よく、楽しく生活できることを願ってやみません。

　ところで、ちょっとお願いがあるのです。

　ほんの少し時間を使って、アマゾンや、その他のオンライン書店のカスタマーレビューに、この本について書いてもらえないでしょうか。

　私は Amazon.com に書いていただいたレビューは、すべて拝見しています。読者の皆さんからの正直なフィードバックを受け取るのが大好きなのです。誰かのお役に立てたとわかること、それこそが私の真の報酬です。

　なので、できたらレビューを残してもらえれば嬉しいです。

　本当にありがとう。あなたのフィードバックを、とても楽しみにしています！

ブックデザイン	黒瀬章夫（Nakaguro Graph）
日本版イラストレーション	鮭あきお
DTPオペレーション	横川浩之

■ 筋トレ大全
究極のカラダを手に入れる シンプルで科学的なメソッド

2022年12月25日　初版発行

著　者　マイケル・マシューズ
訳　者　レッカー由佳子
発行所　株式会社 二見書房
　　　　東京都千代田区神田三崎町2-18-11
　　　　電話　03 (3515) 2311 [営業]
　　　　　　　03 (3515) 2313 [編集]
　　　　振替　00170-4-2639

印　刷　株式会社 堀内印刷所
製　本　株式会社 村上製本所

落丁・乱丁本はお取り替えいたします。
定価は、カバーに表示してあります。

© Yukako Recker 2022,　Printed in Japan
ISBN978-4-576-22181-6
https://www.futami.co.jp/